U0640633

循环经济科技创新年度成果发展报告

（2024）

中国循环经济协会　编著

中国财富出版社有限公司

图书在版编目（CIP）数据

循环经济科技创新年度成果发展报告 . 2024 / 中国循环经济协会编著 . —北京：中国财富出版社有限公司，2024.4

ISBN 978-7-5047-8155-0

Ⅰ . ①循… Ⅱ . ①中… Ⅲ . ①中国经济—循环经济—经济发展—研究报告—2024 Ⅳ . ① F124.5

中国国家版本馆 CIP 数据核字（2024）第 078021 号

策划编辑	朱亚宁		责任编辑	王 君	版权编辑	李 洋
责任印制	梁 凡		责任校对	庞冰心	责任发行	杨恩磊

出版发行	中国财富出版社有限公司			
社　　址	北京市丰台区南四环西路 188 号 5 区 20 楼		邮政编码	100070
电　　话	010-52227588 转 2098（发行部）		010-52227588 转 321（总编室）	
	010-52227566（24 小时读者服务）		010-52227588 转 305（质检部）	
网　　址	http://www.cfpress.com.cn		排　　版	宝蕾元
经　　销	新华书店		印　　刷	北京九州迅驰传媒文化有限公司
书　　号	ISBN 978-7-5047-8155-0/F・3652			
开　　本	787mm×1092mm　1/16		版　　次	2024 年 5 月第 1 版
印　　张	19		印　　次	2024 年 5 月第 1 次印刷
字　　数	281 千字		定　　价	68.00 元

循环经济科技创新年度成果发展报告（2024）

编委会名单

顾　问：朱黎阳　赵　凯

主　编：管世翾

参　编：吕征宇　牛旭东　梁钱炜　高康健

前　言

　　循环经济科技创新体系是国家创新体系的重要组成部分。循环经济科技创新深入落实创新驱动发展战略和绿色发展理念。在国家循环经济产业政策指导下，中国循环经济协会（以下简称"协会"）开展了卓有成效的工作，并取得了阶段性发展成果。

　　本报告以协会的科技创新工作为基础，主要从循环经济科技创新、循环经济科技成果奖励、循环经济科技成果评价、循环经济技术创新体系建设、循环经济标准化建设、循环经济专利协同运用、循环经济科技计划管理等方面对协会所取得的科技创新发展成果进行总结，对优秀的循环经济科技成果典型案例进行宣传推广，有效贯彻党的"实施创新驱动发展战略"和"发展循环经济，推进生态文明建设"的精神。

　　2010年至今，协会科技创新工作稳步推进，成效显著。一是每年开展一届"中国循环经济协会科学技术奖"评选工作，推荐多项国家科技奖和中国专利优秀奖，高标准、高质量地开展行业科技成果鉴定、评价和论证工作；二是规范有序地开展共建循环经济技术中心和循环经济工程实验室的工作；三是推荐并参与若干项国家重大研发计划专项；四是发布多项循环经济团体标准，并参与制修订多项国家标准；五是企业标准"领跑者"工作取得阶段性成果。

　　因时间仓促，编写的内容难免有错误和不当之处，敬请读者在阅读过程中提出宝贵意见，以便勘误。

《循环经济科技创新年度成果发展报告（2024）》编写组

2024年5月

目　录

第一章　循环经济科技创新发展

科技创新是实现循环经济高质量发展的核心驱动力。党的二十大报告指出，"推动绿色发展，促进人与自然和谐共生""站在人与自然和谐共生的高度谋划发展""实施全面节约战略，推进各类资源节约集约利用"。我国新时代发展循环经济的关键是加快构建废弃物循环利用体系，研发和推广高水平循环利用技术和装备，推动工业、农业、服务业全领域废弃物的高质循环利用，为高质量发展厚植绿色低碳根基，助力全面建设美丽中国。本章对近年来我国在工业、农业、服务业循环经济领域的科技创新发展情况进行简要汇总。

第一节　农业循环经济发展情况

在农业循环经济领域，我国大力发展绿色低碳循环农业，推行循环型农林业发展模式，推进农光互补、"光伏＋设施农业"、"海上风电＋海洋牧场"等低碳农业模式，重点突破农业固体废弃物的资源化利用。其中，农作物秸秆综合利用方面，不断推进秸秆"变废为宝"，以肥料化、饲料化、能源化等为重点方向，支持了700多个县开展秸秆综合利用重点县建设；推进畜禽粪污资源化利用方面，持续落实《国务院办公厅关于加快推进畜禽养殖废弃物资源化利用的意见》，中央财政资金支持819个养殖大县实施畜禽粪污资源化利用整县推进项目；推行循环型农林业发展模式方面，发展林下中药材、食用菌等林下产业，推进农村生物质能开发利用，推动农村沼气转型升级，积极发展生物质固体成型燃料，推进生物天然气规模化应用，探索农业循环经济降碳增汇路径。

一、农业固废资源化情况

据统计，我国每年产生约9亿吨的秸秆等农林废弃物，近40亿吨畜禽粪便。分散农作物秸秆和畜禽粪便的收集处理一直是农村人居环境改善难点。国务院新闻办公室2023年农业农村经济运行情况新闻发布会情况显示，2023年，我国农业绿色发展步伐加快，农业生态环境持续改善，其中秸秆综合利用率超过88%、农膜处置率超过80%、畜禽粪污综合利用率超过78%。

二、农业固废循环利用途径

在农村地区，以市场化手段和符合农村资源、消费特点的商业模式推动秸秆综合利用和畜禽粪便资源化利用，既是促进农村产业发展和农村生态治理的重要手段，更是实现乡村振兴战略的重要基础。秸秆综合利用方式主要包括有机肥肥料化利用、清洁燃料的能源化利用、饲料处理利用、食用菌栽培和育苗的基料化利用以及建材等产品的原料利用五种方式。畜禽粪污的资源化利用方式主要包括作为肥料和通过发酵生产沼气两种方式。另外，农村秸秆和畜禽粪污的能源化利用是需要重点关注和推广的方向。秸秆通过固化成型、直燃发电、生物气化等方式实现能源化利用；畜禽粪污通过发酵生产沼气，不仅能够实现农村能源消费清洁化与低碳化，促进农村人居环境提升，更重要的是还能实现组织方式创新。

三、农业固废循环利用瓶颈和展望

当前，秸秆等农林生物质能源化利用的一个主要障碍是缺乏相关的标准规范，包括生物质设备与产品制造的技术标准以及生物质锅炉燃烧的排放标准等。标准的缺失导致各地生物质设备与产品难以形成市场开发、规模扩大、成本下降的良性循环。未来，积极研究生物质相关的设备制造技术与产品行业标准，制定符合生物质燃烧特性的专用设备技术标准，推广利用生物质成型燃料，将为农村秸秆等生物质资源能源化利用和农村生物质能多元化利用提供技术支撑。

第二节　工业循环经济发展情况

在工业循环经济领域，我国深入推进园区循环化改造、推动重点产品绿色设计、加强资源综合利用。园区循环化改造方面，推动具备条件的省级以上园区"十四五"期间全部实施循环化改造，有效发挥了国家循环化改造园区试点示范引领作用；重点产品绿色设计方面，国家发布了再生涤纶等32项绿色设计产品评价技术规范行业标准，建设了一批绿色工厂、绿色园区，打造了绿色设计产品；资源综合利用方面，发布了《关于"十四五"大宗固体废弃物综合利用的指导意见》，开展大宗固体废弃物综合利用示范，推动90家大宗固体废弃物综合利用示范基地和60家骨干企业建设。

一、固废资源化利用情况

生态环境部发布的《2022年中国生态环境统计年报》显示，2022年，在《排放源统计调查制度》确定的统计调查范围内，全国一般工业固体废物产生量为41.1亿吨，综合利用量为23.7亿吨，处置量为8.9亿吨，综合利用率约为57.7%；全国工业危险废物产生量为9514.8万吨，利用处置量为9443.9万吨，工业危险废物利用处置率约为99.3%。其中，一般工业固体废物主要类型包括冶炼废渣、粉煤灰、炉渣、煤矸石、尾矿、脱硫石膏、污泥、赤泥、磷石膏和其他废物；一般工业固体废物综合利用方式主要包括作为建筑材料、农肥或土壤改良剂、矿渣棉、燃料，溶剂回收/再生，再循环/再利用不是用作溶剂的有机物，再循环/再利用金属和金属化合物，再循环/再利用其他无机物，再生酸或碱，回收污染减除剂的组分，回收催化剂组分，废油再提炼或其他废油的再利用和用作充填回填材料等；工业危险废物的主要利用方式包括作为燃料（直接燃烧除外）或以其他方式产生能量、溶剂回收/再生（如蒸馏、萃取等）、再循环/再利用不是用作溶剂的有机物、再循环/再利用金属和金属化合物、再循环/再利用其他无机物、再生酸或碱、回收污染减除剂的组分、回收催化剂组分和废油再提炼或其他废油的再利用等。

二、国家科技支撑情况

"十三五"期间，国家启动了"固废资源化"重点专项，部署了百余个重点科技项目，中央财政经费总预算超过20亿元，并在工业固废建工建材利用与安全处置、生活垃圾收集转运与高效处理、废旧复合器件智能拆解高值利用等方面取得了一批重大关键技术突破，部分科技成果达到同领域国际领先水平，支撑了近20亿吨的工业固废、城市矿产等重点品种的固废循环利用，其中再生有色金属达到30%，有效支撑了循环发展引领行动等国家重大战略部署，对破解固废污染问题、缓解战略资源紧缺和促进重点区域与行业绿色低碳发展发挥了重要作用。"十四五"期间，国家部署了"循环经济关键技术与装备"重点专项，以循环利用体系构建、资源利用效率提升、固废污染显著减排为核心主题，攻克一批产品数字化绿色设计、固废源头减量和清洁工艺等重大核心共性技术及装备，截至目前已发布2022年、2023年两批指南，为循环经济科技高质量发展提供了重要保障。

三、展望

《国务院办公厅关于加快构建废弃物循环利用体系的意见》显示，我国资源循环利用产业年产值预计到2025年将达到5万亿元，初步建成覆盖各领域、各环节的废弃物循环利用体系。尾矿、粉煤灰、煤矸石、冶炼渣、工业副产石膏、建筑垃圾、秸秆等大宗固体废弃物年利用量达到40亿吨，新增大宗固体废弃物综合利用率达到60%。废钢铁、废铜、废铝、废铅、废锌、废纸、废塑料、废橡胶、废玻璃等主要再生资源年利用量达到4.5亿吨。到2030年，建成覆盖全面、运转高效、规范有序的废弃物循环利用体系，废弃物循环利用水平总体居于世界前列。

第三节　服务业循环经济发展情况

在服务业循环经济领域，我国在推进城市再生资源回收利用、生活垃圾分类、餐厨垃圾资源化和绿色消费方面，取得积极成效。

一、城市再生资源回收利用情况

2006年以来，商务部等部门在90个城市试点建立集回收、分拣和初加工于一体的再生资源回收网络体系，支持试点城市新改扩建51550个网点、341个分拣中心、63个集散市场，支持123个再生资源回收加工利用基地建设，初步形成了集回收、分拣、初加工于一体的再生资源回收网络体系，试点城市重点品种回收率超过60%。2012—2021年，我国主要类别再生资源回收总量呈递增趋势，再生资源主要品类涵盖废钢铁、废有色金属、废塑料、废纸、废轮胎、废电器电子产品以及报废机动车等。根据中国物资再生协会发布的《中国再生资源回收行业发展报告（2022）》，2021年主要类别的再生资源回收总量达到3.81亿吨，同比增加2.4%，较2012年（16067万吨）增加137%。2012—2021年，我国主要类别的再生资源的回收价值实现了快速增加。2021年主要类别的再生资源回收价值达到13695亿元，同比增加35.1%，较2012年（5413亿元）增加153%。

二、生活垃圾分类情况

我国自推行生活垃圾分类以来，各地普遍高度重视，不断完善法规制度，加快构建分类体系，加大宣传发动力度，深入推进垃圾分类工作取得了长足进步。住房和城乡建设部城市建设司全国城市生活垃圾分类工作电视电话会议情况显示，截至2023年11月底，全国地级及以上城市居民小区生活垃圾分类覆盖率达到90.2%，预计2024年底，居民小区生活垃圾分类覆盖率将达到95%。2025年底前，我国基本实现垃圾分类全覆盖。根据国务院发布的《2030年前碳达峰行动方案》的要求，到2025年，城市生活垃圾分类体系基本健全，生活垃圾资源化利用比例提升至60%左右。到2030年，城市生活垃圾分类实现全覆盖，生活垃圾资源化利用比例提升至65%。随着垃圾分类工作的全面推进，目前297个地级及以上城市垃圾日处理能力达到53万吨，城市垃圾资源化利用水平实现较大提升。

三、餐厨垃圾资源化情况

随着我国餐饮业的高速发展，餐厨垃圾产生量日益增大。近年来，我国餐饮业市场规模持续壮大。虽然受疫情影响，各地均有餐厅停业，学校、公司的食堂歇业等情况出现，导致餐饮垃圾产生量下降，但是居家做饭和外卖产生的厨余垃圾产生量则有所增长。据统计，2020年我国餐厨垃圾产生量约为1.2亿吨，"十四五"期间，我国餐厨垃圾的产生量将持续增长，预计到2025年，我国餐厨垃圾产生总量将达到1.7亿吨。住房和城乡建设部数据显示，截至2020年底，全国46个重点城市厨余垃圾处理能力约为6.28万吨/天，仅能消纳餐厨垃圾产生量的20%左右。商务部、国家发展改革委、住房和城乡建设部等9部门联合印发《商务部等9部门关于促进餐饮业高质量发展的指导意见》，指出要推动厨余垃圾源头减量和资源化利用，持续减少餐饮领域一次性塑料制品和包装物使用。

四、绿色消费情况

我国大力支持绿色智能家电消费。国务院新闻办2023年上半年商务工作及运行情况发布会显示，2023年上半年我国主要电商平台家电"以旧换新"和绿色智能家电下乡销售额同比分别增长67%和12.7%。

五、城市污水资源化情况

《节约用水条例》国务院政策例行吹风会显示，我国近年来持续推进城镇污水再生利用，不断提升再生水生产、输配能力，在116个城市开展再生水利用相关试点，全国城市每年再生水利用量约180亿立方米，再生水利用率达到了29%。

综上所述，近年来我国工业、农业和服务业领域循环经济发展取得了显著成效。发展循环经济，加强科技创新体系建设，必将在当前我国经济社会发展全面绿色转型的关键时期发挥更大作用。

第二章　中国循环经济协会科技工作介绍

中国循环经济协会的行业科技工作主要包括开展循环经济科技发展战略研究和行业科技规划研究；组织开展循环经济技术创新活动；为政府部门、企业和相关机构开展技术创新活动提供咨询服务。

主要科技职能包括四个方面：科技成果管理；循环经济技术创新体系建设；循环经济科技计划管理；循环经济标准化建设。

第一节　科技成果管理

1. 科技奖励

中国循环经济协会科学技术奖（国科奖社证字第0202号）是经国家科技主管部门批准设立，由中国循环经济协会发起、设立并承办，授予在循环经济与资源综合利用领域中从事科学技术开发研究及成果推广应用的公民或组织的荣誉，具有推荐"国家科学技术奖"的资格。

2. 专利奖励

中国循环经济协会是经国家知识产权局批准，创建的具有推荐"中国专利奖"资格的国家专利协同运用试点单位。

3. 科技成果评价

中国循环经济协会是经国家科技主管部门创建的具有从事循环经济科技成果评价资格，可以独立开展循环经济科技成果评价服务工作的社会专业评价机构。2014年被批准为"第二批科技成果评价试点单位"（国科奖字〔2014〕28号），可受理全国循环经济领域具有法人资格的组织所研究开发的科技成果评价服务工作。

按照科技部《科技成果评价试点工作方案》和《科技成果评价试点暂行办法》，中国循环经济协会应独立、客观、公正地开展循环经济科技成果评价工作。科技评价报告是协会科学技术奖、国家科学技术奖等奖项评审的重要第三方证明，也是循环经济科技成果转化推广、技术市场定价交易及各种科研评估的重要依据。

4. 科技成果推广

通过组织技术成果单位开展技术交流、培训、推广等活动，有组织、有计划地将先进、成熟、适用的科技成果和高新技术推广应用，以促进产业结构的调整和产业技术水平的提高。

第二节　循环经济技术创新体系建设

通过循环经济技术创新体系建设提升企业的技术创新能力，推动循环经济的持续发展。根据产业技术发展需求，重点开展全国循环经济技术中心和全国循环经济工程实验室的建设。

1. 共建循环经济技术中心

依托循环经济科技型企业共建循环经济技术中心，是循环经济技术创新体系建设的重要组成部分，是开展循环经济技术创新活动的重要核心力量。通过共建循环经济技术中心，发挥循环经济产学研协作机制作用，对推动我国循环经济技术创新、科技成果应用和产业化具有重要意义。

2. 共建循环经济工程实验室

依托循环经济领域大专院校和科研机构，共建循环经济工程实验室。开展循环经济领域共性、基础性技术创新研究、检验、测试等活动，通过产学研活动，提升循环经济领域技术水平，推动科技成果推广及产业化。

第三节　循环经济科技计划管理

1. 国家科技计划项目

根据国家发展改革委、工业和信息化部、科技部、财政部、自然资源部、商务部等部门的要求，通过产学研联合机制，组织企业、科研院所，结合产业技术发展的需求，开展科技项目征集工作，向国家相关科技计划组推荐适当的项目，并根据科技计划主管部门的委托，实施项目管理工作。

2. 循环经济科技计划项目管理

为推动循环经济技术创新和产业化，根据循环经济发展的需求，编制循环经济科技计划管理办法，并组织评审、监管科技计划项目。

3. 循环经济科技成果推广计划

为促进循环经济技术创新成果应用、推广及产业化，编制循环经济科技成果推广计划，有计划地积极推进科技成果转化，促进企业产品升级和产业结构调整。

第四节　循环经济标准化建设

中国循环经济协会作为国家标准委批准的首批团体标准试点单位（见标委办工—〔2015〕80号）协调并组织开展循环经济相关的标准化工作，积极开展团体标准工作，制修订和发布团体标准。作为企业标准"领跑者"联盟的副理事长单位和企业标准"领跑者"第三方评估机构，组织开展循环经济专业领域的企业标准"领跑者"单位的评估和发布等相关工作。

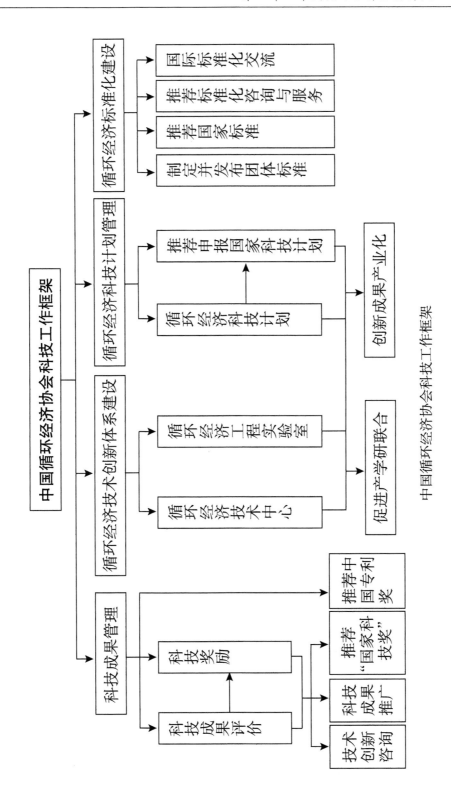

中国循环经济协会科技工作框架

第三章　循环经济科技成果奖励

第一节　中国循环经济协会科学技术奖

中国循环经济协会科学技术奖是2009年经科技部批准设立的奖项，由协会发起、设立并承办，授予在循环经济领域中从事科学技术开发研究及成果推广应用的公民或组织的荣誉，是协会开展行业科技创新管理的重要职能之一，协会具有提名"国家科技奖"的资格。

截至2023年底，协会共开展13届科技奖励活动，受理项目1500余项，授奖项目500余项。项目涵盖钢铁、有色金属、煤炭、轻工纺织、农业、建材、生物、再生资源等领域，总体技术处于国内领先水平，部分项目的技术达到国际领先水平。参与制修订国家标准、行业标准和地方标准600余项，项目总投资达800亿元，总利润达300亿元，节支总额达200亿元。项目授权发明专利900余项，实用新型专利1000余项，这些获奖项目为国家重点研发计划的实施提供了重要科技支撑。

科技部颁发的社会力量设立科学技术奖登记证书

由中国循环经济协会（原中国资源综合利用协会）参与完成的"木塑复合材料挤出成型制造技术及应用"项目，于2012年被国务院授予"国家科学技术进步奖"二等奖。

"木塑复合材料挤出成型制造技术及应用"项目所获奖励证书

第二节　2021—2023年荣获中国循环经济协会科技奖一等奖项目

2021—2023年，协会开展了三届"中国循环经济协会科技奖"评选工作，在工业固废、再生能源、污废水、建筑垃圾等循环经济资源化领域评选出23项一等奖项目（获奖项目见下表）。

中国循环经济协会科技奖一等奖

年份	项目名称	主要完成单位	主要完成人
2021	染料医药化工园区清洁生产与循环经济关键技术开发与应用	清华大学、浙江清华长三角研究院、浙江龙盛集团股份有限公司、绍兴众昌化工股份有限公司、上虞新和成生物化工有限公司、浙江国邦药业有限公司、浙江扬帆新材料股份有限公司、杭州湾上虞经济技术开发区管理委员会	陈昌军、何旭斌、田金平、欧其、严同浪、黄国东、邱家军、刘锐、陈虹、张永彬、陈亚林
	钢铁工业固废协同激发新材料研究及应用	广东华欣环保科技有限公司、广东韶钢松山股份有限公司、广州大学、广东同创科鑫环保有限公司、广东韶钢嘉羊新型材料有限公司、深圳市中金岭南有色金属股份有限公司凡口铅锌矿、固岩科技发展有限公司	吴疑、郭亮、陈忠平、彭亚环、石建红、田志刚、陈卫东、陈锡麟、付志群、黄威、韦波、孙章权、董磊、冯波宇
	生物质固废分质资源化与碳氮磷高效循环技术及应用	中国环境科学研究院、同济大学、生态环境部环境规划院、中国科学院生态环境研究中心、中国农业大学、南昌大学、西南交通大学、维尔利环保科技集团股份有限公司、北京四良科技有限公司、天津正兴合新能源技术有限公司	杨天学、戴晓虎、王夏晖、常燕青、刘振刚、魏雨泉、马志飞、赵锐、任忠秀、赵昕宇、王波、李民、邱志平、龚天成、王晓伟
	高值利用副产石膏和高效节能制备系列建材产品成套技术及产业化	北新集团建材股份有限公司、武汉理工大学	王兵、杨正波、陈红霞、张羽飞、杨新亚、李晓虎、张晓菲、杨小东、侯志刚、蒉守卫、周梦文、任有欢、刘永肖、同友静、李绍伟
	低品位磷矿大规模高效利用及副产物协同处置关键技术研发与应用	长江师范学院、西南科技大学、重庆大学、中化重庆涪陵化工有限公司	李兵、舒建成、刘作华、江涛、徐建华、陶长元、彭浩、刘仁龙、谭伟
	装修垃圾智能处置与高效再生利用关键技术及产业化	北京建工资源循环利用投资有限公司、同济大学、北京建筑大学、北京格林雷斯环保科技有限公司、太仓金马智能装备有限公司、上海国怡环保设备有限公司、中建西部建设股份有限公司、中国矿业大学（北京）、北京建工集团有限责任公司	肖建庄、王淼、李炼、李季节、王卫东、刘琼、丁陶、王琦敏、段珍华、徐立荣、马志刚、杨德志、于家琳

续　表

年份	项目名称	主要完成单位	主要完成人
2021	钢铁流程固废高效资源化利用技术研究及零排放实践	江苏沙钢集团有限公司、江苏省沙钢钢铁研究院有限公司、北京科技大学、江苏科技大学	施一新、毛瑞、王飞、王广伟、苏航、金海、居殿春、杜屏、邱家用、王永红、钱平平、邵久刚、许源、高峰、汪淮宝
	微晶玻璃固化重金属协同固废资源化循环利用技术	中国科学院过程工程研究所、山东恒远利废技术股份有限公司	王志、马连涛、钱国余、王东、宋文凤、赵明智、严明明、耿欣辉、邹传明、赵庆朝、杜建党
	碳基功能材料循环利用及其在大气污染治理中应用	山东鹏达生态科技股份有限公司、清华大学、福建省鑫森炭业股份有限公司、山东大学、中国科学院过程工程研究所、中国石油化工股份有限公司齐鲁分公司、英科医疗科技股份有限公司、淄博齐翔腾达化工股份有限公司、山东隆盛和助剂有限公司	李俊华、李振岳、林鹏、郝京诚、李云鹏、马永亮、刘俊、崔彦斌、达建文、司文哲、王晋刚、陈希明、金学坤、李振山、韩振伟
2022	绿色高效转底炉协同处理钢铁厂固废成套工艺装备及示范	宝武集团环境资源科技有限公司、江苏永钢集团有限公司、上海梅山工业民用工程设计研究院有限公司、广东华欣环保有限公司	彭程、陈在根、朱建春、张刘瑜、刘晓轩、钱丽英、吴传文、刘安治、曹志成、李生忠、李伟、吴棻、李国良、任晓健
	多源固废协同高效能源化利用关键技术研究与应用	上海康恒环境股份有限公司、广东工业大学、浙江清华长三角研究院、清华大学、浙江大学、华北电力大学、昊姆（上海）节能科技有限公司、天通新环境技术有限公司、浙江嘉源环保集团股份有限公司、浙能锦江环境控股有限公司、南宁建宁水务投资集团有限责任公司	龙吉生、王志强、张衍国、王飞、智强、徐敬玉、俞钱龙、曹壮、曲作鹏、李建平、冯永淋、杜海亮、徐飚、鄂宏彪、陈学文
	典型机电装备再制造关键技术研究及产业化	佛山科学技术学院、广东工业大学、河北京津冀再制造产业技术研究有限公司、沈阳大陆激光技术有限公司、北京建工土木工程有限公司、沧州格锐特钻头有限公司、广东先导稀材股份有限公司	张伟、于鹤龙、魏敏、吉小超、李海庆、刘宏伟、史佩京、陈江、王红美、宋占永、肖辉、王凯、汪勇、马云新、张占奎
	钢铁工业涉重固危废高效资源协同利用与源头减量技术	鑫联环保科技股份有限公司、清华大学、武钢集团昆明钢铁股份有限公司	李金惠、马黎阳、陈伟、谭全银、林琳、朱刘、高杨、李春林、刘丽丽、余嘉陈、胡智向、李永华、吴光耀、张卫强、白如斌

续表

年份	项目名称	主要完成单位	主要完成人
2022	危险废物分级分类智能化管理集成技术与应用	荆门市格林美新材料有限公司，江苏省固体废物监督管理中心，生态环境部南京环境科学研究所，南京市生态环境保护科学研究院，无锡市生态环境局，江苏省环境资源有限公司，苏州优乐峰环保科技有限公司，格林美（江苏）钴业股份有限公司，格林美（无锡）能源材料有限公司	张后虎、许开华、钱亚洲、赵泽华、查建宁、张成、李秋宇、柳涛、刘益浩、王庆一、罗小春、林烟、彭永亮、王巧玲、敖显邦
2023	新能源汽车动力蓄电池梯次利用关键技术研究与产业化应用	中汽数据有限公司，中国汽车技术研究中心有限公司，江苏华友能源科技有限公司，杭州安影科技有限公司，弗迪电池有限公司，铁塔能源有限公司	冯屹、孙枝鹏、胡嵩、王攀、鲍伟、周述伟、吕明海、王鼎乾、武双贺、郭金泽、王竞逸、陈雄辉、赵冬昶、徐龙辉
	电石渣深度净化制备钙基材料低碳技术及应用	中国科学院过程工程研究所；浙江大学；北京旦源环保有限公司；华能沁北发电有限责任公司；绵阳西金科技发展有限公司；青海盐湖元品化工有限责任公司；安徽华塑股份有限公司	李会泉、朱干宇、王伊凡、高翔、李少鹏、邢岗、黄吉亮、井金旺、薛红魁、公旭中、韩吉荣、张燕瑞、颜坤、邓树森、常永生
	大宗典型废干混砂浆绿色制造技术及产业化应用	北京建筑材料科学研究总院有限公司；同济大学；武汉理工大学；北京金隅砂浆有限公司；福建南方路面机械股份有限公司；北京建筑大学；东方雨虹民用建材有限责任公司；浙江益森科技股份有限公司；上海伟星新材料科技有限公司；中建三局集团有限公司	王肇嘉、马保国、章银祥、张国防、蔡鲁宏、董茹、王茹、周文娟、黄健、熊卫锋、郭晔、王培铭、黄天勇、祝张法、邱军付
	能源矿业高盐废水特种分离膜处理与回用关键技术	中国矿业大学（北京）；中国科学院生态环境研究中心；华北电力大学；河北工程大学；中煤科工集团杭州研究院有限公司；北京津工海水科技有限公司；江苏智诚还环保科技有限公司	王建兵、周昊、李魁岭、侯嫘、杨少霞、邵中权、王中权、张勇、王春荣、王会姣、章丽萍、张春晖、徐莉莉、杨彪、牛连勇
	市政污泥土地利用的安全技术体系构建及应用	浙江工业大学；宁波高新区纯能节能技术有限公司；北京沃土天地生物科技股份有限公司；杭州市城市水设施和河道保护管理中心	王家德、包晓东、李菲里、张陇利、彭生平、甘永平、张晔、宋媛媛、商加端、孙敏捷、马红明、米帅

16

续 表

年份	项目名称	主要完成单位	主要完成人
2023	低品位锰矿生产电解二氧化锰关键技术研发与应用	广西汇元锰业有限责任公司；重庆大学；嘉兴学院；长沙理工大学；广西壮族自治区产业技术研究院	陈奇志、刘作华、万维华、杜文宏、喻林萍、曹雪波、陶长元、史磊、杜军、韦国柱、郭佳文、方皓、李孟丽、苏广源、许梓奕
	双碳战略下的市政污泥厌氧消化全产业链资源化关键技术及应用示范	北京化工大学；北京城市排水集团有限责任公司；中国环境科学研究院；中城院（北京）环境科技股份有限公司；成都瑞耘环境科技有限公司；营口市自然资源事务中心	刘研萍、张荣兵、邹德勋、叶美瀛、刘涛、李伟、葛勇涛、刘茹飞、夏洲、侯佳奇、杨文彬、刘杰、魏域芳、张超、李春晖
	复杂铅阳极泥协同处理二次含锑物料高效梯级回收战略性金属新技术	山东恒邦冶炼股份有限公司；东华大学；中南大学	曲胜利、李磊、董准勤、王松松、邹琳、刘元辉、王兴、曲超、秦良奇、张善辉、崔家友、赵祝鹏、李辉、李雪山、张腾
	中国汽车数字化碳管理机制的研究和应用	中国汽车技术研究中心有限公司；中汽碳（北京）数字技术中心有限公司；中汽数据有限公司；中汽数据（天津）有限公司	吴志新、朱向雷、赵冬昶、徐树杰、赵明楠、张妍、李建新、焦显辉、孙锌、林宇、雷振鲁、李家昂、张廷、张木泽、程明

第三节　2008—2023年国家科技奖励（通用项目）循环经济相关获奖项目

国家科学技术奖励是我国科技奖励体系中的最高荣誉，由国务院设立，旨在奖励在科学技术进步活动中作出突出贡献的公民、组织，调动科学技术工作者的积极性和创造性，加速科学技术事业的发展，提高综合国力。国家科学技术奖励包含5个奖项：国家最高科学技术奖、国家自然科学奖、国家技术发明奖、国家科学技术进步奖和中华人民共和国国际科学技术合作奖。国家科学技术奖励每年评审一次，并在人民大会堂隆重举办国家科学技术奖励大会，由党和国家领导人亲自为获奖代表颁奖，并发表重要讲话。2008—2022年（2021—2022年国家科技奖励暂停两年），国家技术发明奖和国家科学技术进步奖（通用项目）授奖总数为2735项。

据统计，2008—2022年国家科学技术奖励（通用项目）的奖项中，循环经济领域获奖108项（获奖项目见下表），其中获国家自然科学奖二等奖1项；国家技术发明奖一等奖1项，二等奖22项；国家科学技术进步奖（表中简称"国家科技进步奖"）一等奖2项，二等奖82项。

2012年，中国循环经济协会（原中国资源综合利用协会）作为第四完成单位参与的项目"木塑复合材料挤出成型制造技术及应用"荣获国家科技进步奖二等奖；据统计，截至2023年底，获得国家科技奖励的项目中有9项曾获中国循环经济协会科技奖。

2023年度，国家科学技术奖励工作办公室发布了《关于2023年度国家科学技术奖提名工作的通知》（国科奖字〔2023〕21号），中国循环经济协会作为提名单位，已完成1项科技进步奖提名工作，提名项目为由清华大学等单位完成的"典型精细化工园区循环经济共生链接技术开发与应用"。

2008—2020年国家科技奖励（通用项目）循环经济相关获奖项目

序号	获奖名称	主要完成单位	获奖类别
		2008年（国家技术发明奖二等奖2项，国家科技进步奖二等奖3项）	
1	废旧沥青再循环利用的成套关键技术	浙江兰亭高科有限公司，长沙理工大学，湖南省交通科学研究院	国家技术发明奖二等奖
2	电厂锅炉多种污染物协同脱除半干法烟气净化技术	浙江大学	国家技术发明奖二等奖
3	稠油污水循环利用技术与应用	中国石油天然气股份有限公司辽河油田分公司，同济大学，辽宁华孚环境工程有限公司（原盘锦市华意环境工程公司）	国家科技进步奖二等奖
4	钢铁企业副产煤气利用与减排综合技术	宝山钢铁股份有限公司，东北大学，北京科技大学	国家科技进步奖二等奖
5	农业废弃物气化燃烧能源化利用技术与装置	中国科学院广州能源研究所，广州中科华源科技有限公司	国家科技进步奖二等奖
		2009年（国家技术发明奖二等奖4项，国家科技进步奖二等奖11项）	
6	化工园区工业废水处理新技术及工程应用	南京大学，无锡轻工大学，上海埃梯梯恒通先进水处理有限公司，国家环境保护制药废水污染整制工程技术中心	国家技术发明奖二等奖
7	涂料工业清洁生产工艺和方法	湖南大学	国家技术发明奖二等奖
8	油气集输的节能减排和安全高效关键工艺及装备	西安交通大学，西安交通大学-宁夏三新热工能源环保技术联合研究院，中国石油天然气集团公司长庆油田分公司	国家技术发明奖二等奖
9	难处理氧化铜矿资源高效选冶新技术	昆明理工大学，北京矿冶研究总院，云南铜业（集团）有限公司	国家技术发明奖二等奖
10	废纸造纸废水资源化利用关键技术研发与应用	华南理工大学	国家科技进步奖二等奖

续 表

序号	获奖名称	主要完成单位	获奖类别
11	L系列环保节材型电冰箱压缩机	黄石东贝电器股份有限公司	国家科技进步奖二等奖
12	节能环保型球团链箅机关键制造技术及应用	江苏宏大特种钢机械厂，江苏大学	国家科技进步奖二等奖
13	高性能尾气净化器柔性制造关键技术及成套装备	上海交通大学，上海联能机电有限公司，无锡威孚力达催化净化器有限责任公司	国家科技进步奖二等奖
14	受污染水体生态修复关键技术研究与应用	中国科学院水生生物研究所，北京大学，长江水资源保护科学研究所，深圳市环境科学研究院，浙江理工大学，武汉理工大学	国家科技进步奖二等奖
15	低能耗膜-生物反应器污水资源化新技术与工程应用	清华大学，中国科学院生态环境研究中心，同济大学，北京碧水源科技股份有限公司	国家科技进步奖二等奖
16	焦化过程主要污染物控制关键技术与应用	武汉科技大学，武汉钢铁（集团）公司，四川省达州钢铁集团有限责任公司，河南中鸿实业集团，大连神利机械有限公司	国家科技进步奖二等奖
17	畜禽养殖废弃物生态循环利用与污染减量综合技术	浙江大学，浙江省沼气太阳能科学研究院，江苏省农业科学院，福建农林大学	国家科技进步奖二等奖
18	干旱沙区土壤水循环的植被调控机理、关键技术及其应用	中国科学院寒区旱区环境与工程研究所，东北师范大学，中国林业科学研究院林业研究所	国家科技进步奖二等奖
19	SBR法污水处理工艺与设备及实时控制技术	北京工业大学，哈尔滨工业大学，浙江杭氧环保成套设备有限公司，杭州能源环境工程有限公司，安徽国祯环保节能科技股份有限公司	国家科技进步奖二等奖
20	磷化工全废料自胶凝充填采矿技术	贵州开磷（集团）有限责任公司，中南大学	国家科技进步奖二等奖
2010年（国家科技进步奖二等奖3项）			
21	废弃钴镍材料的循环再造关键技术及产业化应用	深圳市格林美高新技术股份有限公司，北京工业大学，中南大学，荆门市格林美新材料有限公司	国家科技进步奖二等奖

续 表

序号	获奖名称	主要完成单位	获奖类别
22	有机废水碳氮硫同步脱除新技术及工程应用	哈尔滨工业大学，南昌航空大学，华北制药集团环保研究所，长春工程学院，黑龙江科技学院	国家科技进步奖二等奖
23	含钒页岩高效提取在线循环资源化新技术及工业应用	武汉科技大学，武汉都市环保工程技术股份有限公司，武汉钢铁（集团）公司，合肥中亚建材装备有限责任公司，华西能源工业股份有限公司，武汉理工大学	国家科技进步奖二等奖
	2011 年（国家科技进步奖二等奖 9 项）		
24	免助燃有机化工废渣焚烧处理技术及应用	江苏福昌环保科技集团有限公司	国家科技进步奖二等奖
25	高品质镁合金集成与循环应用技术	重庆大学，重庆长安汽车股份有限公司，山西闻喜银光镁业（集团）有限责任公司，重庆硕龙镁科技有限公司，重庆博奥镁铝金属制造有限公司，重庆科技术研究院，重庆理工大学	国家科技进步奖二等奖
26	铝高效清洁冶金及资源循环利用关键技术与产业化	河南豫光金铅股份有限公司，中南大学，长沙有色冶金设计研究院	国家科技进步奖二等奖
27	盐湖钾镁资源高效与可持续开发利用关键技术	华东理工大学，青海盐湖工业集团股份有限公司	国家科技进步奖二等奖
28	固体废弃物循环利用新技术及其在公路工程中的应用	北京建筑工程学院，北京市政路桥建材集团有限公司，华南理工大学，哈尔滨工业大学，河南中原高速公路股份有限公司，北京市政工程研究院，浙江勤业建工集团有限公司	国家科技进步奖二等奖
29	工业连续化废橡胶废塑料低温裂解资源化利用成套技术及装备	济南友邦恒誉科技开发有限公司，青岛科技大学	国家科技进步奖二等奖
30	大型高含硫气田安全开采及硫黄回收技术	中国石油天然气股份有限公司西南油气田分公司，中国石油集团工程设计有限责任公司	国家科技进步奖二等奖
31	有机固体废弃物资源化与能源化综合利用系列技术及应用	中国科学院广州能源研究所，中国农业大学，中国科学院成都生物研究所，广东省农业大学，广东省昆虫研究所，华南农业大学，广东省生态环境与土壤研究所，广东温氏食品集团有限公司	国家科技进步奖二等奖

续表

序号	获奖名称	主要完成单位	获奖类别
32	化工废气超重力净化技术的研发与工业应用	中北大学，天津煤化工集团股份有限公司，甘肃银光化学工业集团有限公司	国家科技进步奖二等奖
	2012年（国家技术发明奖二等奖3项，国家科技进步奖一等奖1项，二等奖8项）		
33	综合机械化固体废弃物密实充填与采煤一体化技术	中国矿业大学，中国平煤神马能源化工集团有限责任公司，郑州四维机电设备制造有限公司	国家技术发明奖二等奖
34	秸秆清洁制浆及其废液资源化利用新技术	山东泉林纸业有限责任公司	国家技术发明奖二等奖
35	高性能聚偏氟乙烯中空纤维膜制备及在污水资源化应用中的关键技术	天津工业大学，天津膜天膜科技股份有限公司	国家技术发明奖二等奖
36	复杂难处理镍钴资源高效利用关键技术与应用	金川集团有限公司，中国恩菲工程技术有限公司，昆明理工大学，北京矿冶研究总院，中南大学，东北大学，西北矿冶研究院	国家科技进步奖一等奖
37	木塑复合材料挤出成型制造技术及应用	东北林业大学，中国林业科学研究院木材工业研究所，南京林业大学，中国资源综合利用协会，南京赛旺科技发展有限公司，湖北普辉塑料科技有限公司，青岛华盛高新科技发展有限公司	国家科技进步奖二等奖
38	熔融钢渣热闷处理及金属回收技术与应用	北京工业大学	国家科技进步奖二等奖
39	多晶硅高效节能环保生产新技术、装备与产业化	中国恩菲工程技术有限公司，洛阳中硅高科技有限公司	国家科技进步奖二等奖
40	水泥窑纯低温余热发电成套工艺技术及装备	中信重工机械股份有限公司，杭州汽轮机股份有限公司，西安交通大学，杭州钢铁集团股份有限公司	国家科技进步奖二等奖
41	激光表面复合强化与再制造关键技术及其应用	浙江工业大学，上海电气电站设备有限公司，杭州博华激光技术有限公司，浙江栋斌螺杆机械有限公司	国家科技进步奖二等奖

续 表

序号	获奖名称	主要完成单位	获奖类别
42	节能环保型柴油机关键技术及产业化	广西玉柴机器股份有限公司	国家科技进步奖 二等奖
43	湿法高效脱硫及硝汞轻制一体化关键技术与应用	浙江大学，浙江蓝天求是环保集团有限公司，蓝天环保设备工程股份有限公司，广东电网公司电力科学研究院	国家科技进步奖 二等奖
44	城市固体废弃物填埋场环境土力学机理与灾害防控关键技术及应用	浙江大学，中国市政工程华北设计研究总院，上海市政工程设计研究总院（集团）有限公司	国家科技进步奖 二等奖
2013年（国家技术发明奖二等奖1项，国家科技进步奖二等奖5项）			
45	工业钒铬废渣与含重金属氨氮废水资源化关键技术和应用	中国科学院过程工程研究所，天津大学	国家技术发明奖 二等奖
46	钢铁企业低压余热蒸汽发电和钢渣改性炭处理技术与示范	河北联合大学，唐山钢铁集团有限责任公司，中国钢研科技集团有限公司，北京科技大学	国家科技进步奖 二等奖
47	环保型路面建造技术与工程应用	长安大学，南京大学，哈尔滨工业大学，中国建筑材料科学研究总院，北京市市政工程设计研究总院，深圳海川工程科技有限公司	国家科技进步奖 二等奖
48	生活垃圾能源化与资源化关键技术及应用	同济大学，南京大学，上海市环境工程设计科学研究院有限公司，中国环境科学研究院，中国瑞林工程技术有限公司，中国市政工程中南设计研究总院有限公司，上海康恒环境工程有限公司	国家科技进步奖 二等奖
49	农业废弃物成型燃料清洁生产技术与整套设备	河南省科学院能源研究所有限公司，北京奥科瑞丰新能源股份有限公司，河南农业大学，大连理工大学	国家科技进步奖 二等奖
50	秸秆成型燃料高效清洁生产与燃烧关键技术装备	农业农村部规划设计研究院，合肥天焱绿色能源开发有限公司，北京盛昌绿能科技有限公司	国家科技进步奖 二等奖
2014年（国家技术发明奖二等奖3项，国家科技进步奖一等奖2项）			
51	有机废物生物强化腐殖化及腐殖酸高效提取循环利用技术	中国环境科学研究院，清华大学，北京嘉博文生物科技有限公司	国家技术发明奖 二等奖

续　表

序号	获奖名称	主要完成单位	获奖类别
52	重大化工装置中细颗粒污染过程减排新技术研发与应用	华东理工大学，中石化洛阳工程有限公司，中石化洛阳工程有限公司油化工股份有限公司镇海炼化分公司	国家技术发明奖二等奖
53	大掺量工业废渣混凝土高性能活性激发与协同调制关键技术及应用	深圳大学，同济大学，吉林建筑工程学院	国家技术发明奖二等奖
54	有色冶炼含砷固废治理与清洁利用技术	中南大学，郴州市金贵银业股份有限公司，锡矿山闪星锑业有限责任公司，长沙有色冶金设计研究院有限公司，铜陵有色金属集团控股有限公司，郴州丰越环保科技股份有限公司	国家科技进步奖二等奖
55	复杂难处理钨矿高效分离关键技术及工业化应用	广东省工业技术研究总院，北京矿冶研究总院，湖南有色金属股份有限公司黄沙坪矿冶分公司，甘肃新洲矿业有限公司，湖南有色金属研究有限责任公司	国家科技进步奖二等奖
2015年（国家技术发明奖一等奖1项，国家科技进步奖二等奖2项）			
56	燃煤烟气选择性催化脱硝关键技术研发及应用	清华大学，北京国电龙源环保工程有限公司，江苏龙源催化剂有限公司，重庆远达催化剂制造有限公司，四川华铁钒钛科技股份有限公司	国家技术发明奖二等奖
57	废轮胎修筑高性能沥青路面关键技术及工程应用	交通运输部公路科学研究所，北京市政路桥建材集团有限公司，长沙理工大学，中海油气开发利用公司，中国石油大学（华东），重庆交通大学，广西交通投资集团有限公司	国家科技进步奖二等奖
58	农林废弃物清洁热解气化多联产关键技术与装备	天津大学，山东大学，山东理工大学，山东省科学院能源研究所，张家界三木能源开发有限公司，广州迪森热能技术股份有限公司，山东百川同创能源有限公司	国家科技进步奖二等奖
2016年（国家技术发明奖二等奖1项，国家科技进步奖一等奖7项）			
59	木质纤维生物质多级资源化利用关键技术及应用	北京林业大学，中南林业科技大学，山东龙力科技股份有限公司，华南理工大学，山东龙力生物科技股份有限公司	国家技术发明奖二等奖
60	机械化秸秆还田技术与装备	河北豪丰机械制造有限公司	国家科技进步奖二等奖

续　表

序号	获奖名称	主要完成单位	获奖类别
61	造纸与发酵典型废水资源化和超低排放关键技术及应用	广西大学，江南大学，广西博世科环保科技股份有限公司，广东理文造纸有限公司，青岛啤酒股份有限公司，广西农垦明阳生化集团股份有限公司，武汉理工大学	国家科技进步奖二等奖
62	水泥窑高效生态化协同处置固体废弃物成套技术与应用	华新水泥股份有限公司	国家科技进步奖二等奖
63	高性能玻璃纤维低成本大规模生产技术与成套装备开发	巨石集团有限公司	国家科技进步奖二等奖
64	城市循环经济发展共性技术开发与应用研究	清华大学，江苏维尔利环保科技股份有限公司，中国标准化研究院，苏州伟翔电子废弃物处理技术有限公司，江苏仕德伟网络科技股份有限公司	国家科技进步奖二等奖
65	难降解有机工业废水治理与毒性减排关键技术及装备	南京大学，江苏省环境科学研究院，郑州大学，江苏南大环保科技有限公司，南京大学盐城环保技术与工程研究院	国家科技进步奖二等奖
66	有色金属共伴生硫铁矿资源综合利用关键技术及应用	昆明理工大学，北京矿冶研究总院，云南冶金集团股份有限公司，铜陵化工集团新桥矿业有限公司，江西铜业股份有限公司德兴铜矿，南京银茂铅锌矿业有限公司，深圳市中金岭南有色金属股份有限公司凡口铅锌矿	国家科技进步奖二等奖
2017年（国家技术发明奖一等奖1项、二等奖1项，国家科技进步奖二等奖10项）			
67	燃煤机组超低排放关键技术研发及应用	浙江大学，浙江省能源集团有限公司，浙江天地环保科技有限公司	国家技术发明奖一等奖
68	建筑废弃物再生骨料关键技术及其规模化应用	深圳大学，香港理工大学，深圳市华威环保建材有限公司	国家技术发明奖二等奖
69	工业排放烟气用聚四氟乙烯基过滤材料关键技术及产业化	浙江理工大学，浙江格尔泰斯环保特材科技股份有限公司，西安工程大学，天津工业大学，浙江宇邦滤材科技有限公司	国家科技进步奖二等奖
70	高汽油收率低碳排放系列催化裂化催化剂工业应用	中国石油天然气股份有限公司石油化工研究院，中国石油天然气股份有限公司广西石化分公司，中国石油大学（北京），中国石油天然气股份有限公司大港石化分公司，中国石油天然气股份有限公司玉门油田分公司，中国石油天然气股份有限公司哈尔滨炼油厂化工分公司	国家科技进步奖二等奖

续　表

序号	获奖名称	主要完成单位	获奖类别
71	冶金渣大规模替代水泥熟料制备高性能生态胶凝材料科技研发与推广	西安建筑科技大学，西安德龙新型建筑材料科技有限责任公司	国家科技进步奖二等奖
72	高效节能环保烧结技术及装备的研发与应用	中冶长天国际工程有限责任公司，宝山钢铁股份有限公司，中南大学，内蒙古包钢稀土钢板材有限责任公司	国家科技进步奖二等奖
73	填埋场地下水污染系统防控与强化修复关键技术及应用	中国环境科学研究院，清华大学，北京高能时代环境技术股份有限公司，南京万德斯环保科技股份有限公司，力合科技（湖南）股份有限公司，北京环境工程技术有限公司	国家科技进步奖二等奖
74	流域水环境重金属污染风险防控理论技术及应用	中国环境科学研究院，华南理工大学，生态环境部华南环境科学研究所，南方科技大学，广西壮族自治区环境监测中心站	国家科技进步奖二等奖
75	膜集成城镇污水深度净化技术与工程应用	清华大学，北京碧水源科技股份有限公司	国家科技进步奖二等奖
76	高铝粉煤灰提取氧化铝多联产技术开发与产业示范	内蒙古大唐国际再生资源开发有限公司，大唐国际发电股份有限公司	国家科技进步奖二等奖
77	危险废物回转式多段热解焚烧及污染物协同控制关键技术	浙江大学，杭州大地环保工程有限公司，中国市政工程华北设计研究总院有限公司，浙江物华天宝能源环保有限公司	国家科技进步奖二等奖
78	气液固凝并吸收抑制低温腐蚀的烟气深度冷却技术及应用	西安交通大学，青岛达能环保设备股份有限公司	国家科技进步奖二等奖
2018年（国家技术发明奖二等奖3项，国家科技进步奖一等奖6项）			
79	微细矿物颗粒循环利用高效节能分离技术与装备	四川大学，上海华畅环保设备发展有限公司，威海市海王旋流器有限公司，华东理工大学	国家技术发明奖二等奖
80	冶炼多金属废酸资源化治理关键技术	中南大学，赛恩斯环保股份有限公司	国家技术发明奖二等奖

续　表

序号	获奖名称	主要完成单位	获奖类别
81	复杂组分战略金属再生关键技术创新及产业化	北京科技大学，华新绿源环保股份有限公司，上饶市致远环保科技有限公司，清远市进田企业有限公司	国家技术发明奖二等奖
82	废旧聚酯高效再生及纤维制备产业化集成技术	宁波大发化纤有限公司，东华大学，海盐海利环保纤维有限公司，优彩环保资源科技股份有限公司，中原工学院	国家科技进步奖二等奖
83	建筑固体废物资源化关键技术及产业化应用	同济大学，北京建筑大学，青岛理工大学，北京联绿技术集团有限公司，昆明理工大学，上海山美重型矿山机械股份有限公司，许昌金科资源再生股份有限公司	国家科技进步奖二等奖
84	电子废弃物绿色循环关键技术及产业化	荆门市格林美新材料有限公司，中南大学，格林美股份有限公司，北京工业大学	国家科技进步奖二等奖
85	废旧混凝土再生利用关键技术及工程应用	华南理工大学，北京建筑大学，中国建筑科学研究院有限公司，广州建筑股份有限公司，广西大学，深圳市建筑设计研究总院有限公司，中建西部建设股份有限公司	国家科技进步奖二等奖
86	全过程优化的焦化废水高效处理与资源化技术及应用	中国科学院过程工程研究所，鞍钢股份有限公司，北京赛科康仑环保科技有限公司，合肥工业大学，哈尔滨工业大学	国家科技进步奖二等奖
87	中药资源产业化过程循环利用模式与适宜技术体系创建及其推广应用	南京中医药大学，陕西中医药大学，山东步长制药股份有限公司，吉林省东北亚药业股份有限公司，延安常泰药业有限公司，江苏天晟药业股份有限公司，淮安市百麦科学绿色生物能源有限公司	国家科技进步奖二等奖
2019年（国家自然科学奖二等奖1项，国家技术发明奖二等奖1项，国家科技进步奖二等奖11项）			
88	燃煤废气中氮氧化物催化净化基础研究	中国科学院生态环境研究中心	国家自然科学奖二等奖
89	含战略资源固废中金属高值化回收关键技术及应用	南昌航空大学	国家技术发明奖二等奖
90	特种高性能橡胶复合材料关键技术及工程应用	无锡宝通科技股份有限公司，北京化工大学，中国化学工业桂林工程有限公司	国家科技进步奖二等奖

续表

序号	获奖名称	主要完成单位	获奖类别
91	面向制浆废水零排放的膜制备、集成技术与应用	南京工业大学，南京九思高科技有限公司，南通能达水务有限公司，江苏久吾高科技股份有限公司	国家科技进步奖二等奖
92	大型污水厂污水污泥臭气高效处理工程技术体系与应用	上海市政工程设计研究总院（集团）有限公司，同济大学，上海交通大学	国家科技进步奖二等奖
93	煤矸石山自燃污染控制与生态修复关键技术及应用	中国矿业大学（北京），中国矿业大学，生态环境部南京环境科学研究所，山西潞安矿业（集团）有限责任公司，北京东方园林环境股份有限公司，中国平煤神马能源化工集团有限责任公司，阳泉煤业（集团）股份有限公司	国家科技进步奖二等奖
94	淮河流域闸坝型河流废水治理与生态安全利用关键技术	南京大学，郑州大学，河南省环境保护科学研究院，南京大学盐城环保技术与工程研究院，南京环保产业创新中心有限公司，河南君和环保科技有限公司	国家科技进步奖二等奖
95	废弃物焚烧与钢铁冶炼二噁英污染控制技术与对策	中国科学院生态环境研究中心，宝山钢铁股份有限公司，生态环境部环境保护对外合作中心，中科实业集团（控股）有限公司	国家科技进步奖二等奖
96	炼化含硫废气超低硫排放及资源化利用成套技术开发与应用	中国石油化工股份有限公司齐鲁分公司，中国石油化工股份有限公司中原油田普光分公司，山东齐鲁科力化工研究院有限公司，中石化洛阳工程有限公司，中国石油化工股份有限公司九江分公司	国家科技进步奖二等奖
97	红土镍矿冶炼镍铁及冶炼渣增值利用关键技术与应用	中南大学，广东广青金属科技有限公司，宝钢德盛不锈钢有限公司	国家科技进步奖二等奖
98	绿色公共建筑环境与节能设计关键技术研究及应用	清华大学，北京市建筑设计研究院有限公司，中国科学院理化技术研究所，中建一局集团建设发展有限公司，北京清华同衡规划设计研究院有限公司	国家科技进步奖二等奖
99	贫杂铁矿石资源化利用关键技术集成与工业示范	东北大学，鞍钢集团矿业有限公司，河北钢铁集团滦县司家营铁矿有限公司	国家科技进步奖二等奖
100	镍阳极泥中铂钯铑铱绿色高效提取技术	金川集团股份有限公司	国家科技进步奖二等奖

续表

序号	获奖名称	主要完成单位	获奖类别
		2020年（国家技术发明奖二等奖2项，国家科技进步奖一等奖1项，二等奖5项）	
101	强化废水生化处理的电子调控技术与应用	全燮（大连理工大学） 张耀斌（大连理工大学） 周集体（大连理工大学） 陈硕（大连理工大学） 权伍哲（大连宇都环境技术材料有限公司） 金若菲（大连理工大学）	国家技术发明奖二等奖
102	典型农林废弃物快速解创制腐殖酸环境材料及其应用	田原宇［中国石油大学（华东）］ 乔英云［中国石油大学（华东）］ 谢克昌（太原理工大学） 杨朝合［中国石油大学（华东）］ 张华伟（山东科技大学） 黄占斌［中国矿业大学（北京）］	国家技术发明奖二等奖
103	工业烟气多污染物协同深度治理技术及应用	清华大学，中冶长天国际工程有限责任公司，中节能环保装备股份有限公司，西安建筑科技大学，河钢集团有限公司，中冶焦耐（大连）工程技术有限公司，中钢集团天澄环保科技股份有限公司 中钢集团天澄环保科技有限公司，生态环境部华南环境科学研究所，西安交大大水务（深圳）有限公司，中材科技股份有限公司，江苏中创清源科技有限公司，山西新华化工有限责任公司，中建材环保研究院（江苏）有限公司	国家科技进步奖一等奖
104	钢铁行业多工序多污染物超低排放控制技术与应用	中国科学院过程工程研究所，河钢集团有限公司，中冶焦耐（大连）工程技术有限公司，中钢集团天澄环保科技股份有限公司	国家科技进步奖二等奖
105	城镇污水处理厂智能监控和优化运行关键技术及应用	中国科学技术大学，西安建筑科技大学，安徽国祯环保节能科技股份有限公司，广州市市政工程设计研究总院有限公司，中国市政工程西南设计研究总院有限公司	国家科技进步奖二等奖
106	基于3S维度的生物质固废清洁高效燃气能源化关键技术及应用	天津大学，北京化工大学，中国人民解放军火箭军工程大学，武汉科技大学，中国环境保护集团有限公司，无锡湖光工业炉有限公司，西藏大学	国家科技进步奖二等奖

续 表

序号	获奖名称	主要完成单位	获奖类别
107	煤矸石煤泥清洁高效利用关键技术及应用	山西大学，华北电力大学，山西平朔煤矸石发电有限责任公司，山西华仁通电力科技有限公司，山西大地民基生态环境股份有限公司，山西天宇环保技术有限公司	国家科技进步奖二等奖
108	锌电解典型重金属污染物源头削减关键共性技术与大型成套装备	中国环境科学研究院，同济大学，江西瑞林装备有限责任公司，白银有色集团股份有限公司，花垣县太丰冶炼有限公司，北京冶自欧博科技发展有限公司，中国科学院高能物理研究所	国家科技进步奖二等奖

第四章　循环经济科技成果评价

第一节　科技成果评价工作简介

循环经济科技成果评价是推动科技成果转化成现实生产力的重要方式，是协会服务循环经济发展的重要环节。科技成果评价服务为企业提供了公正、科学、高质量的专业咨询，帮助企业发现并解决实际生产中遇到的关键技术问题，提供并指导企业建立技术创新体系，促进企业技术进步。

协会是科技部批准的"二期科技成果评价试点"机构。协会鼓励循环经济领域创新主体对新技术、新产品和新成果进行评价，通过多种渠道宣传和推广科技创新程度高、应用效果明显的科技成果，对行业科技创新和成果落地起到了重要作用。

第二节　科技成果评价成效

试点工作开展以来，为规范科技成果评价活动，推进科技成果分类评价，促进循环经济科技成果评价的专业化、规范化和市场化，协会依据科学技术部《科学技术评价办法》（试行）、《科技评估管理暂行办法》、《科技成果评价试点工作方案》及《科技成果评价试点暂行办法》的有关规定，制定了《中国循环经济协会科技成果评价试点暂行办法》，建立了中国循环经济协会科技成果评价专家库，制定了中国循环经济协会科技成果评价程序、操作流程、评价委托协议书范本和评价报告模板，为协会高质量地开展科技成果评价工作奠定了良好的基础。

为保障评价质量，协会组织了高水平的科技成果评价会议，其中30%的科技成果评价会议由院士出席并主持。这些科技成果均为技术开发类应用技术成果，90%的成果已实现工业化，取得了很好的经济效益、社会效益和环境效益，涵盖了工业"三废"（固废、废水和废气）循环利用，再生资源（废有色金属、废弃电器电子产品、报废汽车、废旧轮胎和城市生活垃圾）回收利用，农林废弃物循环利用，绿色制造，工业节能和新能源（风能、太阳能）等循环经济技术领域。

其中，2023年度"燃煤电厂含氨废水绿色循环利用关键技术及工程应用、干法烟气脱酸脱硝资源化技术、电石渣深度净化制备钙基材料低碳技术及应用、煤气化渣综合利用生产岩棉技术、典型精细化工园区循环经济关键技术研究与应用、高芥酸菜籽油的高效利用关键技术研发与产业化、油气田压裂作业高盐有机废水资源化关键技术及应用、粉煤灰高质低碳物理改性关键技术与装备、共伴生低品位钨尾矿资源高效综合利用关键技术研究及应用、沥青路面材料低碳高值化再生利用关键技术与工程应用、航天多功能构件一体化设计与增材成形技术及应用、能源矿业高盐废水特种分离膜处理与回用关键技术和大宗典型固废干混砂浆绿色制造技术及产业化"13项科技成果在各自的领域实现重大突破，达到国际领先水平。

第五章　循环经济技术创新体系建设

2010年，协会开始进行循环经济科技创新体系建设，与循环经济领域内科技创新企业、大专院校和研究所共建多个循环经济技术中心和工程实验室，并实行动态调整管理（"2023年版循环经济技术中心和循环经济工程实验室"见下表）。共建循环经济技术中心工作场地总面积超过40万平方米，检测试验仪器总计4200台套，从业科技人员3500余名，其中博士350余名，技术中心科研总投资超过15亿元；共建循环经济工程实验室工作场地总面积超过15000平方米，检测试验仪器逾350台套，从业科技人员400余名，其中博士120余名，工程实验室科研总投资超过1500万元。

经过13年的运行管理，逐步建立和完善了循环经济领域技术创新体系，依托单位集中分布在京津冀、长江经济带和长江三角洲等区域，初步涵盖了钢铁冶炼、有色冶金、煤电、化工、建材、交通等工业固废资源化；新能源；有机固废、建筑垃圾、废旧纺织品等城市再生资源利用；工业和流域水处理等循环经济重点领域，有效提升了创新主体的自主创新能力，促进了"政产学研用"联合机制发展，推动了行业科技进步。

循环经济技术中心（2023年版）

序号	创建时间	依托单位	研究领域
1	2011年	索通发展股份有限公司	石油焦资源化
2	2012年	上海化工研究院	化工固废资源化
3		上海宝田新型建材有限公司	冶金固废资源化
4	2013年	中冶宝钢技术服务有限公司	冶金渣制新型建材
5	2014年	海天水务集团股份公司	城市污水、污泥资源化

续　表

序号	创建时间	依托单位	研究领域
6	2015年	山东鲁北企业集团有限公司	化工固废循环利用
7	2017年	北京嘉博文生物科技有限公司	有机废弃物资源化
8		许昌金科资源再生股份有限公司	建筑垃圾资源化
9		浙江天能资源循环科技有限公司	废铅酸电池资源化
10		骆驼集团股份有限公司	废铅酸电池和锂电池资源化
11	2018年	广东华欣环保科技有限公司	钢铁冶炼渣资源化
12		中冶京诚工程技术有限公司	工业水处理及资源化
13	2019年	愉悦家纺有限公司	废旧纺织品资源化
14		鸿翔环境产业有限公司	建筑垃圾资源化
15		禹州市禹王特种建材集团有限公司	工业固废资源化
16	2020年	嘉兴新嘉爱斯热电有限公司	污泥资源化
17	2021年	北新集团建材股份有限公司	工业副产石膏资源化
18		北京建筑材料科学研究总院有限公司	工业固废的建材资源化利用领域
19	2022年	浙江天能新材料有限公司	废旧动力锂电池回收利用
20		浙江裕峰环境服务股份有限公司、中国科学院城市环境研究所	废旧纺织物与污泥协同资源化

循环经济工程实验室（2023年版）

序号	创建时间	依托单位	研究领域
1	2013年	中国地质大学（北京）	矿物和固废资源化
2	2014年	北京科技大学	冶金渣、粉尘废弃物资源化
3	2015年	复旦大学、嘉兴南湖学院	流域水处理
4	2016年	山东大学、新泰市人民政府	农业秸秆和工业固废资源化
5		中南民族大学	碳族废物资源化利用
6		昆明理工大学	冶金固废资源化
7	2018年	北京市科学技术研究院资源环境研究所	有机废水资源回收利用

序号	创建时间	依托单位	研究领域
8	2020年	青岛理工大学	绿色智能精密制造
9		中南大学	有色冶金固废资源化
10	2021年	中国科学院过程工程研究所	过程工业固废
11		东华大学、上海金相环境科技有限公司	纺织工业废弃物
12		四川轻化工大学、成都中环资工程设计研究院有限公司	含盐废水资源化
13	2022年	武汉动力电池再生技术有限公司创新研究院	退役车用动力电池
14		中国矿业大学	二氧化碳（CO_2）捕集、利用与封存
15	2023年	重庆交通大学、重庆吉江环保产业集团有限公司、重庆泰恒建筑科技有限公司	有机固废资源化与生态交通

第六章　循环经济标准化建设

第一节　标准化工作简介

中国循环经济协会是国家标准化管理委员会认定的"首批团体标准试点单位"和"团体标准化发展联盟"成员单位之一，围绕循环经济技术进步和行业发展需求，为行业创新主体的标准化建设搭建平台，发布"中国循环经济协会团体标准"，充分发挥行业创新主体参与团体标准制订的突出作用，促进循环经济产业技术水平整体提升，实现循环经济效益化与标准化的有机融合。

第二节　团体标准制修订工作流程

中国循环经济协会团体标准为自愿性标准。协会团体标准的制修订项目，由标准需求者（协会会员、企业或个人）提出立项申请。协会经过论证、立项后，统一组织编制，具体工作按《中国循环经济协会标准管理办法（试行）》执行。协会负责审查并批准团体标准，统一编号后，以公告的形式发布（具体流程见下图）。

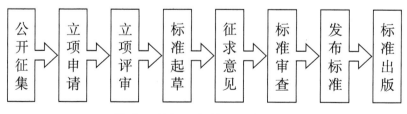

协会团体标准制修订工作流程

第三节　团体标准工作成效

1. 2017—2023年协会共发布119项循环经济相关专业领域团体标准

2021—2023年发布的团体标准见下表。

2021—2023年发布的团体标准

序号	标准编号	名称	公布日期
1	T/CACE 025—2021	铅蓄电池生态设计原材料控制要求	2021-01-07
2	T/CACE 026—2021	固定污染源Hg排放连续监测技术规范	2021-03-09
3	T/CACE 027—2021	固定污染源NH3排放连续监测技术规范	
4	T/CACE 028—2021	用于生态修复的粉煤灰	2021-04-14
5	T/CACE 029—2021	生产者履责数据采集通用要求	2021-06-15
6	T/CACE 030—2021	生产者履责信息核证规范	
7	T/CACE 031—2021	固体废物制备建材产品生命周期评价通用指南	2021-07-19
8	T/CACE 032—2021	固体废物制备建材产品环境–经济综合评价通用指南	
9	T/CACE 033—2021	气流床煤气化渣利用和处置 有害成分判定技术导则	2021-08-31
10	T/CACE 034—2021	基于项目的温室气体减排量评估技术规范 循环经济领域资源化过程	2021-09-28
11	T/CACE 035—2021	基于项目的温室气体减排量评估技术规范循环经济领域资源化过程废电器电子产品回收处理	
12	T/CACE 036—2021	碳减排量标识	
13	T/CACE 037—2021	固体废物资源化技术验证规范	2021-11-08
14	T/CACE 038—2021	"领跑者"标准评价要求 再生资源终端回收设备	2021-12-21
15	T/CACE 039—2021	浸没式顶吹炉协同处置废印制电路板工程技术规范	
16	T/CACE 040—2021	电子废弃物荧光粉再生的稀土富集物	2021-12-22
17	T/CACE 041—2021	火力发电企业水系统集成优化实施指南	2021-12-30
18	T/CACE 042—2021	火力发电企业废水回用技术指南	
19	T/CACE 043—2021	纺织染整企业废水资源回收技术指南	
20	T/CACE 044—2021	纺织染整企业废水回用技术指南	
21	T/CACE 045—2021	纺织染整企业回用水水质	
22	T/CACE 046—2021	污泥制备的园林绿化营养土	
23	T/CACE 047—2022	铅蓄电池生产者履责绩效评价技术规范	2022-03-16
24	T/CACE 048—2022	渣土类建筑垃圾道路施工技术规程	2022-04-13

序号	标准编号	名称	公布日期
25	T/CACE 049—2022	固体废物资源化利用技术价值评估导则	2022-05-20
26	T/CACE 050—2022	固体废物资源化技术多维绩效评价方法技术规范	
27	T/CACE 051—2022	铬渣制备转炉炼钢用造渣剂	2022-05-25
28	T/CACE 052—2022	多元复合固废工业化循环利用绩效评价技术通则	2022-05-27
29	T/CACE 053—2022	多元复合固废循环利用技术综合验证导则	
30	T/CACE 054—2022	水泥和混凝土用偏高岭土基复合掺合料	2022-06-15
31	T/CACE 055—2022	工业副产石膏纸面石膏板	2022-06-30
32	T/CACE 056—2022	薯类淀粉物理加工废水废渣资源化利用技术规范	2022-07-27
33	T/CACE 057—2022	电石渣基氢氧化钙脱硫剂分析方法	2022-08-31
34	T/CACE 058—2022	工业湿法脱硫用电石渣基氢氧化钙脱硫剂	
35	T/CACE 059—2022	含铁尘泥制造转底炉用复合冷压球团技术规程	2022-09-16
36	T/CACE 060—2022	含铁尘泥制造烧结初级混配料技术规程	
37	T/CACE 061—2022	铜冶炼用工业废渣制烧结料	2022-09-21
38	T/CACE 062—2022	工业固废资源化技术测评导则	
39	T/CACE 063—2022	水处理剂 铝灰基聚合氯化铝	2022-10-14
40	T/CACE 064—2022	煤气化渣成分测定 X 射线荧光光谱法	2022-11-17
41	T/CACE 065—2022	废旧动力电池拆解管理规范	2022-11-28
42	T/CACE 066—2022	基于项目的温室气体减排量核证程序要求	
43	T/CACE 067—2022	废弃电器电子产品零部件梯次利用技术规范	
44	T/CACE 034.1—2022	基于项目的温室气体减排量评估技术规范 循环经济领域资源化过程 报废汽车回收处理	
45	T/CACE 034.2—2022	基于项目的温室气体减排量评估技术规范 循环经济领域资源化过程 废旧电池产品回收处理	
46	T/CACE 068—2022	质量分级及"领跑者"评价要求 混凝土和砂浆用再生骨料	2022-12-07
47	T/CACE 069—2022	生态工程用废旧纺织品再生制品	2022-12-28
48	T/CACE 070—2022	城市碳减排行动方案编制指南	2022-12-29
49	T/CACE 071—2023	铅酸蓄电池用再生铅及再生铅合金锭	2023-01-13
50	T/CACE 072—2023	产品、场所和组织循环指数评价规范	2023-01-31
51	T/CACE 073—2023	循环指数评价标识	
52	T/CACE 074—2023	农林用沼液生物降解液制备与使用技术规范	2023-02-15
53	T/CACE 075—2023	湿式镁法烟气脱硫农业用硫酸镁	2023-03-07
54	T/CACE 076—2023	重金属-有机物复合污染农用地修复技术应用潜力评估方法	2023-05-26

序号	标准编号	名称	公布日期
55	T/CACE 077—2023	发电企业绿色供应链管理规范	2023-08-07
56	T/CACE 078—2023	再生碳纤维聚四氟乙烯耐磨复合材料	2023-03-15
57	T/CACE 079—2023	农业食品行业的产品碳足迹核算通则	2023-02-15
58	T/CACE 080—2023	基于项目的温室气体减排量评估技术规范 循环经济领域资源化过程 废高分子材料再生利用	2023-04-06
59	T/CACE 081—2023	基于项目的温室气体减排量评估技术规范 循环经济领域资源化过程 二手商品回收交易	
60	T/CACE 082—2023	工业园区碳达峰实施方案编制指南	2023-05-09
61	T/CACE 083—2023	多元复合固废热解处理装备碳足迹核算方法	2023-05-26
62	T/CACE 084—2023 T/ZGZS 0207—2023	废弃电器电子回收处理编码规范	2023-06-12
63	T/CACE 034.3—2023	基于项目的温室气体减排量评估技术规范 循环经济领域资源化过程 互联网平台回收的废弃产品再生	2023-07-06
64	T/CACE 085—2023	资源再利用型氧化钴	2023-07-12
65	T/CACE 086—2023	资源再利用型溴化钠	
66	T/CACE 087.1—2023	基于项目的温室气体减排量评估技术规范 互联网平台闲置物品交易 通用要求	2023-07-06
67	T/CACE 088—2023	脱苯用再生活性炭	2023-08-07
68	T/CACE 089—2023	脱萘用再生活性炭	
69	T/CACE 090—2023	废弃电器电子产品处理企业数字化建设与评估技术规范	2023-08-31
70	T/CACE 091—2023	废洗衣机处理企业资源化水平评价技术规范	
71	T/CACE 092—2023	再生碳酸钴碳酸锰混合物	2023-09-27
72	T/CACE 093—2023	再生工业苯甲酸	
73	T/CACE 094—2023	再生硫酸钴硫酸锰混合液	
74	T/CACE 095—2023	废旧铅蓄电池修复利用技术要求	
75	T/CACE 096—2023	废液晶面板资源回收和再生利用技术要求	
76	T/CACE 097—2023	废漆包线热解处理污染控制技术要求	
77	T/CACE 098—2023	再生二氧化锆	
78	T/CACE 099—2023	电动机再制造 拆解	2023-10-31
79	T/CACE 0100—2023	电动机再制造 清洗	
80	T/CACE 0101—2023	服务器再制造技术规范	
81	T/CACE 0102—2023	服务器再制造企业要求	
82	T/CACE 0103—2023	工业机器人再制造技术规范	

续 表

序号	标准编号	名称	公布日期
83	T/CACE 0104—2023	工程机械再制造绿色供应链管理要求	2023-10-31
84	T/CACE 0105—2023	循环经济领域企业ESG报告通则	
85	T/CACE 0106—2023	循环经济领域企业ESG评价指南	
86	T/CACE 0107—2023	钢铁冶金渣基无机胶凝材料	
87	T/CACE 0108—2023	退役自动柜员机拆解处理技术规范	2023-11-22
88	T/CACE 087.2—2023	基于项目的温室气体减排量评估技术规范互联网平台闲置物品交易 家用电器	
89	T/CACE 087.3—2023	基于项目的温室气体减排量评估技术规范互联网平台闲置物品交易 电子信息产品	
90	T/CACE 0109—2023	产业园区减污降碳协同增效评价指标体系	2023-11-30
91	T/CACE 0110—2023	产业园区减污降碳协同控制指南	
92	T/CACE 0111—2023	质量分级及"领跑者"评价要求 自吸式旋转曝气机	2023-12-21
93	T/CACE 0112—2023	质量分级及"领跑者"评价要求 供气式曝气机	
94	T/CACE 0113—2023	磷石膏基重金属污染土壤修复调理剂	
95	T/CACE 0114—2023	钙硅基工业副产物酸化土壤调理剂	

2. 协会参与的部分国家标准化工作

（1）国家绿色产品评价标准化总体组成员；

（2）全国产品回收利用基础与管理标准化技术委员会（TC415）京津冀资源循环利用工作组副组长单位；

（3）企业标准"领跑者"联盟副理事长单位；

（4）协会参与制订国家标准，已发布实施的部分国家标准（见下表）。

序号	标准编号	名称	发布日期	实施日期
1	GB/T 27611—2011	再生利用品和再制造品通用要求及标识	2011-12-05	2012-05-01
2	GB/T 29750—2013	废弃资源综合利用业环境管理体系实施指南	2013-09-18	2014-03-01
3	GB/T 32326—2015	工业固体废物综合利用技术评价导则	2015-12-31	2016-07-01
4	GB/T 32328—2015	工业固体废物综合利用产品环境与质量安全评价技术导则	2015-12-31	2016-07-01
5	GB/T 34911—2017	工业固体废物综合利用术语	2017-11-01	2018-05-01

序号	标准编号	名称	发布日期	实施日期
6	GB/T 38923—2020	废旧纺织品分类与代码	2020-06-02	2020-12-01
7	GB/T 38926—2020	废旧纺织品回收技术规范	2020-06-02	2020-12-01
8	GB/T 39091—2020	工业余热梯级综合利用导则	2020-09-29	2021-04-01
9	GB/T 39161—2020	行业循环经济实践技术指南编制通则	2020-10-11	2021-05-01
10	GB/T 39162—2020	火电行业（燃煤发电企业）循环经济实践技术指南	2020-10-11	2021-05-01
11	GB/T 39168—2020	钢铁行业循环经济实践技术指南	2020-10-11	2021-05-01
12	GB/T 39200—2020	循环经济评价 火电行业	2020-10-11	2021-05-01
13	GB/T 39780—2021	资源综合利用企业评价规范	2021-03-09	2021-10-01
14	GB/T 39781—2021	废旧纺织品再生利用技术规范	2021-03-09	2021-10-01
15	GB/T 40727—2021	再制造 机械产品装配技术规范	2021-10-11	2022-05-01
16	GB/T 43385—2023	环境管理体系 采取灵活方法分阶段实施的指南	2023-11-27	2024-03-01

第四节　企业标准"领跑者"工作成效

2018年，国家市场监管总局、国家发展改革委、科技部、工业和信息化部等八部门联合印发了《关于实施企业标准"领跑者"制度的意见》，提出强化企业标准引领，树立行业标杆，促进全面质量提升，推动建立企业标准"领跑者"制度的要求。中国循环经济协会作为企业标准"领跑者"联盟的副理事长单位和企业标准"领跑者"第三方评估机构，组织开展循环经济专业领域的企业标准"领跑者"单位的评估方案制定、相关标准发布和评审工作。

2020年至今，协会共承担非金属废料和碎屑加工处理产品类——再生资源终端回收设备与环境保护专用设备和再生骨料，以及固体废弃物处理设备类——餐饮行业餐厨废弃物处理与利用设备和污水曝气机三类产品的企业标准"领跑者"的评估工作，并荣获2021年度企业标准"领跑者"突出贡献评估机构的荣誉称号（见下图）。

2021年度企业标准"领跑者"突出贡献评估机构荣誉称号

2020—2023年协会已发布的企业标准"领跑者"评估结果（见下表）。

年份	重点领域	产品名称	企业名称	执行标准
2020	环境保护专用设备	餐厨废弃物处理与利用设备产品	河北九知农业科技有限公司	Q/JZKJ 01—2020
			江苏中科金汇生态科技有限公司	Q/321003JYH 04—2018
			山东名流餐处装备股份有限公司	Q/1001MLC 002—2020
			绿港环境资源股份公司	Q/LGHZ 2—2017
2021	环境保护专用设备	餐厨废弃物处理与利用设备产品	北京嘉博文生物科技有限公司	Q/HDJBG0002—2021
			南京万德斯环保科技股份有限公司	Q/320110-WDS-CC02—2021
	非金属废料和碎屑加工处理产品	再生资源终端回收设备	深圳市粤能环保科技有限公司	Q/YUENEUY 001—2021
			江苏华展环境艺术股份有限公司	Q/HZHJ—2021
			江苏绿奥环保科技有限公司	Q/LAHB JS001—2021
			浙江裕峰环境服务股份有限公司	Q/330483ZYF001—2021
			北京盈创再生资源回收有限公司	Q/010-IR-001—2021
2022	非金属废料和碎屑加工处理产品	再生骨料	鸿翔环境产业有限公司	Q/HXHJ001—2023
			沧州市市政工程股份有限公司	Q/CZSZ 131.103—2022
			北京建工资源循环利用有限公司	Q/BCERR001—2022
2023	水质污染防治设备	自吸式旋转曝气机	四川科绿水环保科技有限公司	Q/SCKLSHB-0001S—2023
			南京贝特环保通用设备制造有限公司	Q/310116BTHB-06—2023
			四川厦创科技有限公司	Q/XC-55—2022
	水质污染防治设备	供气式曝气机	四川科绿水环保科技有限公司	Q/SCKLSHB-0002S—2023
			南京贝特环保通用设备制造有限公司	Q/310116BTHB-07—2023
			四川厦创科技有限公司	Q/XC-56—2022
			上海复森环境科技发展有限公司	Q/WEJET-T3FS-001—2023

第七章 中国专利奖推荐工作

第一节 中国专利奖简介

中国专利奖是我国唯一的专门对授予专利权的发明创造给予奖励的政府部门奖，由中国国家知识产权局和联合国世界知识产权组织（WIPO）共同主办，在国际上有一定的影响力，每年评选一届。评奖标准不仅强调项目的专利技术水平和创新高度，也注重其在市场转化过程中的运用情况，同时还对其保护状况和管理情况提出要求。奖项设置由中国专利金奖、中国专利优秀奖、中国外观设计金奖及中国外观设计优秀奖 等组成。中国专利金奖及中国专利优秀奖从发明专利和实用新型专利中评选产生。

2008—2023年，中国专利金奖、银奖和优秀奖项目（发明、实用新型专利）的授奖总数为7968项，2023年度发明、实用新型专利中国专利金奖29项、中国专利银奖60项、中国专利优秀奖777项。其中循环经济领域获奖专利数历年累计约为180项，获奖专利领域包括城市再生资源利用、工业废水处理、工业固废处理、危险废弃物处理与处置、工业废气处理、工业节能和 农林废物利用。

第二节 推荐工作成效

自2013年获批为"国家专利协同运用试点单位"以来，为鼓励和表彰为我国循环经济发展作出突出贡献的专利权人和发明人，推动循环经济关键技术领域的专利运用，提升资源循环利用产业的创新驱动发展能力，共推荐14项专利获得中国专利优秀奖（截至2023年底数据，具体获奖项目附后）。

名　称	机器人调度下的硬质合金刀片多工序集成自动化生产线
专利号	ZL202010859250.6
发明人	李长河　罗　亮　唐立志　张彦军 吉卫喜　万斌辉　尹　硕　曹华平 卢秉恒　崔　歃　刘明政　徐　杰 罗慧明　徐海州　杨　敏　洪华平 高　腾　杨玉堂　李昊显　马五星 陈　帅

国家知识产权局局长

2023 年 7 月

中国专利优秀奖证书

2014—2023年协会推荐荣获中国专利优秀奖项目

序号	专利号	专利名称	专利权人	发明人	届别/年份
1	ZL201010605139.0	一种无皂化萃取分离钴和/或镍溶液中杂质的方法	湖南邦普循环科技有限公司	王皓、李长东、刘更好、张敏	十六届/2014
2	ZL201320037515.X	一种用于铬渣污染土壤解毒处理的设备	韩清洁	韩清洁	十六届/2014
3	ZL201010549473.9	一种新型钢板仓库	山东华建仓储装备科技有限公司	刘明瑞、张守玉、王立	十六届/2014
4	ZL201010534620.5	一种尾矿污水快速沉淀浓缩罐	厦门环资矿业科技股份有限公司	苏木清	十七届/2014
5	ZL201520338390.3	一种废旧轮胎再生的智能化控制生产线	中胶橡胶资源再生（青岛）有限公司	谭钦艳、张恒红、杨中华、钟丽丽、沈军、郭素炎	十八届/2016
6	ZL200810098470.0	多分裂母线	广东日昭电工有限公司	罗志昭	十八届/2016
7	ZL201310728829.9	制备电石的方法	神雾环保技术股份有限公司	吴道洪、张筱阳、丁力	十八届/2016
8	ZL201210422570.0	一种双阶双螺杆挤出机连续制备再生胶的方法	北京化工大学	张立群、安金炜、任冬云、陈成杰、邹华、王士军	十九届/2017
9	ZL201410164891.4	一种低能耗多产优质化工原料的加氢裂化方法	中国石油化工股份有限公司、中国石油化工股份有限公司抚顺石油化工研究院	彭冲、方向晨、曾榕辉、黄新露、吴子明、王仲义、崔哲、孙士可	十九届/2017
10	ZL201010536882.5	生物质气化反应炉及其自动控制方法	山东百川同创能源有限公司	董磊、李景亮、景元琢、强宁、刘艳涛、张兆玲、董玉平、张文康	十九届/2017
11	ZL201010145194.6	具有电磁捕装阀控制结构的电动液压抓斗	上海昂丰矿机科技有限公司	朱荟敏、朱荟兴、杨翰元	十九届/2017

续 表

序号	专利号	专利名称	专利权人	发明人	届别/年份
12	ZL201410616487.6	一种多级臭氧气浮一体化装置	西安建筑科技大学、陕西汇丰悦石油科技开发有限公司、浙江丰林染整有限公司	金鹏康、金鑫、韩冬、胡晓辉、杭建春、王自元、魏哲超	二十届/2018
13	ZL201210421198.1	一种由废旧动力电池定向循环制备镍钴锰酸锂的方法	广东邦普循环科技有限公司、湖南邦普循环科技有限公司	欧彦楠、李长东、余海军	二十届/2019
14	ZL202010859250.6	机器人调度下的硬质合金刀片多工序集成自动化生产线	青岛理工大学、宁波三韩合金材料有限公司	李长河、罗亮、唐立志、张彦彬、吉荣、卫蓉、万斌辉、尹硕、曹华军、卢秉恒、崔歆、刘明政、徐涛、罗慧明、徐海州、杨晓敏、洪华平、高腾、杨玉莹、李昊廷、马五星、陈帅	二十四届/2023

第八章　中国循环经济协会承担的国家及行业科技计划课题

◆ **"十二五"国家科技支撑计划**

工业固废综合利用评估技术及标准研究

◆ **国家高技术研究发展计划（863计划）**

工业固废资源化产品风险监测与生态设计技术及工具（粉煤灰综合利用技术和产品调研）

◆ **质检公益性行业科研专项项目**

打印机及复印机可再生利用率标准调研及比对分析

◆ **2011年国家高技术研究发展计划（863计划）**

拜耳法赤泥作为潜在资源开发利用关键技术及示范

工业固体废弃物在建筑工程中应用关键技术开发与工程示范

海洋生物资源深加工与综合利用关键技术及产品

◆ **2012年国家高技术研究发展计划（863计划）**

冶金行业多排放源PM2.5控制关键技术及示范

餐厨废弃物无害化与资源化利用关键技术及示范

基于微波等离子体的超小型广谱重金属快速监测装备及在城市水污染控制中的应用

◆ **2012年中央预算内投资备选项目**

中信戴卡产业园能源系统优化项目

竹木加工剩余物与热塑性塑料复合发泡材料生产项目

◆ **2015年中国工程院课题**

矿产资源强国战略研究：二次资源（废旧轮胎和废塑料部分）

◆ **2018年国家研发计划"固废资源化"重点专项**

固废资源化技术多维绩效测评研究与集成应用

◆ **2018年国家研发计划"国家质量基础的共性技术研究与应用"重点专项**

可持续发展的新型城镇化关键评价技术研究

◆ **2023年国家研发计划"循环经济关键技术与装备"重点专项**

东南特色橡塑产业提质增效循环经济集成技术及示范

第九章　循环经济科技成果典型案例

案例一：复杂铅阳极泥协同处理二次含锑物料
高效梯级回收战略性金属新技术

1. 技术成果名称

复杂铅阳极泥协同处理二次含锑物料高效梯级回收战略性金属新技术。

2. 技术单位简介

山东恒邦冶炼股份有限公司始建于1988年，1994年改制为股份有限公司，2008年在深交所上市，2019年成为江西铜业股份有限公司控股子公司。公司广泛从事有色金属采选、冶炼、高纯金属材料研发及生产等多个领域，是《财富》中国500强企业。

3. 技术简介

锑是全世界高稀缺性战略金属，集中应用于军工、光伏和化工行业，可替代率低，特别是光伏产业发展迅猛，锑需求量大、需求增长快，锑供应紧缺严重限制了我国关键产业的发展，加强二次锑资源的高效利用意义重大。二次锑主要赋存于阳极泥中，其中铅阳极泥含锑约35%，同时富含高价值战略性金属金、银、铋等。阳极泥成分复杂、砷含量高并伴生有价金属多。锑的回收主要采用碱浸脱砷—锑还原熔炼工艺，然而，碱浸过程锑严重钠化，导致熔炼过程锑回收率低（仅85%），砷分散度大，难以进行集中式资源化利用，存在重大环境风险。结合铅阳极泥产量大、铅锑含量高及互溶性强等特点，本项目以铅阳极泥为载体将其他二次含锑物料进行协同处置，创造性开发出复杂铅阳极泥协同二次含锑物料高效梯级回收战略金属新工艺，产学研联合攻克了砷锑深度解离与锑资源高效回收相互制约及砷分散性强、集中资源化难的世界性技术难题，并利用金属间的互溶捕集效应大幅度提高了锑、金、银、铋等的回收率。

4. 技术创新点

（1）首创复杂铅阳极泥协同处理二次含锑物料多金属高效梯级回收关键技术，实现战略性金属锑等的高效梯级回收，以及砷的源头减量和资源化利用。

（2）发明了多段氧压碱浸高效脱砷—酸化焙烧收砷技术。

（3）开发了锑相硫化解钠深度还原取锑协同金、银高效捕集技术。

（4）开发了铁盐诱导造渣脱铜高效提金、银技术。

5. 技术项目案例

以该项目技术中的"锑相硫化解钠深度还原取锑协同金、银高效捕集技术"为例，该技术在山东恒邦冶炼股份有限公司进行了应用，在传统碱式还原熔炼工艺中添加自制锑活化剂，解决了铅阳极泥氧压碱浸后锑物相转化为锑酸钠难以深度还原的问题。还原熔炼过程中，锑的还原活性提升，炉渣过热度进一步提高，渣的流动性变好，生成的金属锑、铅、铋等对渣中的贵金属金、银实现高效捕集，还原渣含锑由8%~10%降至3%以下，渣含金由5~10g/t降至1g/t。

6. 效益分析

项目在山东恒邦冶炼股份有限公司、云南祥云中天锑业有限责任公司进行了应用，近两年累计产金52.64吨，银1585吨，锑锭6024吨，锑白7730吨，铅铋合金6273吨，项目总产值达285.25亿元，利润13.65亿元，税收2.49亿元，金、银、锑、铋回收率分别提高0.9个、0.8个、10个、4个百分点，含砷尾渣减少1万吨/年，减少标准煤消耗7537吨/年，减排CO_2 2万吨/年。

7. 技术推广前景

该项目技术实现了复杂铅阳极泥、二次含锑资源及伴生多金属高效分离提取工艺的绿色变革，并突破了砷分散性强、集中资源化难的技术难题，该技术具有生产过程清洁、节能、金属回收率高等优点，行业推广应用前景广泛。

8. 技术设备或产品照片

熔炼炉

案例二：大宗典型固废干混砂浆绿色制造技术及产业化

1. 技术成果名称

大宗典型固废干混砂浆绿色制造技术及产业化。

2. 技术单位简介

该技术由北京建筑材料科学研究总院有限公司、同济大学、武汉理工大学、北京金隅砂浆有限公司、福建南方路面机械股份有限公司、北京建筑大学、东方雨虹民用建材有限责任公司、浙江益森科技股份有限公司、上海伟星新材料科技有限公司、中建三局集团有限公司联合研发。

3. 技术简介

该技术针对传统砂浆产业天然资源消耗大、破坏环境，大宗典型固废占地堆存、污染环境、存在安全隐患等问题，研究利用大宗典型固废作为替代原料配制干混砂浆。

（1）揭示了固废胶凝材料、固废集料和功能外加剂三类组分对砂浆宏观和微观性能的作用规律，完成了大宗典型固废制备高性能胶凝材料的基础理论研究，首创以磷石膏为原料，常压水热制备抗压强度60 MPa以上的超高强石膏。

（2）开发出以大宗典型固废为原材料的干混砂浆配方200余个，完成了尾矿和建筑垃圾等制备粗细集料的技术和装备研究，首次建成了具有完全知识产权的年产40万吨全尾矿、多功能、多品种干混砂浆自动化生产线；实现了生态设计、绿色制造、再生利用的良性循环。

（3）构建了干混砂浆原料、产品、生产、设备、施工、应用的全产业链标准体系，发明了砂浆关键性能定量测试方法与装置，填补了行业空白，且已被纳入行标。

4. 技术创新点

揭示了大宗典型固废胶凝材料、大宗典型固废集料和功能外加剂三类组分对砂浆宏观和微观性能的影响规律。发明了200多个固废基干混砂浆产品，研发出固废基干混砂浆成套制备生产技术与装备。发明了砂浆关键性能（施工性、抗裂性）定量测试方法与装置，制定了多品种、多系列标准规范，构建了干混砂浆全产业链标准体系。

5. 技术项目案例

完成了大宗典型固废（工业副产石膏、工业尾矿和建筑垃圾等）制备干混砂浆的技术和装备研究，首次建成了具有完全知识产权的年产40万吨全尾矿、多功能、多品种干混砂浆自动化生产线，项目完成单位建设了120余条干混砂浆生产线，产能达1200余万吨/年。

研发了200多个固废基干混砂浆产品，应用于天安门广场、北京城市副中心、大兴国际机场、雄安新区、冬奥场馆、地铁建设等重点建设工程，并远销欧美、东南亚国家。

6. 效益分析

项目成果应用于天安门广场、北京大兴国际机场、雄安新区等重点建设工程，近三年累计销售收入91.9亿元，利润16亿元。项目累计消纳典型固废（工业副产石膏、工业尾矿、建筑垃圾）超过8.4亿吨，减少粉尘排放约420万吨，碳减排约8000万吨，有力促进了循环经济与生态文明建设，为"一带一路"倡议的实施和"双碳"目标的实现作出了巨大贡献。

7. 技术推广前景

截至2023年底，项目完成单位已建成了120余条生产线，产能达到1200余万吨/年，产品在建筑、市政等建设工程中得到了大量应用。项目成果在国内外企业推广应用500余条生产线，并远销欧美、东南亚国家，前景广阔。

8. 技术设备或产品照片

产品应用工程照片

案例三：市政污泥厌氧消化全产业链资源化关键技术及应用示范

1. 技术成果名称

市政污泥厌氧消化全产业链资源化关键技术及应用示范。

2. 技术单位简介

项目由北京化工大学、北京城市排水集团有限责任公司、中国环境科学研究院、中城院（北京）环境科技股份有限公司等单位完成。北京化工大学作为项目牵头单位，在市政污泥厌氧资源化领域进行了20余年的科技攻关和成果转化应用。

3. 技术简介

污泥稳定化、资源化、规范化的处理处置是保障城市环境友好发展的关键环节。研究团队经过15年的研发，以适合污泥物料特性的大型沼气核心工艺、装备和污泥产品化为突破点，开发污泥"强化氧化热水解 + 厌氧消化 + 有机营养土生产 + 林地利用及矿山修复"组合工艺技术装备；沼液采用回收创新技术；沼气电热联产，产生的电能反哺水厂，产生的热能用于热水解系统及冬季采暖，减少温室气体排放和化石能源使用，实现降碳、替碳；有机营养土用于林地和矿山修复等土地利用，实现固碳，有力助推碳中和。同时，创新集成以模块化综合管理为闭环的全生命周期污泥产品土地利用标准化管理模式。技术满足污泥从产生到最终处置的要求，实现了全产业链关键技术创新、闭环管理、规模化利用和标准化管理的突破。项目成果已成功应用于北京、河北、天津等地，创造了可复制推广的"北京模式"，为我国碳减排、碳中和提供有力支撑。

4. 技术创新点

（1）从全产业链的物质变化路径入手，建立了非等温动力学模型，研发了强化氧化热水解创新技术。

（2）研发了高速厌氧消化工艺，提升产甲烷速率50%，发酵周期缩短25%以上，厌氧反应减容率达到58%~71%。

（3）开发了有机营养土制备成套技术，形成以市场需求为导向的系列污泥产品多元化。

（4）创新了全生命周期污泥产品土地利用标准化管理模式，实现了资源化过程全要素可溯，标准化管理，安全实施可控。

5. 技术项目案例

高安屯污泥处理中心是北京市最大、处理能力最强的污泥处置中心，规模1836吨/日，采用"热水解+厌氧消化+沼气热电联产+土地利用"工艺，在实现污泥无害化、稳定化、减量化、资源化的同时，打造绿色降碳、节能替碳、环保固碳的能源工厂。

开展了土地利用示范，共完成污泥产品林地利用6918.64亩，其中房山区石楼镇林地24.26亩，昌平区马池口镇林地20.26亩，怀柔区北房镇林地19.71亩，大兴区长子营镇林地6854.41亩，均为北京市平原造林工程地块。

6. 效益分析

市政污泥全产业链资源化应用，解决了污泥处理处置难题的关键，实现了多种资源回收利用，打造了污泥处理处置的"北京模式"，起到良好的引领示范作用，提升了行业整体水平。污泥产品土地资源化利用全链条应用技术填补了行业空白，带动了固废利用领域产业结构升级。利用污泥产品约270万吨（60%含水率计），间接经济效益约6.17亿元。生态、社会和经济效益显著。

7. 技术推广前景

相关技术模式适用于大、中、小型城市市政污泥处理与资源化，推广应用范围广，具有良好的应用前景。

8. 技术设备或产品照片

污泥厌氧消化应用工程　　　　　　　　　　污泥产品林地利用

案例四：共伴生低品位钨尾矿资源高效综合 利用关键技术研究及应用

1. 技术成果名称

共伴生低品位钨尾矿资源高效综合利用关键技术研究及应用。

2. 技术单位简介

矿冶科技集团有限公司（简称矿冶集团）是隶属于国务院国资委的中央企业。矿冶集团以"以技术创新促进矿产资源的可持续开发利用"为发展使命，致力于我国有色金属行业的技术创新，在采、选、冶、工艺矿物学等研究领域具备国家领先水平。

3. 技术简介

郴州高凹背低品位石英细脉带型黑钨多金属矿选矿尾矿中含多种有价矿物，但有价矿物品位极低，通过常规的选矿技术回收难度大，成本高，不具有经济价值，因此未得到有效利用。

主要难点如下：①钨尾矿中有用矿物多，伴生复杂。②伴生锂、萤石（又称氟石）品位低，直接浮选回收成本高。③尾矿中钨、锡品位低，绝大部分为微细粒及贫连生体，尾矿整体粒度较粗，直接重选难以回收。

矿冶集团以"共伴生低品位钨尾矿中有价资源的综合利用"为研究宗旨，突破了传统尾矿中低品位矿物难以回收的技术瓶颈，研发了"锂、萤石、钨、锡浮选预富集—锂、萤石高选择性分离—重选回收钨、锡"回收工艺；研发出捕收剂组装强化浮选技术，强化了对锂、钨、锡、萤石的协同捕收，实现了钨尾矿中极低品位锂、萤石及钨、锡的预富集；研发出锂云母的特效抑制剂，实现了萤石与锂云母的高选择性分离。最终将新技术、新药剂进行工业化应用，实现了钨尾矿中低品位锂及极低品位萤石、钨、锡的高效综合利用。

4. 技术创新点

（1）开发出"锂、萤石、钨、锡浮选预富集—锂、萤石高选择性分离—重选回收钨、锡"工艺，实现共伴生低品位钨尾矿中有价资源的综合利用。

（2）研发出捕收剂组装强化浮选技术，强化了对锂、钨、锡、萤石的协同捕收，实现了钨尾矿中极低品位锂、萤石及钨、锡的预富集。

（3）研发出锂云母特效抑制剂，实现了萤石与锂云母的高选择性分离。

5. 技术项目案例

该项目所研发的"共伴生低品位钨尾矿资源高效综合利用关键技术"，显著提高了钨尾矿资源的综合回收指标，2020年6月湖南省邑金投资有限公司下属选厂采用该技术后，预富集精矿中氧化锂、氟化钙、锡和三氧化钨品位分别富集七、六、五和四倍，抛除了85%以上的脉石矿物，将尾矿中难以回收的低品位矿物变得具有回收价值。选厂的生产实践表明该技术运行稳定，可靠成熟，具有先进性。2021年，该技术被应用推广到江西铁山垅钨业有限公司。

6. 效益分析

共伴生低品位钨尾矿资源高效综合利用关键技术自2020年6月开始在湖南省邑金投资有限公司4000吨/日选厂整体应用。首次实现选厂钨尾矿锂、萤石、钨、锡综合回收，至2022年12月，共增加企业利税60267.00万元。

新技术于2021年被推广到江西铁山垅钨业有限公司。自2022年1月开始在公司500吨/日选厂整体应用，至2023年5月，共增加企业利税4498.54万元。

7. 技术推广前景

随着锂、萤石及钨、锡的消费需求激增，其成为影响我国工业可持续发展的关键问题之一。该技术实现了共伴生低品位钨尾矿资源综合利用，对提高矿产资源领域循环经济科技创新能力和企业市场竞争力具有重要推动作用。

8. 技术设备或产品照片

尾矿综合回收选矿厂浮选车间设备

案例五：能源矿业高盐废水特种分离膜处理与回用关键技术

1.技术成果名称

能源矿业高盐废水特种分离膜处理与回用关键技术。

2.技术单位简介

中国矿业大学（北京）是教育部直属的全国重点高校、国家"211工程"、"985优势学科创新平台项目"、"双一流"建设高校，是全国首批产业技术创新战略联盟高校。长期以来，该成果研究人员所在的化学与环境工程学院一直从事煤矿矿井苦咸水处理与资源化、煤化工废水污染控制及浓盐水零排放等领域的技术研发。

3.技术简介

我国能源矿业面临严峻的水资源短缺和水环境污染问题，高盐废水处理与资源化是缓解能源矿业用水供需矛盾、防止水环境污染的重要举措，也是其发展循环经济的关键领域，已成为国家重大需求。特种膜分离技术是高盐废水处理与资源化的关键技术，当前面临着成本高、膜污染较重、关键膜材料和工艺装备急需创新等突出问题，制约了其进一步发展。针对上述难题，本项目研发了低导热超疏水膜、高选择性离子膜、有序多孔 Ti_4O_7 电化学活性膜，创新了两膜三相连续脱氨集成工艺、电渗析脱盐工艺及精准调控技术、电化学活性膜堆叠反应器，建立了以特种膜分离技术为核心的系列化集成技术和工艺包。项目突破了能源矿业高盐废水膜处理与回用面临的处理效率低、稳定性差、费用高、工艺及装备开发难的瓶颈。

4. 技术创新点

研发 Janus 超疏水膜和导电超滤膜，构建两膜三相脱氨工艺。

研发高性能选择性电驱离子膜，建立电渗析脱盐精细调控技术。

研制堆叠式电化学活性膜，建立浓盐水中有机物深度脱除技术。

开发满足差异化水质需求的能源矿业废水处理复合工艺。

5. 技术项目案例

通过产学研合作与推广，本项目的核心技术、核心产品、核心工艺和装备等已在内蒙古、山西、河北、广西、河南等多个省（自治区）的22个能源矿业高盐废水处理与回用工程项目中得到应用推广，并且还可应用于其他工业行业和工业过程的高盐废水（如垃圾渗滤液浓液、精细化工浓盐水、乳制品行业浓盐水等）处理及资源化技术示范或工程中。

6. 效益分析

两膜三相脱氨工艺脱氨率≥95%，成本低于10元/吨水；电渗析浓水 TDS≥120000 mg/L，能耗≤200 kW·h/t盐；Ti_4O_7 电化学活性膜强化传质提高6~10倍，电极寿命≥10000 h，有机物去除能耗<100 kW·h/kg TOC；高浊度高铁锰高矿化度煤矿矿井水膜组合处理工艺成本低于2元/吨水；浓盐水电化学氧化—电渗析脱盐—反渗透浓缩短流程处理工艺水回收率≥95%，成本和能耗降低1/4。

7. 技术推广前景

自主创新研制出的膜材料、连续脱氨技术、电渗析脱盐技术等材料、技术及成套装备集中解决了能源矿业高盐废水处理、回用及零排放的高难问题，可广泛应用于煤矿企业处理高浊度高铁锰高矿化度煤矿矿井水、冶炼企业处理高酸高盐高有机物废水、煤化工企业处理高有机物RO浓盐水、垃圾发电和冶炼企业处理高氨氮废水、煤矿企业处理高盐废水及盐回收利用行业。

8. 技术设备或产品照片

电化学氧化处理浓盐水示范工程

电渗析处理高盐废水示范工程

案例六：电石渣深度净化制备钙基材料低碳技术及应用

1. 技术成果名称

电石渣深度净化制备钙基材料低碳技术及应用。

2. 技术单位简介

该技术由中国科学院过程工程研究所、浙江大学、北京亘源环保有限公司等七家单位联合研发。过程工程所和浙江大学是从事固废资源化利用、大气治理的传统优势科研单位和高校，北京亘源环保有限公司是一家以工业固废、危废循环利用为核心业务，集技术研发、项目投资运营服务为一体的专业环保企业，并两次承担国家重点研发计划相关任务，在新疆准东开发区、河南省沁阳市分别建立了两项示范工程，电石渣等固废处理规模达100万吨/年，已循环利用电石渣110万吨以上，脱除二氧化硫（SO_2）约90万吨，减排CO_2 100万吨左右，产品受到华能、国家电投、华电等电力央企的广泛好评。

3. 技术简介

该技术针对电石渣中杂质种类多、包裹形式复杂、乙炔气难以深度脱除等问题，揭示了电石渣复杂矿相温和解聚与多杂质深度脱除协同调控机制，形成了电石渣大风量涡流分选与快速脱炔、场强化解聚与杂质深度脱除、强化脱硫与石膏结晶调控、低温煅烧制备冶金级活性氧化钙等关键技术，构建了电石渣深度净化制备钙基材料低碳技术体系：

（1）首次解析了干法电石渣中残留乙炔的夹带形式和释放规律，形成了适用于高湿、高粉尘环境组合防爆系统及抗结露技术，实现了干法电石渣的大颗粒组分高效分离及乙炔气的快速逸散；

（2）开展了电石渣场强化解聚与乙炔气深度脱除研究，电石渣颗粒平均直径由41.77 μm降至13.09 μm，乙炔脱除率由39.76%提高到92.86%，电石渣整体利用率近100%，实现了电石渣分质分级利用；

（3）开发了细粒电石渣快速脱硫与石膏氧化结晶调控技术，形成了30%~100%电石渣–石灰石柔性配比下的低循环量高浓烟气湿法脱硫工艺，脱硫率达99.65%，实现高硫烟气超低排放与协同减碳。

（4）明确了电石渣煅烧制备氧化钙过程中碳/钙组分的转化分解路径，开发了气氛强化矿相调控转化技术，实现了分质高钙电石渣的粉体高效黏结与低温煅烧制备冶金级活性氧化钙，球团抗压强度21.49 MPa，支撑钙基材料产业内循环。

4. 技术创新点

创新性提出了电石渣深度净化制备系列钙基材料低碳技术，突破了传统电石渣利用率低、产品品质差、经济效益低、安全风险高等难题，形成了电石渣深度解聚除杂制备系列钙基材料技术，产品可实现跨产业低碳应用和产业内的绿色原位循环，建立了PVC化工、煤电等相关产业的钙基材料高质利用新链条，电石渣综合利用率近100%，形成了电石渣原料低碳替代的新工艺路线。

5. 技术项目案例

干法和湿法电石渣资源化利用相关技术联合北京亘源、华能沁北、安徽华塑等煤化工/环保/能源领域公司形成五套规模化示范应用，电石渣处理能力170万吨/年，钙基材料生产能力可达125万吨/年，产品覆盖氢氧化钙粉体、低碳脱硫剂、活性氧化钙等多种钙基材料，在黄河流域重点时期电力行业的"稳生产 保供电"过程中发挥了重要的支撑作用。

6. 效益分析

该技术目前累积处理电石渣358.85万吨，生产钙基材料251.78万吨，在华能、国家电投、华电等多家电力央企实现产品应用，实现直接经济效益约1.1亿元，间接经济效益约3.3亿元。产品替代石灰石粉用于电厂脱硫时，脱硫剂消耗减少25%左右，脱硫电耗降低23 kW·h/t（SO_2），产品用于制备冶金级活性氧化钙能耗比传统石灰降低23%，吨电石渣利用可实现CO_2减排0.5吨以上，经济、环境、社会效益显著。

7. 技术推广前景

近年来，我国电石渣资源化利用产业已在内蒙古、新疆、陕西、山东、安徽等地形成规模化的产业基地，但西北地区电石渣利用率仍较低，本技术成果可直接面向区域内的电石渣产生企业，具有明确的市场推广价值，技术推广前景广阔。本技术应用规模推广至300万吨/年以后，可节约石灰石资源约400万吨，碳减排约200万吨，带动相关产业经济规模15亿元以上，为实现"双碳"目标提供稳定的原材料支撑。同时，相关研究成果和共性技术也有望应用于磷石膏等工业固废的低碳循环利用，具有显著的发展潜力和广阔的应用推广前景。

8. 技术设备或产品照片

河南沁阳20万吨/年湿法电石渣制备脱硫剂

新疆准东20万吨/年干法电石渣制备脱硫剂

案例七：稻壳炭热联产循环利用系统关键技术及应用

1. 技术成果名称

稻壳炭热联产循环利用系统关键技术及应用。

2. 技术单位简介

益海嘉里金龙鱼粮油食品股份有限公司（简称益海嘉里）是中国重要的农产品和食品加工企业，截至目前，公司拥有员工超3万人，在全国拥有70多个已投产的生产基地，100多家生产型企业，主要涉足油籽压榨、食用油精炼、专用油脂、油脂科技、水稻循环经济、玉米深加工、小麦深加工、大豆深加工、食品原辅料、中央厨房、粮油科技研发等产业。

3. 技术简介

稻壳通过给料装置进入气化炉内，在高温低氧条件下，通过控制温度和氧量，使稻壳发生热解氧化和还原反应，生成生物质燃气，其主要可燃成分为 CO、H_2、CH_4、$CnHm$ 等，还有 CO_2、N_2 等不可燃成分。从气化炉产生的生物质燃气进入低氮燃烧器进行燃烧，通过空气配风使燃气充分燃烧，因此烟气中的过量空气少且 CO 含量极低；同时通过再循环烟气来调节/控制绝热燃烧室内的烟温，抑制 NO_x 的生成，从而实现清洁燃烧产生蒸汽。烟气经过后端干法脱硫和布袋除尘达到超低排放标准进行排放。该技术是益海嘉里近几年在稻壳资源循环利用、减排降碳、保护生态，促进农业可持续发展方面取得的关键性技术突破。2022年益海嘉里共处理稻壳29万吨，生产蒸汽118万吨，发电1702万千瓦，产出稻壳炭（灰）11.24吨，2.5万吨稻壳灰用于加工生产白炭黑，产出白炭黑1.9万吨，其余均销售给钢厂。相当于代替 18.56万吨烟煤（5000大卡），代替石英砂2万吨。减少碳排放34.57万吨。

4. 技术创新点

该项目针对稻米加工产业中的稻壳副产物处置利用率低、燃烧过程气化效率低、存在环境风险、稻壳灰难处理等问题，研发了稻壳气化炭热联产技术及装备，通过显著提升稻壳气化装备的气密性和稳定性，提高了可燃气体产汽量和稻壳炭得率，提升稻壳灰（炭）品质，实现了稻壳资源化产品在钢铁冶炼产业保温剂和下游白炭黑产业的推广应用，项目获授权发明专利6项，拥有核心技术。

5. 技术项目案例

稻壳炭热联产高效稻谷加工系统已经投入生产，并在丰海（盘锦）水稻生物科技有限公司、益海（泰州）粮油工业有限公司及益海嘉里（武汉）粮油工业有限公司进行建设和应用。

以益海嘉里泰州工厂为例，在2021年7月至2022年6月开机率55%的情况下，项目年收益达1810万元。目前稻壳炭售价已涨至1820元/吨，产能利用率提升至90%，年收益可达3500万元。除了直接经济效益，直接碳减排5.88万吨，碳减排价值324万元。同时还可大量减少下游白炭黑及钢厂产业链碳排放。

6. 效益分析

以 2×20 t/h 炭热联产装置为例，本新型技术系统每年能消解稻壳约9万吨，同时能实现碳减排及碳封存，稻壳得到充分的综合利用，每年生产的高品质稻壳炭为企业增收近1800万元。除获得稻壳炭及蒸汽产品，每年可以减少 CO_2 排放约7.6万吨、碳封存量（以 CO_2 计）约3.3万吨（以 2×20 t/h 稻壳气化炭热联产装置计算）。

7. 技术推广前景

以售卖稻壳和创新的稻壳气化炭热联产技术进行对比，吨水稻直接售卖稻壳的增值仅为80元，稻壳气化炭热联产模式，吨水稻增值可达183元，按全国年产2亿吨水稻，有50%的水稻加工按炭热联产模式运营，每年增加产值103亿元。

8. 技术设备或产品照片

泰州工厂照片

稻壳炭产品

案例八：再生混凝土服役效能提升关键技术及应用

1. 技术成果名称

再生混凝土服役效能提升关键技术及应用。

2. 技术单位简介

浙江交工新材料有限公司，成立于2013年7月，注册资本8000万元人民币，位于富阳区银湖街道，占地面积40621平方米，是浙江省交通投资集团有限公司下属浙江交工集团股份有限公司全资子公司。2020年和2023年分别通过国家高新技术企业认定，2021年度通过杭州市级企业高新技术研发中心认定，2021年度被纳入"省级科改示范行动"的20家科技型企业，2023年浙江省深化国有企业改革工作领导小组办公室专项评估为良好；2022年度通过浙江省交工新材料交通建材高新技术企业研究开发中心认定，2023年度被认定为浙江省专精特新中小企业。

3. 技术简介

本项目依托国家自然科学基金、国家重点研发计划、全国重点实验室开放基金、省自然科学基金、省重点研发计划项目等15项纵横向科研项目，结合多个重大工程建设，从理论分析、技术研发、工程应用等方面自主创新、持续攻关，在再生混凝土材料性能退化机理、再生粗骨料高效物理改性技术、再生混凝土配比优化设计方法等方面开展了全面深入的研究，发展了再生混凝土严酷环境劣化机理及服役效能提升关键技术。

4. 技术创新点

首次提出严酷服役环境下再生混凝土冻融耐久性的多参数定量设计理论，突破了再生混凝土由于组分复杂导致的宏观抗冻性难以精准预测的技术瓶颈，创新性地提出了孔隙介质内膨胀开裂的双弹簧模型，并首次实现了基于刚体弹簧元法的多组分再生混凝土冻融耐久性的细观精细化模拟。

首次提出并实现了再生粗骨料附着砂浆的快速冻融剥离技术，100%还原出纯天然骨料，改性后的再生骨料吸水率下降75%，颠覆了传统去除式改性理念，创新了再生骨料改性的技术路径。

首次研发了基于集群智能算法的再生砖混骨料混凝土智能配比设计方法，针对砖骨料、混凝土骨料的混杂体系，提出了基于帕累托前沿的力学性能、碳排放量、经济成本多目标配比优化方法，攻克了受原料不确定性影响的再生砖混骨料混凝土快速配比设计技术难题。

5. 技术项目案例

近三年来，浙江交工集团股份有限公司应用该技术回收利用建筑废弃物，每1亿吨建筑废弃物可以生产再生骨料1000万吨，可以节约1.5万亩烧砖用地、节约270万吨煤炭资源并减少排放 CO_2 130万吨。

6. 效益分析

建筑固废资源化利用，利用再生砖混骨料生产再生混凝土，每立方米材料成本为300元，建筑垃圾消纳量为1.6吨，节约天然砂石原料开采费用的同时减少建筑固废堆积所使用的场地费。再生骨料来源于当地废弃建筑物，废弃建筑物经过就地破碎、筛选、改性处理后用于再生混凝土的制备，得到再生骨料100%取代天然骨料的再生混凝土产品，并最终应用于工程中，实现了建筑废弃物就地循环利用，节约了普通混凝土由原材料开采、制备到施工地的运输费用。该成果在应用期间不但节约制备混凝土的原材料费用，还消纳了建筑固废垃圾从而减少垃圾堆积、运输和处理的费用，故具有显著的经济效益。

7. 技术推广前景

本项目首次提出并实现了再生粗骨料附着砂浆的快速冻融剥离技术，100%还原出纯天然骨料，并基于集群智能算法提出了基于帕累托前沿的力学性能、碳排放量、经济成本多目标配比优化方法，应用前景广阔。

8. 技术设备或产品照片

透水砖　　　　　　　　　　　道路水稳层

第十章 "十四五"循环经济科技创新成果推荐

第一节 国家重点研发计划"十四五"重大研发需求征集工作

为助力《"十四五"国家科技创新规划》,进一步推进科技创新驱动循环经济高质量发展,按照科技部的要求,协会组织会员单位积极参与,凝练出循环经济领域内迫切需要通过科技创新予以破题和解决的重大协同攻关需求。

经征集、汇总和审定,协会向科技部上报了"传染病预防与2019新冠病毒生物防控""核废料循环高效利用新技术研究""战略金属高质量循环利用的绩效测评与驱动政策创新研究"等15项循环经济领域重大研发需求(见下表)。

序号	推荐的15项循环经济领域重大研发需求项目
1	传染病预防与2019新冠病毒生物防控
2	环境友好型碳素材料粘结剂及其关键技术开发
3	有色金属矿山"无尾采矿"关键技术研究与工程应用
4	新型圆柱锂离子动力电池研究开发
5	电子废弃物为原料的高值有色金属资源化协同研究和产业建设
6	全流域重金属污染防控关键技术
7	大型商用飞机循环经济与可持续关键技术研究
8	废弃渔具与废旧纺织品协同再生技术研发及应用
9	再生砂粉混凝土绿色建筑体系研究
10	废旧轮胎绿色环保无害化处理关键技术及产业化
11	基于深度融合产业园模式的东北老工业基地多源城市固体废弃物协同资源再生技术集成与示范
12	含铅物料短程转化成铅的技术及装备
13	战略金属高质量循环利用的绩效测评与驱动政策创新研究
14	一次性电池回收处理与高效利用技术研究与绿色产业链建设
15	核废料循环高效利用新技术研究

据国家科技管理信息系统公共服务平台关于国家重点研发计划"十四五"重大研发需求征集工作数据统计，本次征集科技部共收到来自67个部门、地方等科技管理单位的重大研发需求3962份，以及来自2462所高校、科研院所或企业等科研单位的重大研发需求12784份（研发需求主要涉及领域分布情况见下图）。

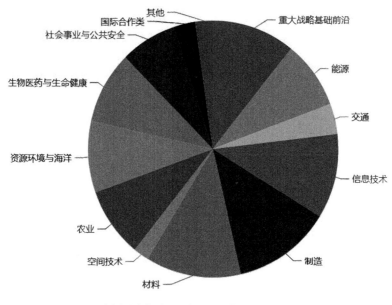

研发需求主要涉及领域分布情况

第二节　推荐"十四五"循环经济领域绿色技术

为落实《国家发展改革委　科技部关于构建市场导向的绿色技术创新体系的指导意见》（发改环资〔2019〕689号），按照国家发展改革委等四部委办公厅联合发布的《关于组织推荐绿色技术的通知》（发改办环资〔2020〕493号）要求，协会作为"发展循环经济，建设生态文明"的重要倡导者和践行者，高度重视绿色技术创新工作，特别是在广大会员单位的积极努力下，围绕循环经济科技成果奖励、科技成果评价、团体标准、知识产权协同运用和循环经济技术创新体系建设等方面,开展了卓有成效的工作,积累了大量创新程度高、技术水平领先、技术成熟稳定、推广价值高、应用效益显著的技术成果,并向相关单位征集了循环经济领域绿色技术成果。

申报的绿色技术成果具备先进性、适用性、推广价值高等特点,同时满足以下要求:①技术水平国内领先,能够反映绿色技术最新进展,对我国循环经济领域绿色发展具有引领作用;②技术成熟可靠,知识产权明晰,达到实际应用要求,有成功实施案例,可以在相关领域广泛推广;③技术推广价值高,经济适用,推广潜力大,可有力促进经济社会可持续发展。

协会组织会员单位进行申报,经征集、汇总和审定,共向国家发展改革委推荐纳米级环保一体式除尘净化系统、多相态废物资源化处理系统、工业尾气生物发酵法制燃料乙醇及蛋白粉3项绿色技术。

附录一：循环经济相关政策文件汇编

1 国务院相关文件

1.1 《新时代的中国绿色发展》白皮书

中华人民共和国

国务院新闻办公室

（2023年1月）

绿色是生命的象征、大自然的底色，良好生态环境是美好生活的基础、人民共同的期盼。绿色发展是顺应自然、促进人与自然和谐共生的发展，是用最少资源环境代价取得最大经济社会效益的发展，是高质量、可持续的发展，已经成为各国共识。

几千年来，中华民族尊重自然、保护自然，生生不息、繁衍发展，倡导"天人合一"是中华文明的鲜明特色。改革开放以来，中国把节约资源和保护环境确立为基本国策，把可持续发展确立为国家战略，大力推进社会主义生态文明建设。

中共十八大以来，在习近平新时代中国特色社会主义思想指引下，中国坚持绿水青山就是金山银山的理念，坚定不移走生态优先、绿色发展之路，促进经济社会发展全面绿色转型，建设人与自然和谐共生的现代化，创造了举世瞩目的生态奇迹和绿色发展奇迹，美丽中国建设迈出重大步伐。绿色成为新时代中国的鲜明底色，绿色发展成为中国式现代化的显著特征，广袤中华大地天更蓝、山更绿、水更清，人民享有更多、更普惠、更可持续的绿色福祉。中国的绿色发展，为地球增添了更多"中国绿"，扩大了全球绿色版图，既造福了中国，也造福了世界。

作为世界上最大的发展中国家，中国秉持人类命运共同体理念，坚定践行多边主义，提出全球发展倡议、全球安全倡议，深化务实合作，积极参与全球环境与气候治理，为落实联合国2030年可持续发展议程，推动全球可持续发展，共同构建人与自然生命共同体，共建繁荣清洁美丽的世界贡献了中国智慧、中国力量。

为全面介绍新时代中国绿色发展理念、实践与成效，分享中国绿色发展经验，特发布本白皮书。

一、坚定不移走绿色发展之路

中国顺应人民对美好生活的新期待，树立和践行绿水青山就是金山银山的理念，站在人与自然和谐共生的高度谋划发展，协同推进经济社会高质量发展和生态环境高水平保护，走出了一条生产发展、生活富裕、生态良好的文明发展道路。

（一）坚持以人民为中心的发展思想

以人民为中心是中国共产党的执政理念，良好生态环境是最公平的公共产品、最普惠的民生福祉。随着中国现代化建设的不断推进和人民生活水平的不断提高，人民对优美生态环境的需要更加迫切，生态环境在人民生活幸福指数中的地位不断凸显。中国顺应人民日益增长的优美生态环境需要，坚持生态惠民、生态利民、生态为民，大力推行绿色生产生活方式，重点解决损害群众健康的突出环境问题，持续改善生态环境质量，提供更多优质生态产品，让人民在优美生态环境中有更多的获得感、幸福感、安全感。

（二）着眼中华民族永续发展

生态兴则文明兴，生态衰则文明衰。大自然是人类赖以生存发展的基本条件，只有尊重自然、顺应自然、保护自然，才能实现可持续发展。中国立足环境容量有限、生态系统脆弱的现实国情，既为当代发展谋、也为子孙万代计，把生态文明建设作为关系中华民族永续发展的根本大计，既要金山银山也要绿水青山，推动绿水青山转化为金山银山，让自然财富、生态财富源源不断带来经济财富、社会财富，实现经济效益、生态效益、社会效益同步提升，建设人与自然和谐共生的现代化。

（三）坚持系统观念统筹推进

绿色发展是对生产方式、生活方式、思维方式和价值观念的全方位、革命性变革。中国把系统观念贯穿到经济社会发展和生态环境保护全过程，正确处理发展和保护、全局和局部、当前和长远等一系列关系，构建科学适度有序的国土空间布局体系、绿色低碳循环发展的经济体系、约束和激励并举的制度体系，统筹产业结构调整、污染治理、生态保护、应对气候变化，协同推进降碳、减污、扩绿、增长，推进生态优先、节约集约、绿色低碳发展，形成节约资源和保护环境的空间格局、产业结构、生产方式、生活方式，促进经济社会发展全面绿色转型。

（四）共谋全球可持续发展

保护生态环境、应对气候变化，是全人类的共同责任。只有世界各国团结合作、共同努力，携手推进绿色可持续发展，才能维持地球生态整体平衡，守护好全人类赖以生存的唯一家园。中国站在对人类文明负责的高度，积极参与全球环境治理，向世界承诺力争于2030年前实现碳达峰、努力争取2060年前实现碳中和，以"碳达峰碳中和"目标为牵引推动绿色转型，以更加积极的姿态开展绿色发展双多边国际合作，推动构建公平合理、合作共赢的全球环境治理体系，为全球可持续发展贡献智慧和力量。

专栏1　碳达峰碳中和政策与行动

碳达峰碳中和"1+N"政策体系：《关于完整准确全面贯彻新发展理念做好碳达峰碳中和工作的意见》《2030年前碳达峰行动方案》共同构成中国推进碳达峰碳中和工作的顶层设计，与能源、工业、交通运输、城乡建设、钢铁、有色金属、水泥等重点领域、重点行业碳达峰实施方案，以及科技、财政、金融、标准、人才等支撑保障方案，共同构建起碳达峰碳中和"1+N"政策体系。

碳达峰十大行动：《2030年前碳达峰行动方案》部署开展能源绿色低碳转型行动、节能降碳增效行动、工业领域碳达峰行动、城乡建设碳达峰行动、交通运输绿色低碳行动、循环经济助力降碳行动、绿色低碳科技创新行动、碳汇能力巩固提升行动、绿色低碳全民行动、各地区梯次有序碳达峰行动等十大行动。

二、绿色空间格局基本形成

中国积极健全国土空间体系，加强生产、生活、生态空间用途统筹和协调管控，加大生态系统保护修复力度，有效扩大生态环境容量，推动自然财富、生态财富快速积累，生态环境保护发生历史性、转折性、全局性变化，为经济社会持续健康发展提供有力支撑。

（一）优化国土空间开发保护格局

国土是绿色发展的空间载体。中国实施主体功能区战略，建立全国统一、责权清晰、科学高效的国土空间规划体系，统筹人口分布、经济布局、国土利用、生态环境保护等因素，整体谋划国土空间开发保护，实现国土空间开发保护更高质量、更可持续。

实现国土空间规划"多规合一"。将主体功能区规划、土地利用规划、城乡规划等空间规划融合为统一的国土空间规划，逐步建立"多规合一"的规划编制审批体系、实施监督体系、法规政策体系和技术标准体系，强化国土空间规划对各专项规划的指导约束作用，加快完成各级各类国土空间规划编制，逐步形成全国国土空间开发保护"一张图"。

统筹优化国土空间布局。以全国国土调查成果为基础，开展资源环境承载能力和国土空间开发适宜性评价，科学布局农业、生态、城镇等功能空间，优化农产品主产区、重点生态功能区、城市化地区三大空间格局。统筹划定耕地和永久基本农田、生态保护红线、城镇开发边界等空间管控边界以及各类海域保护线，强化底线约束，统一国土空间用途管制，筑牢国家安全发展的空间基础。

加强重点生态功能区管理。着力防控化解生态风险，将承担水源涵养、水土保持、防风固沙和生物多样性保护等重要生态功能的县级行政区确定为重点生态功能区，以保护生态环境、提供生态产品为重点，限制大规模高强度工业化城镇化开发，推动自然生态系统总体稳定向好，生态服务功能逐步增强，生态产品供给水平持续提升。

（二）强化生态系统保护修复

山水林田湖草沙是生命共同体。中国加强系统治理、综合治理、源头治理和依法治理，坚持保护优先、自然恢复为主，大力推动生态系统保护修复，筑牢国家生态安全屏障，筑牢中华民族永续发展的根基。

初步建立新型自然保护地体系。自然保护地是生态建设的核心载体。中国努力构建以国家公园为主体、自然保护区为基础、各类自然公园为补充的自然保护地体系，正式设立三江源、大熊猫、东北虎豹、海南热带雨林、武夷山首批5个国家公园，积极稳妥有序推进生态重要区域国家公园创建。截至2021年底，已建立各级各类自然保护地近万处，占国土陆域面积的17%以上，90%的陆地自然生态系统类型和74%的国家重点保护野生动植物物种得到了有效保护。

专栏2　自然保护地体系

自然保护地是指由各级政府依法划定或确认，对重要的自然生态系统、自然遗迹、自然景观及其所承载的自然资源、生态功能和文化价值实施长期保护的陆域或海域。依据管理目标与效能并借鉴国际经验，中国将自然保护地按生态价值和保护强度高低，依次分为国家公园、自然保护区及自然公园3种类型。

国家公园：是指以保护具有国家代表性的自然生态系统为主要目的，实现自然资源科学保护和合理利用的特定陆域或海域，是中国自然生态系统中最重要、自然景观最独特、自然遗产最精华、生物多样性最富集的部分。

自然保护区：是指典型的自然生态系统、珍稀濒危野生动植物种的天然集中分布区、有特殊意义的自然遗迹的区域。确保主要保护对象安全，维持和恢复珍稀濒危野生动植物种群数量及赖以生存的栖息环境。

自然公园：是指重要的自然生态系统、自然遗迹和自然景观，具有生态、观赏、文化和科学价值，可持续利用的区域。确保森林、海洋、湿地水域、冰川、草原、生物等珍贵自然资源，以及所承载的景观、地质地貌和文化多样性得到有效保护。包括森林公园、地质公园、海洋公园、湿地公园、沙漠公园、草原公园等各类自然公园。

科学划定生态保护红线。生态保护红线是国家生态安全的底线和生命线。中国将生态功能极重要、生态极脆弱以及具有潜在重要生态价值的区域划入生态保护红线，包括整合优化后的自然保护地，实现一条红线管控重要生态空间。截至目前，中国陆域生态保护红线面积占陆域国土面积比例超过30%。通过划定生态保护红线和编制生态保护修复规划，巩固了以青藏高原生态屏障区、黄河重点生态区（含黄土高原生态屏障）、长江重点生态区

（含川滇生态屏障）、东北森林带、北方防沙带、南方丘陵山地带、海岸带等为依托的"三区四带"生态安全格局。

实施重要生态系统保护和修复重大工程。以国家重点生态功能区、生态保护红线、自然保护地等为重点，启动实施山水林田湖草沙一体化保护和修复工程，统筹推进系统治理、综合治理、源头治理。陆续实施三北、长江等防护林和天然林保护修复、退耕还林还草、矿山生态修复、"蓝色海湾"整治行动、海岸带保护修复、渤海综合治理攻坚战、红树林保护修复等一批具有重要生态影响的生态环境修复治理工程，科学开展大规模国土绿化行动，推动森林、草原、湿地、河流、湖泊面积持续增加，土地荒漠化趋势得到有效扭转。2012—2021年，中国累计完成造林9.6亿亩，防沙治沙2.78亿亩，种草改良6亿亩，新增和修复湿地1200多万亩。2021年，中国森林覆盖率达到24.02%，森林蓄积量达到194.93亿立方米，森林覆盖率和森林蓄积量连续30多年保持"双增长"，是全球森林资源增长最多和人工造林面积最大的国家。中国在世界范围内率先实现了土地退化"零增长"，荒漠化土地和沙化土地面积"双减少"，对全球实现2030年土地退化零增长目标发挥了积极作用。自2000年以来，中国始终是全球"增绿"的主力军，全球新增绿化面积中约1/4来自中国。

专栏3　荒漠变绿洲的典范——塞罕坝

塞罕坝位于中国河北省北部，距北京市约300公里。20世纪50年代，塞罕坝是黄沙肆虐、鸟无栖地的不毛之地。为改变"风沙紧逼北京城"的严峻形势，20世纪60年代初，中国组建了塞罕坝机械林场，一支由369人组成的创业队伍，开启了"为首都阻沙源、为京津涵水源"的拓荒之路。在"黄沙遮天日，飞鸟无栖树"的荒漠沙地上，几代塞罕坝人甘于奉献、接续奋斗，建成目前世界上面积最大的人工林，创造了荒原变林海的人间奇迹，为京津冀地区筑起了一道高质量发展的绿色屏障，成为中国乃至全世界荒漠治理的典范。

目前，塞罕坝林场森林面积115.1万亩，活立木蓄积量1036.8万立方米，每年涵养水源、净化淡水2.84亿立方米有效防止水土流失，为京津冀地区高质量发展打下了良好的生态基础。在塞罕坝林场辐射带动下，周边区域生态苗木基地产业以及乡村旅游产业，直接为当地4000多名群众提供就业机会，带动周边4万多名群众受益。塞罕坝林场不仅释放出了巨大的生态效益，也不断影响和改变着周边群众的生产生活，彰显出强大的社会效益。

塞罕坝筑起的"绿色长城"获得了世界赞誉。2017年，塞罕坝林场获得联合国"地球卫士奖"；2021年，获得联合国"土地生命奖"。

（三）推动重点区域绿色发展

中国充分发挥区域重大战略的提升引领作用，坚持生态优先、绿色发展理念推动实施区域重大战略，着力打造绿色发展的第一梯队，带动全国经济社会发展绿色化水平整体提升。

推动京津冀协同发展生态环保率先突破。实施京津冀协同发展战略，在交通、环境、产业、公共服务等领域协同推进，强化生态环境联建联防联治。以京津冀地区为重点，开展华北地区地下水超采综合治理，扭转了上世纪80年代以来华北地下水位逐年下降的趋势。高起点规划、高标准建设雄安新区，围绕打造北京非首都功能集中承载地，构建布局合理、蓝绿交织、清新明亮、水城共融的生态城市，打造绿色高质量发展"样板之城"。2021年，京津冀13个城市空气质量优良天数比例达到74.1%，比2013年提升32.2个百分点，北京市大气环境治理成为全球环境治理的中国样本。

以共抓大保护、不搞大开发为导向推动长江经济带建设。长江是中华民族的母亲河，也是中华民族发展的重要支撑。中国坚持把修复长江生态环境摆在压倒性位置，协调推动经济发展和生态环境保护，努力建设人与自然和谐共生的绿色发展示范带，使长江经济带成为生态优先、绿色发展的主战场。发挥产业协同联动整体优势，构建绿色产业体系，加快区域经济绿色转型步伐。大力推进长江保护修复攻坚战，深入实施城镇污水垃圾处理、化工污染治理、农业面源污染治理、船舶污染治理和尾矿库污染治理"4+1"工程，全面实施长江十年禁渔，开展长江岸线利用项目及非法矮围清理整治。2018年以来，累计腾退长江岸线162公里，滩岸复绿1213万平方米，恢复水域面积6.8万亩，长江干流国控断面水质连续两年全线达到Ⅱ类。

专栏4　长江十年禁渔

2021年1月1日0时起，长江干流和重要支流大型通江湖泊等重点水域实行十年禁捕，期间禁止天然渔业资源的生产性捕捞。目前，长江禁捕水域核定的11.1万艘渔船、23.1万渔民全部退出捕捞，22.2万符合社保条件的退捕渔民实现应保尽保，16.5万有就业意愿和就业能力的退捕渔民实现转产就业。

实施长江十年禁渔，对于保护生物多样性、修复水域生态功能、保障国家生态安全具有重大意义。禁捕实施以来，沿江各地水生生物资源量显著增加，水域生态功能恢复向好趋势逐步显现。"微笑天使"长江江豚群体在鄱阳湖、洞庭湖、湖北宜昌和中下游江段出现的频率明显提升，20年未见的鱼在长江中游又重新出现；上游一级支流赤水河鱼类资源明显恢复，鱼类物种数由禁捕前的32种上升至37种，资源量达到禁捕前的1.95倍。

发挥长三角地区绿色发展表率作用。加快长三角生态绿色一体化发展示范区建设，率先探索将生态优势转化为经济社会发展优势、从项目协同走向区域一体化制度创新，依托优美风光、人文底蕴、特色产业，集聚创新要素资源，夯实绿色发展生态本底，打造绿色创新发展高地。

推动黄河流域生态保护和高质量发展。把保护黄河作为中华民族发展的千秋大计，坚持对黄河上下游、干支流、左右岸生态保护治理工作统筹谋划。开展全流域生态环境保护治理，推动上中游水土流失和荒漠化防治以及下游河道和滩区综合治理，黄河泥沙负荷稳步下降，确保黄河安澜。坚持以水定城、以水定地、以水定人、以水定产，走水安全有效保障、水资源高效利用、水生态明显改善的集约节约发展之路。沿黄地区在保护传承弘扬黄河文化、发展特色产业上积极探索，培养壮大新产业新业态，推动生态、经济价值同步提升，让黄河成为惠民利民的生态河、幸福河。

建设美丽粤港澳大湾区。以建设美丽湾区为引领，着力提升生态环境质量，探索绿色低碳的城市建设运营模式，促进大湾区可持续发展，使大湾区天更蓝、山更绿、水更清，打造生态安全、环境优美、社会安定、文化繁荣的粤港澳大湾区。

（四）建设生态宜居美丽家园

城乡是人们聚居活动的主要空间。中国把绿色发展理念融入城乡建设活动，大力推动美丽城市和美丽乡村建设，突出环境污染治理，着力提升人居环境品质，打造山峦层林尽染、平原蓝绿交融、城乡鸟语花香的美丽家园。

建设人与自然和谐共生的美丽城市。中国把保护城市生态环境摆在突出位置，推进以人为核心的城镇化，科学规划布局城市的生产空间、生活空间、生态空间，打造宜居城市、韧性城市、智慧城市，把城市建设成为人与自然和谐共生的美丽家园。坚持尊重自然、顺应自然，依托现有山水脉络等独特风光推进城市建设，让城市融入大自然，让居民望得见山、看得见水、记得住乡愁。持续拓展城市生态空间，建设国家园林城市、国家森林城市，推进城市公园体系和绿道网络建设，大力推动城市绿化，让城市再现绿水青山。2012—2021年，城市建成区绿化覆盖率由39.22%提高到42.06%，人均公园绿地面积由11.8平方米提高到14.78平方米。大力发展绿色低碳建筑，推进既有建筑改造，建筑节能水平持续提高。

打造绿色生态宜居的和美乡村。中国将绿色发展作为推进乡村振兴的新引擎，探索乡村绿色发展新路径。积极发展生态农业、农村电商、休闲农业、乡村旅游、健康养老等新产业、新业态，加强生态保护与修复，推动农业强、农村美、农民富的目标不断实现。持续改善农村人居环境，完善乡村公路、供水、供气等基础设施，推进农村厕所革命，加强生活垃圾、污水治理，开展村庄清洁行动，全面推进乡村绿化，持续开展现代宜居农房建设，越来越多的乡村实现水源净化、道路硬化、夜晚亮化、能源清洁化。加强

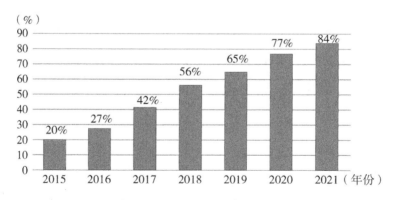

2015—2021年中国城镇当年新建绿色建筑面积占比

传统村落保护利用，传承优秀传统文化，提升乡村风貌。广大农村生态美起来、环境靓起来，丛林掩映、果菜满园、满眼锦绣，呈现山清水秀、天蓝地绿、村美人和的美丽画卷。

专栏5　完善城乡环境基础设施

中国高度重视环境基础设施建设，着力补短板、强弱项、优布局、提品质，健全污水收集处理及资源化利用设施，大幅提升生活垃圾分类和处理能力，推进固体废物、危险废物、医疗废物安全有效处置，推动环境基础设施一体化、智能化、绿色化发展，构建集污水、垃圾、固体废物、危险废物、医疗废物处理处置设施和监测监管能力于一体的环境基础设施体系，形成由城市向建制镇和乡村延伸覆盖的环境基础设施网络。截至2021年年底城市和县城污水处理能力达2.47亿立方米/日；城镇生活垃圾焚烧处理能力超过77万吨/日，城镇生活垃圾无害化处理率接近100%。

持续打好污染防治攻坚战。环境就是民生，青山就是美丽，蓝天也是幸福。中国坚持精准治污、科学治污、依法治污，以解决人民群众反映强烈的大气、水、土壤污染等突出问题为重点，持续打好蓝天、碧水、净土保卫战。区域联防联控和重污染天气应对成效显著，全国地级及以上城市细颗粒物（PM2.5）年均浓度由2015年的46微克/立方米降至2021年的30微克/立方米，空气质量优良天数比例达到87.5%，成为全球大气质量改善速度最快的国家。工业、农业、生活污染源和水生态系统整治加快推进，饮用水安全得到有效保障，污染严重水体和不达标水体显著减少，2021年全国地表水水质优良断面比例达到84.9%。全面禁止洋垃圾入境，实现固体废物"零进口"目标，土壤环境风险得到基本管控。蓝天白云、繁星闪烁，清水绿岸、鱼翔浅底，人们呼吸的空气更清新、喝的水更干净、吃的食物更放心、生活的环境更优美，切实感受到生态环境变化带来的幸福和美好。

三、产业结构持续调整优化

中国坚持创新、协调、绿色、开放、共享的新发展理念，以创新驱动为引领塑造经济发展新动能新优势，以资源环境刚性约束推动产业结构深度调整，以强化区域协作持续优化产业空间布局，经济发展既保持了量的合理增长，也实现了质的稳步提升，开创了高质量发展的新局面。

（一）大力发展战略性新兴产业

实施创新驱动发展战略，把科技创新作为调整产业结构、促进经济社会绿色低碳转型的动力和保障，战略性新兴产业成为经济发展的重要引擎，经济发展的含金量和含绿量显著提升。

科技创新投入力度逐步加大。全社会研发投入由2012年的1.03万亿元增长到2021年的2.80万亿元，研发投入强度由1.91%提高到2.44%，已接近经合组织国家平均水平。企业研发投入力度不断加大，占全社会研发投入比例达到76%以上。截至2021年底，中国节能环保产业有效发明专利4.9万件，新能源产业有效发明专利6万件，分别是2017年底的1.6倍、1.7倍。2011年至2020年，中国环境技术发明专利申请总量接近全球60%，是全球布局环境技术创新最积极的国家。

新兴技术成为经济发展重要支撑。人工智能、大数据、区块链、量子通信等新兴技术加快应用，培育了智能终端、远程医疗、在线教育等新产品、新业态，在经济发展中的带动作用不断增强。数字经济规模居世界第二位，"十三五"期间（2016—2020年），信息传输、软件和信息技术服务业增加值年均增速高达21%。互联网、大数据、人工智能、5G等新兴技术与传统产业深度融合，先进制造业和现代服务业融合发展步伐加快，2021年，高技术制造业、装备制造业增加值占规模以上工业增加值比重分别为15.1%、32.4%，较2012年分别提高5.7和4.2个百分点，"中国制造"逐步向"中国智造"转型升级。

绿色产业规模持续壮大。可再生能源产业发展迅速，风电、光伏发电等清洁能源设备生产规模居世界第一，多晶硅、硅片、电池和组件占全球产量的70%以上。节能环保产业质量效益持续提升，形成了覆盖节能、节水、环保、可再生能源等各领域的绿色技术装备制造体系，绿色技术装备和产品供给能力显著增强，绿色装备制造成本持续下降，能源设备、节水设备、污染治理、环境监测等多个领域技术已达到国际先进水平。综合能源服务、合同能源管理、合同节水管理、环境污染第三方治理、碳排放管理综合服务等新业态新模式不断发展壮大，2021年节能环保产业产值超过8万亿元。各地方积极探索生态产品价值实现方式路径，都市现代农业、休闲农业、生态旅游、森林康养、精品民宿、田园综合体等生态产业新模式快速发展。

（二）引导资源型产业有序发展

中国持续深化供给侧结构性改革，改变过多依赖增加资源消耗、过多依赖规模粗放扩张、过多依赖高耗能高排放产业的发展模式，以环境承载力作为刚性约束，严控高耗能、高排放、高耗水行业产能规模，推动产业结构持续优化。

化解过剩产能和淘汰落后产能。在保障产业链供应链安全的同时，积极稳妥化解过剩产能、淘汰落后产能，对钢铁、水泥、电解铝等资源消耗量高、污染物排放量大的行业实行产能等量或减量置换政策。"十三五"期间（2016—2020年），累计退出钢铁过剩产能1.5亿吨以上、水泥过剩产能3亿吨，地条钢全部出清，电解铝、水泥等行业的落后产能基本出清。

坚决遏制高耗能、高排放、低水平项目盲目发展。提高部分重点行业土地、环保、节能、节水、技术、安全等方面的准入条件，对高耗能行业实施差别电价、阶梯电价、惩罚性电价等差别化电价政策。对高耗能、高排放、低水平项目实行清单管理、分类处置、动态监控，严肃查处违法违规建设运行的项目。水资源短缺和超载地区，限制新建各类开发区和高耗水项目。

（三）优化产业区域布局

综合考虑能源资源、环境容量、市场空间等因素，推动相关产业向更具发展条件和潜力的地区集中集聚，优化生产力布局，深化区域间分工协作，加快形成布局合理、集约高效、协调协同的现代化产业发展格局。

推进原材料产业合理布局。统筹煤水资源和环境容量等因素，在中西部地区规划布局了若干个现代煤化工产业示范区，深入开展煤化工产业技术升级示范。在沿海地区高水平建设一批大型石化产业基地，推动石化行业安全、绿色、集聚、高效发展。

深化各地区分工协作。充分发挥各地区比较优势，依托资源环境禀赋和产业发展基础，探索建立和完善利益共享机制，强化东部和中西部地区之间多类型、多机制产业分工协作，形成协调联动、优势互补、共同发展的新格局。通过产业转移和地区协作，在破解产业发展资源环境约束的同时，为东部发展高新产业腾出空间、促进中西部欠发达地区工业化和城镇化进程，增强了区域发展的平衡性和协调性。

四、绿色生产方式广泛推行

中国加快构建绿色低碳循环发展的经济体系，大力推行绿色生产方式，推动能源革命和资源节约集约利用，系统推进清洁生产，统筹减污降碳协同增效，实现经济社会发展和生态环境保护的协调统一。

（一）促进传统产业绿色转型

将绿色发展理念融入工业、农业、服务业全链条各环节，积极构建绿色低碳循环发展的生产体系，以节能、减排、增效为目标，大力推进技术创新、模式创新、标准创新，全面提升传统产业绿色化水平。

推进工业绿色发展。持续开展绿色制造体系建设，完善绿色工厂、绿色园区、绿色供应链、绿色产品评价标准，引导企业创新绿色产品设计、使用绿色低碳环保工艺和设备，优化园区企业、产业和基础设施空间布局，加快构建绿色产业链供应链。按照"横向耦合、纵向延伸、循环链接"原则，大力推进园区循环化改造，推动产业循环式组织、企业循环化生产。全面开展清洁生产审核，积极实施清洁生产改造，大幅提高清洁生产整体水平。全面推进数字化改造，重点领域关键工序数控化率由2012年的24.6%提高到2021年的55.3%，数字化研发设计工具普及率由48.8%提高到74.7%。截至2021年底，累计建成绿色工厂2783家、绿色工业园区223家、绿色供应链管理企业296家，制造业绿色化水平显著提升。

转变农业生产方式。创新农业绿色发展体制机制，拓展农业多种功能，发掘乡村多元价值，加强农业资源保护利用。逐步健全耕地保护制度和轮作休耕制度，全面落实永久基本农田特殊保护，耕地减少势头得到初步遏制。

稳步推进国家黑土地保护，全国耕地质量稳步提升。多措并举推进农业节水和化肥农药减量增效，2021年，农田灌溉水有效利用系数达到0.568。大力发展农业循环经济，推广种养加结合、农牧渔结合、产加销一体等循环型农业生产模式，强化农业废弃物资源化利用。统筹推进农业生产和农产品两个"三品一标"（品种培优、品质提升、品牌打造和标准化生产，绿色、有机、地理标志和达标合格农产品），深入实施地理标志农产品保护工程，全国绿色食品、有机农产品数量6万个，农产品质量安全水平稳步提高，优质农产品供给明显增加，有效促进了产业提档升级、农民增收致富。

提升服务业绿色化水平。积极培育商贸流通绿色主体，开展绿色商场创建。截至2021年底，全国共创建绿色商场592家。持续提升信息服务业能效水平，部分绿色数据中心已达世界领先水平。升级完善快递绿色包装标准体系，推进快递包装减量化标准化循环化，引导生产商、消费者使用可循环快递包装和可降解包装，推进电子商务企业绿色发展。截至2021年底，电商快件不再二次包装率达到80.5%，全国快递包装瘦身胶带、循环中转袋使用基本实现全覆盖。推进会展业绿色发展，制定行业相关绿色标准，推动办展设施循环使用。全面实施铁路电子客票，推广电子发票应用，大幅减少票纸用量。在餐饮行业逐步淘汰一次性餐具，倡导宾馆、酒店不主动提供一次性用品。

2012—2021年中国可再生能源发电装机容量及占比

专栏6　绿电点亮北京冬奥会

2022年2月4日，北京冬奥会开幕。与历届冬奥会不同，北京冬奥会3大赛区26个场馆全部使用绿色电力，意味着奥运史上首次实现全部场馆100%绿色电能供应。

从场馆照明、冰面运维、雪道造雪，到电视转播、计时计分，再到安保安检、后勤保障等，北京冬奥会全面使用绿电，用实际行动践行了申办2022年冬奥会时提出的"可持续发展理念"。为了实现冬奥会绿电供应，中国在北京、张家口等地区建成大量风光发电项目，实施了张北柔性直流电网试验示范工程，将清洁电力引入冬奥会赛场，不仅满足了冬奥场馆的照明、运行和交通等用电需求，还大幅提升了北京及周边地区清洁能源的消费比重。

中国以举办绿色冬奥会为契机，实现清洁能源大规模输送、并网及消纳，为推动清洁能源发展积累了宝贵的实践经验，彰显了实现碳达峰碳中和目标的信心和决心。

（二）推动能源绿色低碳发展

中国立足能源资源禀赋，坚持先立后破、通盘谋划，在不断增强能源供应保障能力的基础上，加快构建新型能源体系，推动清洁能源消费占比大幅提升，能源结构绿色低碳转型成效显著。

大力发展非化石能源。加快推进以沙漠、戈壁、荒漠地区为重点的大型风电光伏基地建设，积极稳妥发展海上风电，积极推广城镇、农村屋顶光伏，鼓励发展乡村分散式风电。以西南地区主要河流为重点，有序推进流域大型水电基地建设。因地制宜发展太阳能热利用、生物质能、地热能和海洋能，积极安全有序发展核电，大力发展城镇生活垃圾焚烧发电。坚持创新引领，积极发展氢能源。加快构建适应新能源占比逐渐提高的新型电力系统，开展可再生能源电力消纳责任权重考核，推动可再生能源高效消纳。截至2021年底，清洁能源消费比重由2012年的14.5%升至25.5%，煤炭消费比重由2012年的68.5%降至56.0%；可再生能源发电装机突破10亿千瓦，占总发电装机容量的44.8%，其中水电、风电、光伏发电装机均超3亿千瓦，均居世界第一。

提高化石能源清洁高效利用水平。以促进煤电清洁低碳发展为目标，开展煤电节能降碳改造、灵活性改造、供热改造"三改联动"，新增煤电机组执行更严格节能标准，发电效率、污染物排放控制达到世界领先水平。推动终端用能清洁化，推行天然气、电力和可再生能源等替代煤炭，积极推进北方地区冬季清洁取暖。在城镇燃气、工业燃料、燃气发电、交通运输等领域有序推进天然气高效利用，发展天然气热电冷联供。实施成品油质量升级专项行动，用不到10年时间走完发达国家30多年成品油质量升级之路，成品油质量达到国际先进水平，有效减少了汽车尾气污染物排放。

（三）构建绿色交通运输体系

交通运输行业能源消耗大、污染物和温室气体排放多，是实现绿色发展需要重点关注的领域。中国以提升交通运输装备能效水平为基础，以优化用能结构、提高组织效率为关键，加快绿色交通运输体系建设，让运输更加环保、出行更加低碳。

优化交通运输结构。加快推进铁路专用线建设，推动大宗货物"公转铁""公转水"，深入开展多式联运。2021年，铁路、水路货运量合计占比达到24.56%，比2012年提高3.85个百分点。深入实施城市公共交通优先发展战略，截至2021年底，已有51个城市开通运营城市轨道交通线路275条，运营里程超过8700公里；公交专用车道从2012年的5256公里增长到2021年的18264公里。

推进交通运输工具绿色转型。在城市公交、出租、环卫、物流配送、民航、机场以及党政机关大力推广新能源汽车，截至2021年底，中国新能源汽车保有量达到784万辆，占全球保有量的一半左右；新能源公交车达到50.89万辆，占公交车总量的71.7%；新能源出租汽车达到20.78万辆。不断推进铁路移动装备的绿色转型，铁路内燃机车占比由2012年的51%降低到2021年的36%。提升机动车污染物排放标准，推进船舶使用LNG动力和岸电受电设施改造，加快老旧车船改造淘汰，2012年以来，累计淘汰黄标车和老旧车3000多万辆，拆解改造内河船舶4.71万艘。

提升交通基础设施绿色化水平。开展绿色公路建设专项行动，大力推动废旧路面材料再生利用，截至2021年底，高速公路、普通国省道废旧路面材料循环利用率分别达到95%、80%以上。持续提升公路绿化水平，干线公路绿化里程达到57万公里，比2012年增加约20万公里。推进铁路电气化改造，电气化率从2012年的52.3%上升至2021年的73.3%。深入推进港口和公路绿色交通配套设施建设，截至2021年底，主要港口五类专业化泊位岸电设施覆盖率达75%；高速公路服务区建成13374个充电桩，数量居全球第一。

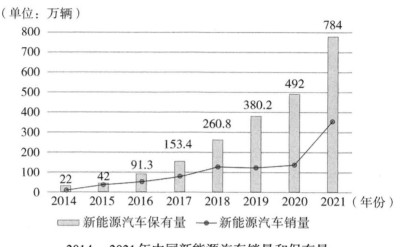

2014—2021年中国新能源汽车销量和保有量

（四）推进资源节约集约利用

作为资源需求大国，中国加快资源利用方式根本转变，努力用最少的资源环境代价取得最大的经济社会效益，让当代人过上幸福生活，为子孙后代留下生存根基，为全球资源环境可持续发展作出重大贡献。

提高能源利用效率。完善能源消耗总量和强度调控，重点控制化石能源消费。大力推广技术节能、管理节能、结构节能，推动能源利用效率持续提升。开展万家企业节能低碳行动、重点用能单位百千万行动、能效"领跑者"引领行动，组织实施钢铁、电力、化工等高耗能行业节能降碳改造，强化用能单位节能管理，推动重点行业大中型企业能效达到世界先进水平。2012年以来，中国以年均3%的能源消费增速支撑了年均6.6%的经济增长，2021年万元国内生产总值能耗较2012年下降26.4%。

提升水资源利用效率。强化水资源刚性约束，依据水资源禀赋合理确定产业和城市布局。开展国家节水行动，实施水资源消耗总量和强度双控。对高耗水行业实施节水技术改造，推广农业高效节水灌溉。创建节水型城市，推行水效标识制度和节水产品认证，推广普及节水器具，城市人均综合用水量持续下降。中国还将再生水、淡化海水、集蓄雨水、微咸水、矿井水等非常规水源纳入水资源统一配置，有效缓解了缺水地区的水资源供需矛盾。2021年，万元国内生产总值用水量较2012年下降45%。

强化土地节约集约利用。完善城乡用地标准体系、严格各类建设用地标准管控和项目审批，推进交通、能源、水利等基础设施项目节约集约用地，严控新增建设用地。强化农村土地管理，稳步推进农村集体建设用地节约集约利用。建立建设用地增量安排与消化存量挂钩机制和闲置土地收回机制，盘活存量用地。2012—2021年，单位国内生产总值建设用地使用面积下降40.85%。

科学利用海洋资源。严格管控围填海，除国家重大项目外，全面禁止围填海，分类处置围填海历史遗留问题。建立自然岸线保有率控制制度，对海岸线实施分类保护、节约利用，严格保护无居民海岛，最大程度减少开发利用。

提高资源综合利用水平。开展绿色矿山建设，大力推进绿色勘查和绿色开采，提升重要矿产资源开采回采率、选矿回收率、综合利用率，累计建设国家级绿色矿山1101座。实施资源综合利用"双百工程"，开展国家"城市矿产"示范基地建设，完善废旧物资回收网络，统筹推进废旧资源循环利用，提升再生资源加工利用水平。2021年，废钢铁、废铜、废铝、废铅、废锌、废纸、废塑料、废橡胶、废玻璃等9种再生资源循环利用量达3.85亿吨。

五、绿色生活方式渐成时尚

绿色发展同每个人息息相关，每个人都可以做绿色发展的践行者、推动者。中国积极弘扬生态文明价值理念，推动全民持续提升节约意识、环保意识、生态意识，自觉践行简约适度、绿色低碳的生活方式，形成全社会共同推进绿色发展的良好氛围。

（一）生态文明教育持续推进

把强化公民生态文明意识摆在更加突出的位置，系统推进生态文明宣传教育，倡导推动全社会牢固树立勤俭节约的消费理念和生活习惯。持续开展全国节能宣传周、中国水周、全国城市节约用水宣传周、全国低碳日、全民植树节、六五环境日、国际生物多样性日、世界地球日等主题宣传活动，积极引导和动员全社会参与绿色发展，推进绿色生活理念进家庭、进社区、进工厂、进农村。把绿色发展有关内容纳入国民教育体系，编写生态环境保护读本，在中小学校开展森林、草原、河湖、土地、水、粮食等资源的基本国情教育，倡导尊重自然、爱护自然的绿色价值观念。发布《公民生态环境行为规范（试行）》，引导社会公众自觉践行绿色生活理念，让生态环保思想成为社会主流文化，形成深刻的人文情怀。

（二）绿色生活创建广泛开展

广泛开展节约型机关、绿色家庭、绿色学校、绿色社区、绿色出行、绿色商场、绿色建筑等创建行动，将绿色生活理念普及推广到衣食住行游用等方方面面。截至目前，全国70%县级及以上党政机关建成节约型机关，近百所高校实现了水电能耗智能监管，109个城市高质量参与绿色出行创建行动。在地级以上城市广泛开展生活垃圾分类工作，居民主动分类的习惯逐步形成，垃圾分类效果初步显现。颁布实施《中华人民共和国反食品浪费法》，大力推进粮食节约和反食品浪费工作，广泛深入开展"光盘"行动，节约粮食蔚然成风、成效显著。

（三）绿色产品消费日益扩大

积极推广新能源汽车、高能效家用电器等节能低碳产品。实施税收减免和财政补贴，持续完善充电基础设施，新能源汽车年销量从2012年的1.3万辆快速提升到2021年的352万辆，自2015年起产销量连续7年位居世界第一。同时，不断完善绿色产品认证采信推广机制，健全政府绿色采购制度，实施能效水效标识制度，引导促进绿色产品消费。推动绿色商场等绿色流通主体建设，鼓励推动共享经济、二手交易等新模式蓬勃发展，绿色消费品类愈加丰富，绿色消费群体持续扩大。

六、绿色发展体制机制逐步完善

推进绿色发展，体制机制是关键。中国加快构建和完善导向清晰、决策科学、执行有力、激励有效的生态文明制度体系，持续提升绿色发展的政府治理效能，为绿色发展任务目标顺利实现提供坚实保障。

（一）加强法治建设

坚持以法治理念、法治方式推动生态文明建设，将"生态文明建设"写入宪法，制定和修改长江保护法、黄河保护法、土地管理法、森林法、草原法、湿地保护法、环境保护法、环境保护税法以及大气、水、土壤污染防治法和核安全法等法律，覆盖各重点区域、各种类资源、各环境要素的生态文明法律法规体系基本建立。持续完善重点领域绿色发展标准体系，累计制修订绿色发展有关标准3000余项。实施省以下生态环境机构监测监察执法垂直管理制度改革，严厉查处自然资源、生态环境等领域违法违规行为。建立生态环境保护综合行政执法机关、公安机关、检察机关、审判机关信息共享、案情通报、案件移送制度，强化生态环境行政执法与刑事司法的衔接，形成对破坏生态环境违法犯罪行为的查处侦办工作合力，为绿色发展提供了有力法治保障。

（二）强化监督管理

建立完善推进绿色发展的目标评价考核制度，严格落实企业主体责任和政府监管责任。摒弃"唯GDP论英雄"的发展观、政绩观，将资源环境相关指标作为国民经济与社会发展的约束性指标，科学构建反映资源利用、能源消耗、环境损害、生态效益等情况的经济社会发展评价体系，充分发挥考核"指挥棒"作用。建立和落实领导干部生态文明建设责任制，制修订《党政领导干部生态环境损害责任追究办法（试行）》《中央生态环境保护督察工作规定》《领导干部自然资源资产离任审计规定（试行）》等党内法规，在生态环境保护领域严格实施"党政同责、一岗双责"、尽职免责、失职追责。开展领导干部自然资源资产离任审计，对领导干部生态环境损害责任实行终身追究。建立中央生态环境保护督察制度，压实生态环境保护工作责任，推动解决了人民群众反映强烈的突出环境问题。

（三）健全市场化机制

中国逐步建立完善政府有力主导、企业积极参与、市场有效调节的体制机制，更好激发全社会参与绿色发展的积极性。创新和完善节水节能、污水垃圾处理、大气污染治理等重点领域的价格形成机制，实施50余项税费优惠政策，引导优化资源配置，支持促进资源节约和高效利用，推动绿色产业发展。建立统一的自然资源确权登记制度，在森林、草原、湿地、荒漠、水流、耕地等领域建立生态保护补偿机制。探索建立生态产品价值实现机制，鼓励支持社会资本参与生态保护修复。在科学合理控制总量的前提下，建立用水权、用能权、排污权、碳排放权初始分配和交易制度，开展全国碳排放权交易市场建设和绿色电力交易试点建设，进一步发挥市场在生态环境资源配置中的基础性作用。大力发展绿色金融，形成绿色信贷、绿色债券、绿色保险、绿色基金、绿色信托等多层次绿色金融产品和市场体系。截至2021年末，中国本外币绿色信贷余额15.9万亿元，绿色债券存量余额超过1.1万亿元，规模均居全球前列。

专栏7　生态保护补偿机制

中国积极建立健全生态保护补偿体制机制，重点领域财政补偿力度持续加大，区域间生态保护领域合作不断拓展，市场化生态保护补偿机制建设取得新成效。

完善财政纵向补偿机制。充分发挥政府落实生态保护责任的主导作用，建立森林、草原等重要生态系统保护补偿机制，加大对生态保护主体的支持。建立健全重点生态功能区转移支付补偿机制，已覆盖全国800多个县。

加强区域间生态保护补偿合作。出台支持长江、黄河全流域建立横向生态保护补偿机制的实施方案，制定洞庭湖、鄱阳湖、太湖流域生态保护补偿的指导意见，推动生态受益地区和生态保护地区、流域下游和流域上游打破区域边界，通过开展污染共治、产业合作等方式建立横向补偿关系。截至2021年年底，全国共建立了14个跨省流域生态保护补偿机制。

创新市场化补偿机制。政府和市场协同发力，鼓励和引导社会各方参与生态保护补偿，拓展市场化融资渠道。碳排放权、排污权、用水权等领域的制度体系逐步健全，绿色金融、绿色标识、绿色建筑等支持绿色产业发展的政策体系逐步建立和完善。

七、携手共建美丽地球家园

促进绿色发展、建设生态文明是全人类的共同事业。中国始终是全球生态文明建设的重要参与者、贡献者和引领者，坚定维护多边主义，积极参与打造利益共生、权利共享、责任共担的全球生态治理格局，为人类可持续发展作出贡献。

（一）积极参与全球气候治理

中国坚持公平原则、共同但有区别的责任原则和各自能力原则，坚定落实《联合国气候变化框架公约》，以积极建设性姿态参与全球气候谈判议程，为《巴黎协定》达成和落实作出历史性贡献，推动构建公平合理、合作共赢的全球气候治理体系。提高国家自主贡献力度，将完成全球最高碳排放强度降幅，用全球历史上最短时间实现碳达峰到碳中和，充分体现负责任大国的担当。积极开展应对气候变化南南合作，2016年起在发展中国家启动10个低碳示范区、100个减缓和适应气候变化项目、1000个应对气候变化培训名额的合作项目，实施了200多个应对气候变化的援外项目。

应对气候变化合作会遇到各种波折和困难，但中国始终是全球气候治理的行动派和实干家。中国将坚定不移推动实现碳达峰碳中和目标，一如既往积极参与应对气候变化国际合作，建设性参与气候变化国际谈判，向发展中国家提供力所能及的支持和帮助，继续为应对全球气候变化重大挑战作出中国贡献。

（二）推进共建绿色"一带一路"

中国始终致力于推进共建"一带一路"绿色发展，让绿色切实成为共建"一带一路"的底色。积极推动建立共建"一带一路"绿色低碳发展合作机制，与联合国环境规划署签署《关于建设绿色"一带一路"的谅解备忘录》，与有关国家及国际组织签署50多份生态环境保护合作文件。与31个共建国家共同发起"一带一路"绿色发展伙伴关系倡议，与32个共建国家共同建立"一带一路"能源合作伙伴关系。发起建立"一带一路"绿色发展国际联盟，成立"一带一路"绿色发展国际研究院，建设"一带一路"生态环保大数据服务平台，帮助共建国家提高环境治理能力、增进民生福祉。积极帮助共建国家加强绿色人才培养，实施"绿色丝路使者计划"，已为120多个共建国家培训3000人次。制定实施《"一带一路"绿色投资原则》，推动"一带一路"绿色投资。中国企业在共建国家投资建设了一批可再生能源项目，帮助共建国家建设了一批清洁能源重点工程，为所在国绿色发展提供了有力支撑。

专栏8 打造绿色、包容的"一带一路"能源合作伙伴关系

2019年4月，第二届"一带一路"国际合作高峰论坛期间，为促进共建"一带一路"国家在能源领域的共同发展、共同繁荣，中国与29个国家在北京共同发起成立了"一带一路"能源合作伙伴关系。随着古巴、摩洛哥、泰国等国的先后加入，当前伙伴关系成员国数量达到33个。

作为能源领域首个由中方发起成立的国际合作平台，自成立以来伙伴关系充分发挥平台作用，成功策划和举办了两届"一带一路"能源部长会议、两届"一带一路"能源合作伙伴关系论坛等重要活动，为各成员国搭建了双、多边项目合作和技术交流的高质量平台，促成了一系列务实合作；发布《"一带一路"能源合作伙伴关系合作原则与务实行动》《"一带一路"绿色能源合作青岛倡议》等多份重要合作文件，进一步凝聚了各方推动"一带一路"绿色发展的共识与合力；发布能源国际合作最佳实践案例，展示多项清洁、高效、质优的绿色能源项目，成立由成员国政府部门、能源企业、高校智库和金融机构组成的伙伴关系合作网络，推进绿色能源务实合作；组织开展伙伴关系能力建设活动，与各发展中国家共同分享能源绿色发展的经验和成果。

（三）广泛开展双多边国际合作

中国积极推进资源节约和生态环境保护领域务实合作。成功举办《生物多样性公约》第十五次缔约方大会第一阶段会议，以及《湿地公约》第十四届缔约方大会。积极参与二十国集团、中国—东盟、东盟—中日韩、东亚峰会、中非合作论坛、金砖国家、上海合作组织、亚太经合组织等框架下能源转型、能效提升等方面合作，牵头制定《二十国集团能效引领计划》，成为二十国集团领导人杭州峰会重要成果。落实全球发展倡议，推动建立全球清洁能源合作伙伴关系。同时，与印度、巴西、南非、美国、日本、德国、法国、东盟等多个国家和地区开展节能环保、清洁能源、应对气候变化、生物多样性保护、荒漠化防治、海洋和森林资源保护等合作，推动联合国有关机构、亚洲开发银行、亚洲基础设施投资银行、新开发银行、全球环境基金、绿色气候基金、国际能源署、国际可再生能源署等国际组织在工业、农业、能源、交通运输、城乡建设等重点领域开展绿色低碳技术援助、能力建设和试点项目，为推动全球可持续发展作出了重要贡献。

结束语

中国已迈上全面建设社会主义现代化国家、全面推进中华民族伟大复兴新征程。人与自然和谐共生的现代化，是中国式现代化的重要特征。

中共二十大擘画了中国未来发展蓝图，描绘了青山常在、绿水长流、空气常新的美丽中国画卷。中国将坚定不移走绿色发展之路，推进生态文明建设，推动实现更高质量、更有效率、更加公平、更可持续、更为安全的发展，让绿色成为美丽中国最鲜明、最厚重、最牢靠的底色，让人民在绿水青山中共享自然之美、生命之美、生活之美。

地球是全人类赖以生存的唯一家园，人与自然是生命共同体。保护生态环境、推动可持续发展，是各国的共同责任。中国愿与国际社会一道，同筑生态文明之基，同走绿色发展之路，守护好绿色地球家园，建设更加清洁、美丽的世界。

1.2　国务院办公厅关于加快构建废弃物循环利用体系的意见

国办发〔2024〕7号

各省、自治区、直辖市人民政府，国务院各部委、各直属机构：

构建废弃物循环利用体系是实施全面节约战略、保障国家资源安全、积极稳妥推进碳达峰碳中和、加快发展方式绿色转型的重要举措。为加快构建废弃物循环利用体系，经国务院同意，现提出如下意见。

一、总体要求

加快构建废弃物循环利用体系，要以习近平新时代中国特色社会主义思想为指导，深入贯彻党的二十大精神，全面贯彻习近平生态文明思想，完整、准确、全面贯彻新发展理念，加快构建新发展格局，着力推动高质量发展，遵循减量化、再利用、资源化的循环经济理念，以提高资源利用效率为目标，以废弃物精细管理、有效回收、高效利用为路径，覆盖生产生活各领域，发展资源循环利用产业，健全激励约束机制，加快构建覆盖全面、运转高效、规范有序的废弃物循环利用体系，为高质量发展厚植绿色低碳根基，助力全面建设美丽中国。

——系统谋划、协同推进。立足我国新型工业化和城镇化进程，系统推进各领域废弃物循环利用工作，着力提升废弃物循环利用各环节能力水平。加强废弃物循环利用政策协同、部门协同、区域协同、产业协同，强化政策机制配套衔接。

——分类施策、精准发力。根据各类废弃物来源、规模、资源价值、利用方式、生态环境影响等特性，分类明确废弃物循环利用主体责任和技术路径，因地制宜布局资源循环利用产业，提高废弃物循环利用体系运转效率。

——创新驱动、提质增效。发挥创新引领作用，加强废弃物循环利用科技创新、模式创新和机制创新，不断开辟新领域、塑造新动能，拓展废弃物循环利用方式，丰富废弃物循环利用品类，提升废弃物循环利用价值。

——政府引导、市场主导。充分发挥市场在资源配置中的决定性作用，更好发挥政府作用，建立有利于废弃物循环利用的政策体系和激励约束机制，激发各类经营主体活力，引导全民参与，增强废弃物循环利用的内生动力。

到2025年，初步建成覆盖各领域、各环节的废弃物循环利用体系，主要废弃物循环利用取得积极进展。尾矿、粉煤灰、煤矸石、冶炼渣、工业副产石膏、建筑垃圾、秸秆等大宗固体废弃物年利用量达到40亿吨，新增大宗固体废弃物综合利用率达到60%。废钢铁、废铜、废铝、废铅、废锌、废纸、废塑料、废橡胶、废玻璃等主要再生资源年利用量达到4.5亿吨。资源循环利用产业年产值达到5万亿元。

到2030年，建成覆盖全面、运转高效、规范有序的废弃物循环利用体系，各类废弃物资源价值得到充分挖掘，再生材料在原材料供给中的占比进一步提升，资源循环利用产业规模、质量显著提高，废弃物循环利用水平总体居于世界前列。

二、推进废弃物精细管理和有效回收

（一）加强工业废弃物精细管理。压实废弃物产生单位主体责任，完善一般工业固体废弃物管理台账制度。推进工业固体废弃物分类收集、分类贮存，防范混堆混排，为资源循环利用预留条件。全面摸底排查历史遗留固体废弃物堆存场，实施分级分类整改，督促贮存量大的企业加强资源循环利用。完善工业废水收集处理设施。鼓励废弃物产生单位与利用单位开展点对点定向合作。

（二）完善农业废弃物收集体系。建立健全畜禽粪污收集处理利用体系，因地制宜建设畜禽粪污集中收集处理、沼渣沼液贮存利用等配套设施。健全秸秆收储运体系，引导秸秆产出大户就地收贮，培育收储运第三方服务主体。指导地方加强农膜、农药与化肥包装、农机具、渔网等废旧农用物资回收。积极发挥供销合作系统回收网络作用。

（三）推进社会源废弃物分类回收。持续推进生活垃圾分类工作。完善废旧家电、电子产品等各类废旧物资回收网络。进一步提升废旧物资回收环节预处理能力。推动生活垃圾分类网点与废旧物资回收网点"两网融合"。因地制宜健全农村废旧物资回收网络。修订建筑垃圾管理规定，完善建筑垃圾管理体系。鼓励公共机构在废旧物资分类回收中发挥示范带头作用。支持"互联网＋回收"模式发展。推动有条件的生产、销售企业开展废旧产品逆向物流回收。深入实施家电、电子产品等领域生产者回收目标责任制行动。加强城市园林绿化垃圾回收利用。加快城镇生活污水收集管网建设。

三、提高废弃物资源化和再利用水平

（四）强化大宗固体废弃物综合利用。进一步拓宽大宗固体废弃物综合利用渠道，在符合环境质量标准和要求前提下，加强综合利用产品在建筑领域推广应用，畅通井下充填、生态修复、路基材料等利用消纳渠道，促进尾矿、冶炼渣中有价组分高效提取和清洁利用。加大复杂难用工业固体废弃物规模化利用技术装备研发力度。持续推进秸秆综合利用工作。

（五）加强再生资源高效利用。鼓励废钢铁、废有色金属、废纸、废塑料等再生资源精深加工产业链合理延伸。支持现有再生资源加工利用项目绿色化、机械化、智能化提质改造。鼓励企业和科研机构加强技术装备研发，支持先进技术推广应用。加快推进污水资源化利用，结合现有污水处理设施提标升级、扩能改造，系统规划建设污水再生利用设施，因地制宜实施区域再生水循环利用工程。

（六）引导二手商品交易便利化、规范化。鼓励"互联网＋二手"模式发展。支持有条件的地区建设集中规范的二手商品交易市场。完善旧货交易管理制度，研究制定网络旧货交易管理办法，健全旧货评估鉴定行业人才培养和管理机制。出台二手商品交易企业交易平板电脑、手机等电子产品时信息清除方法相关规范，保障旧货交易时出售者信息安全。研究解决旧货转售、翻新等服务或相关商品涉及的知识产权问题。支持符合质量等相关要求的二手车出口。

（七）促进废旧装备再制造。推进汽车零部件、工程机械、机床、文化办公设备等传统领域再制造产业发展，探索在盾构机、航空发动机、工业机器人等新领域有序开展高端装备再制造。推广应用无损检测、增材制造、柔性加工等再制造共性关键技术。在履行告知消费者义务并征得消费者同意的前提下，鼓励汽车零部件再制造产品在售后维修等领域应用。

（八）推进废弃物能源化利用。加快城镇生活垃圾处理设施建设，补齐县级地区生活垃圾焚烧处理能力短板。有序推进厨余垃圾处理设施建设，提升废弃油脂等厨余垃圾能源化、资源化利用水平。因地制宜推进农林生物质能源化开发利用，稳步推进生物质能多元化开发利用。在符合相关法律法规、环境和安全标准，且技术可行、环境风险可控的前提下，有序推进生活垃圾焚烧处理设施协同处置部分固体废弃物。

（九）推广资源循环型生产模式。推进企业内、园区内、产业间能源梯级利用、水资源循环利用、固体废弃物综合利用，加强工业余压余热和废气废液资源化利用。研究制定制造业循环经济发展指南。加强重点行业企业清洁生产审核和结果应用。深入推进绿色矿山建设。推进重点行业生产过程中废气回收和资源化利用。支持二氧化碳资源化利用及固碳技术模式探索应用。深入实施园区循环化改造。积极推进生态工业园区建设。推广种养结合、农牧结合等循环型农业生产模式。

四、加强重点废弃物循环利用

（十）加强废旧动力电池循环利用。加强新能源汽车动力电池溯源管理。组织开展生产者回收目标责任制行动。建立健全动力电池生态设计、碳足迹核算等标准体系，积极参与制定动力电池循环利用国际标准，推动标准规范国际合作互认。大力推动动力电池梯次利用产品质量认证，研究制定废旧动力电池回收拆解企业技术规范。开展清理废旧动力电池"作坊式回收"联合专项检查行动。研究旧动力电池进口管理政策。

（十一）加强低值可回收物循环利用。指导地方完善低值可回收物目录，在生活垃圾分类中不断提高废玻璃、低值废塑料等低值可回收物分类准确率。支持各地将低值可回收物回收利用工作纳入政府购买服务范围。鼓励各地探索采取特许经营等方式推进低值可回收物回收利用。鼓励有条件的地方实行低值可回收物再生利用补贴政策。

（十二）探索新型废弃物循环利用路径。促进退役风电、光伏设备循环利用，建立健全风电和光伏发电企业退役设备处理责任机制。推进数据中心、通信基站等新型基础设施领域废弃物循环利用。研究修订《废弃电器电子产品处理目录》，加强新型电器电子废弃物管理，完善废弃电器电子产品处理资格许可等环境管理配套政策。

五、培育壮大资源循环利用产业

（十三）推动产业集聚化发展。开展"城市矿产"示范基地升级行动，支持大宗固体废弃物综合利用示范基地、工业资源综合利用基地等产业集聚区发展，深入推进废旧物资循环利用体系重点城市建设。落实主体功能区战略，结合生态环境分区管控要求，引导各地根据本地区资源禀赋、产业结构、废弃物特点等情况，优化资源循环利用产业布局。

（十四）培育行业骨干企业。分领域、分区域培育一批技术装备先进、管理运营规范、创新能力突出、引领带动力强的行业骨干企业。鼓励重点城市群、都市圈建立健全区域废弃物协同利用机制，支持布局建设一批区域性废弃物循环利用重点项目。支持国内资源循环利用企业"走出去"，为建设绿色丝绸之路做出积极贡献。引导国有企业在废弃物循环利用工作中发挥骨干和表率作用。

（十五）引导行业规范发展。对废弃电器电子产品、报废机动车、废塑料、废钢铁、废有色金属等再生资源加工利用企业实施规范管理。强化固体废弃物污染环境防治信息化监管，推进固体废弃物全过程监控和信息化追溯。强化废弃物循环利用企业监督管理，确保稳定达标排放。依法查处非法回收拆解报废机动车、废弃电器电子产品等行为。加强再生资源回收行业管理。依法打击再生资源回收、二手商品交易中的违法违规行为。

六、完善政策机制

（十六）完善支持政策。充分利用现有资金渠道加强对废弃物循环利用重点项目建设的支持。落实落细资源综合利用增值税和企业所得税优惠政策。细化贮存或处置固体废弃物的环境保护有关标准要求，综合考虑固体废弃物的环境危害程度、环境保护标准、税收征管工作基础等因素，完善固体废物环境保护税的政策执行口径，加大征管力度，引导工业固体废弃物优先循环利用。有序推行生活垃圾分类计价、计量收费。推广应用绿色信贷、绿色债券、绿色信托等绿色金融工具，引导金融机构按照市场化法治化原则加大对废弃物循环利用项目的支持力度。

（十七）完善用地保障机制。各地要统筹区域内社会源废弃物分类收集、中转贮存等回收设施建设，将其纳入公共基础设施用地范围，保障合理用地需求。鼓励城市人民政府完善资源循环利用项目用地保障机制，在规划中留出一定空间用于保障资源循环利用项目。

（十八）完善科技创新机制。开展资源循环利用先进技术示范工程，动态更新国家工业资源综合利用先进适用工艺技术设备目录。鼓励各地组织废弃物循环利用技术推广对接、交流培训，推动技术成果产业化应用。将废弃物循环利用关键工艺技术装备研发纳入国家重点研发计划相关重点专项支持范围。支持企业与高校、科研院所开展产学研合作。

（十九）完善再生材料推广应用机制。完善再生材料标准体系。研究建立再生材料认证制度，推动国际合作互认。开展重点再生材料碳足迹核算标准与方法研究。建立政府绿色采购需求标准，将更多符合条件的再生材料和产品纳入政府绿色采购范围。结合落实生产者责任延伸制度，开展再生材料应用升级行动，引导汽车、电器电子产品等生产企业提高再生材料使用比例。鼓励企业将再生材料应用情况纳入企业履行社会责任范围。

七、加强组织实施

（二十）加强组织领导。坚持加强党的全面领导和党中央集中统一领导，把党的领导贯彻到加快发展方式绿色转型的各领域全过程，切实加快构建废弃物循环利用体系。各地区各有关部门要完善工作机制，细化目标任务，确保各项政策举措、重点任务落地见效。国家发展改革委要强化统筹协调，及时评估本意见实施情况，会同有关部门以废旧物资循环利用体系建设重点城市、已开展生活垃圾分类工作的城市、"无废城市"为主体，探索开展城市资源循环利用成效评价，加强支持引导。重大事项及时请示报告。

（二十一）抓好宣传引导。将循环经济知识理念纳入有关教育培训体系。在全国生态日、全国节能宣传周、全国低碳日、环境日等重要时间节点，开展形式多样的宣传教育活动，大力宣传废弃物循环利用的重要意义、相关政策措施。及时总结推广先进经验和典型做法。

（二十二）强化国际合作。积极参与国际循环经济领域议题设置，加强在联合国、世界贸易组织等框架和多边机制中的国际合作。与更多重点国家和地区建立循环经济领域双边合作机制，以政策对话、经贸合作、经验分享、能力建设等形式深化双边合作。

国务院办公厅

2024年2月6日

（本文有删减）

1.3 国务院办公厅关于印发《专利转化运用专项行动方案（2023—2025年）》的通知

国办发〔2023〕37号

各省、自治区、直辖市人民政府，国务院各部委、各直属机构：

《专利转化运用专项行动方案（2023—2025年）》已经国务院同意，现印发给你们，请认真贯彻执行。

国务院办公厅

2023年10月17日

（本文有删减）

专利转化运用专项行动方案

（2023—2025年）

为贯彻落实《知识产权强国建设纲要（2021—2035年）》和《"十四五"国家知识产权保护和运用规划》，大力推动专利产业化，加快创新成果向现实生产力转化，开展专利转化运用专项行动，制定本方案。

一、总体要求

以习近平新时代中国特色社会主义思想为指导，全面贯彻落实党的二十大精神，聚焦大力推动专利产业化，做强做优实体经济，有效利用新型举国体制优势和超大规模市场优势，充分发挥知识产权制度供给和技术供给的双重作用，有效利用专利的权益纽带和信息链接功能，促进技术、资本、人才等资源要素高效配置和有机聚合。从提升专利质量和加强政策激励两方面发力，着力打通专利转化运用的关键堵点，优化市场服务，培育良好生态，激发各类主体创新活力和转化动力，切实将专利制度优势转化为创新发展的强大动能，助力实现高水平科技自立自强。

到2025年，推动一批高价值专利实现产业化。高校和科研机构专利产业化率明显提高，全国涉及专利的技术合同成交额达到8000亿元。一批主攻硬科技、掌握好专利的企业成长壮大，重点产业领域知识产权竞争优势加速形成，备案认定的专利密集型产品产值超万亿元。

二、大力推进专利产业化，加快专利价值实现

（一）梳理盘活高校和科研机构存量专利。建立市场导向的存量专利筛选评价、供需对接、推广应用、跟踪反馈机制，力争2025年底前实现高校和科研机构未转化有效专利全覆盖。由高校、科研机构组织筛选具有潜在市场价值的专利，依托全国知识产权运营服务平台体系一线上登记入库。有效运用大数据、人工智能等新技术，按产业细分领域向企业匹配推送，促成供需对接。基于企业对专利产业化前景评价、专利技术改进需求和产学研合作意愿的反馈情况，识别存量专利产业化潜力，分层构建可转化的专利资源库。加强地方政府部门、产业园区、行业协会和全国知识产权运营服务平台体系等各方协同，根据存量专利分层情况，采取差异化推广措施。针对高价值存量专利，匹配政策、服务、资本等优质资源，推动实现快速转化。在盘活存量专利的同时，引导高校、科研机构在科研活动中精准对接市场需求，积极与企业联合攻关，形成更多符合产业需要的高价值专利。

（二）以专利产业化促进中小企业成长。开展专精特新中小企业"一月一链"投融资路演活动，帮助企业对接更多优质投资机构。推动专项支持的企业进入区域性股权市场，开展规范化培育和投后管理。支持开展企业上市知识产权专项服务，加强与证券交易所联动，有效降低上市过程中的知识产权风险。

（三）推进重点产业知识产权强链增效。以重点产业领域企业为主体，协同各类重大创新平台，培育和发现一批弥补共性技术短板、具有行业领先优势的高价值专利组合。围绕产业链供应链，建立关键核心专利技术产业化推进机制，推动扩大产业规模和效益，加快形成市场优势。支持建设产业知识产权运营中心，组建产业知识产权创新联合体，遵循市场规则，建设运营重点产业专利池。深入实施创新过程知识产权管理国际标准，出台标准与专利协同政策指引，推动创新主体提升国际标准制定能力。面向未来产业等前沿技术领域，鼓励探索专利开源等运用新模式。

（四）培育推广专利密集型产品。加快完善国家专利密集型产品备案认定平台，以高新技术企业、专精特新企业、科技型企业等为重点，全面开展专利产品备案，2025年底前实现全覆盖，作为衡量专利转化实施情况的基础依据。围绕专利在提升产品竞争力和附加值中的实际贡献，制定出台专利密集型产品认定国家标准，分产业领域开展统一认定。培育推广专利密集型产品，健全专利密集型产业增加值核算与发布机制，加强专利密集型产业培育监测评价。

三、打通转化关键堵点，激发运用内生动力

（五）强化高校、科研机构专利转化激励。探索高校和科研机构职务科技成果转化管理新模式，健全专利转化的尽职免责和容错机制，对专利等科技成果作价入股所形成国有股权的保值增值实施按年度、分类型、分阶段整体考核，不再单独进行个案考核。对达成并备案的专利开放许可，依法依规予以技术合同登记认定。推动高校、科研机构加快实施以产业化前景分析为核心的专利申请前评估制度。强化职务发明规范管理，建立单位、科研人员和技术转移机构等权利义务对等的知识产权收益分配机制。加强产学研合作协议知识产权条款审查，合理约定权利归属与收益分配。支持高校、科研机

构通过多种途径筹资设立知识产权管理资金和运营基金。推动建立以质量为导向的专利代理等服务招标机制。

（六）强化提升专利质量促进专利产业化的政策导向。各地区、各有关部门在涉及专利的考核中，要突出专利质量和转化运用的导向，避免设置专利申请量约束性指标，不得将财政资助奖励政策与专利数量简单挂钩。在各级各类涉及专利指标的项目评审、机构评估、企业认定、人才评价、职称评定等工作中，要将专利的转化效益作为重要评价标准，不得直接将专利数量作为主要条件。出台中央企业高价值专利工作指引，引导企业提高专利质量效益。启动实施财政资助科研项目形成专利的声明制度，加强跟踪监测和评价反馈，对于授权超过5年没有实施且无正当理由的专利，国家可以无偿实施，也可以许可他人有偿实施或无偿实施，促进财政资助科研项目的高价值专利产出和实施。

（七）加强促进转化运用的知识产权保护工作。加强地方知识产权综合立法，一体推进专利保护和运用。加强知识产权保护体系建设。

四、培育知识产权要素市场，构建良好服务生态

（八）高标准建设知识产权市场体系。完善专利权转让登记机制，完善专利开放许可相关交易服务、信用监管、纠纷调解等配套措施。创新先进技术成果转化运用模式。优化全国知识产权运营服务平台体系，支持国家知识产权和科技成果产权交易机构链接区域和行业交易机构，在知识产权交易、金融、专利导航和专利密集型产品等方面强化平台功能，搭建数据底座，聚焦重点区域和产业支持建设若干知识产权运营中心，形成线上线下融合、规范有序、充满活力的知识产权运用网络。建立统一规范的知识产权交易制度，推动各类平台互联互通、开放共享，实现专利转化供需信息一点发布、全网通达。建立知识产权交易相关基础数据统计发布机制，健全知识产权评估体系，鼓励开发智能化评估工具。建立专利实施、转让、许可、质押、进出口等各类数据集成和监测机制。2024年底前，完成技术合同登记与专利转让、许可登记备案信息共享，扩大高校、科研机构专利实施许可备案覆盖面。

（九）推进多元化知识产权金融支持。加大知识产权融资信贷政策支持力度，稳步推广区域性股权市场运营管理风险补偿基金等机制安排，优化知识产权质物处置模式。开展银行知识产权质押融资内部评估试点，扩大银行业金融机构知识产权质押登记线上办理试点范围。完善全国知识产权质押信息平台，扩展数据共享范围。探索创业投资等多元资本投入机制，通过优先股、可转换债券等多种形式加大对企业专利产业化的资金支持，支持以"科技成果+认股权"方式入股企业。探索推进知识产权证券化，探索银行与投资机构合作的"贷款+外部直投"等业务模式。完善知识产权保险服务体系，探索推行涉及专利许可、转化、海外布局、海外维权等保险新产品。

（十）完善专利转化运用服务链条。引导树立以促进专利产业化为导向的服务理念，拓展专利代理机构服务领域，提供集成化专利转化运用解决方案。培育一批专业性强、信用良好的知识产权服务机构和专家型人才，参与服务各级各类科技计划项目，助力核心技术攻关和专利转化运用。加大知识产权标准化数据供给，鼓励开发好使管用的信息服务产品。面向区域重大战略、重点产业领域、国家科技重大项目、国家战略科技力量，深入开展专利转化运用服务精准对接活动。加快推进知识产权服务业集聚区优化升级，到2025年，高质量建设20个国家知识产权服务业集聚发展示范区。

（十一）畅通知识产权要素国际循环。发挥自由贸易试验区、自由贸易港的示范引领作用，推进高水平制度型开放，不断扩大知识产权贸易。加快国家知识产权服务出口基地建设。推出更多技术进出口便利化举措，引导银行为技术进出口企业提供优质外汇结算服务。鼓励海外专利权人、外商投资企业等按照自愿平等的市场化原则，转化实施专利技术。建立健全国际大科学计划知识产权相关规则，支持国际科技合作纵深发展。探索在共建"一带一路"国家、金砖国家等开展专利推广应用和普惠共享，鼓励国际绿色技术知识产权开放实施。

五、强化组织保障，营造良好环境

（十二）加强组织实施。坚持党对专利转化运用工作的全面领导。成立由国家知识产权局牵头的专利转化运用专项行动工作专班，落实党中央、国务院相关决策部署，研究重大政策、重点项目，协调解决难点问题，推进各项任务落实见效。各地区要加强组织领导，将专利转化运用工作纳入政府重要议事日程，落实好专项行动各项任务。2023年启动第一批专利产业化项目，逐年滚动扩大实施范围和成效。

（十三）强化绩效考核。各地区要针对专利产业化项目中产生的高价值专利和转化效益高的企业等，定期做好分类统计和总结上报。国家知识产权局要会同相关部门定期公布在专项行动中实现显著效益的高价值专利和企业。将专项行动绩效考核纳入国务院督查事项，对工作成效突出的单位和个人按国家有关规定给予表彰。

（十四）加大投入保障。落实好支持专利转化运用的相关税收优惠政策。各地区要加大专利转化运用投入保障，引导建立多元化投入机制，带动社会资本投向专利转化运用。

（十五）营造良好环境。实施知识产权公共服务普惠工程，健全便民利民知识产权公共服务体系，推动实现各类知识产权业务"一网通办"和"一站式"服务。加强宣传引导和经验总结，及时发布先进经验和典型案例，在全社会营造有利于专利转化运用的良好氛围。

2 科技部相关文件

2.1 科技部关于印发《社会力量设立科学技术奖管理办法》的通知

国科发奖〔2023〕11号

各有关单位：

为引导社会力量设立科学技术奖规范健康发展，科技部研究制定了《社会力量设立科学技术奖管理办法》。现印发给你们，请遵照执行。

科技部

2023年2月6日

社会力量设立科学技术奖管理办法

第一章　总则

第一条　为引导社会力量设立科学技术奖（以下简称社会科技奖）规范健康发展，提高社会科技奖整体水平，根据《中华人民共和国科学技术进步法》《国家功勋荣誉表彰条例》《国家科学技术奖励条例》等法律法规，制定本办法。

第二条　本办法适用于社会科技奖的设立、运行、指导服务和监督管理等工作。

第三条　本办法所称社会科技奖指国内外的组织或者个人（以下称设奖者）利用非财政性经费，在中华人民共和国境内面向社会设立，奖励在基础研究、应用研究、技术开发以及推进科技成果转化应用等活动中为促进科学技术进步作出突出贡献的个人、组织的经常性科学技术奖。

第四条 有下列情形之一的，不属于本办法所称的科学技术奖：

（一）年度考核、绩效考核、目标考核、责任制考核；

（二）属于业务性质的展示交流、人才评价、技能评定、水平评价、信用评价、技术成果评定、学术评议、论文评选、认证认可、质量分级等资质评定、等级评定、技术考核，以及依据各类标准等进行的认定评定；

（三）属于比赛竞赛类、展览展会类、信息发布类的评选；

（四）以本单位内部机构和工作人员为对象的评选；

（五）以选树宣传先进典型为目的的评选。

仅以科技管理、科技服务和图书、期刊、专利、产品、视听作品等为对象的评选，以及与科学技术不直接相关的奖励活动，按照《评比达标表彰活动管理办法》等有关规定管理。

第五条 社会科技奖应当培育和弘扬社会主义核心价值观和科学家精神，遵循依法办奖、公益为本、诚实守信的基本原则，走专业化、特色化、品牌化、国际化发展道路。

（一）坚持以科技创新质量、绩效、贡献为核心的评价导向，突出奖励真正作出创造性贡献的科学家和一线科技人员；

（二）坚持学术性、荣誉性，控制奖励数量，提升奖励质量，避免与相关科技评价简单、直接挂钩；

（三）坚持"谁办奖、谁负责"，严格遵守法律法规和国家政策，履行维护国家安全义务，不得泄露国家秘密，不得损害国家安全和公共利益。

第六条 面向全国或者跨国（境）的社会科技奖由国务院科学技术行政部门进行指导服务和监督管理，国家科学技术奖励工作办公室负责日常工作，所在省、自治区、直辖市科学技术行政部门等协助做好有关工作。

面向区域的社会科技奖由所在省、自治区、直辖市科学技术行政部门进行指导服务和监督管理。

科学技术行政部门可以根据工作需要，聘请有关方面专家、学者组成咨询委员会，支撑社会科技奖的监督管理决策。

第二章 奖励设立

第七条 国家鼓励国内外的组织或者个人设立科学技术奖，支持在重点学科和关键领域创设高水平、专业化的奖项，鼓励面向青年和女性科技工作者、基础和前沿领域研究人员设立奖项。

设奖者应当具备完全民事行为能力，自觉遵守国家法律法规和有关政策。

第八条 设奖者应当委托一家具备开展科学技术奖励活动能力和条件的非营利法人作为承办机构。设奖者为境内非营利法人的，可自行承办。设奖者为境外组织或者个人的，应当委托境内非营利法人承办，并按照有关规定管理。

承办机构应当符合以下条件：

（一）熟悉科学技术奖励所涉学科和行业领域发展态势；

（二）在有关部门批准的活动地域和业务范围内开展活动；

（三）遵纪守法、运作规范，组织机构健全、内部制度完善，未被有关部门列入科研诚信严重失信行为数据库、社会组织活动异常名录或者严重违法失信名单等。

承办机构负责社会科技奖的日常管理、评审组织等事宜，不得再以任何形式委托第三方承办或者合作承办。

第九条 设奖者或者承办机构应当及时向科学技术行政部门书面报告设立科学技术奖有关情况，并按照要求提供真实有效的材料。

书面报告原则上应当包含征询行业管理部门或者业务主管单位等对设奖

的指导意见和建议情况，并包括以下内容：

（一）设奖目的以及必要性、奖励名称、设奖者、承办机构、资金来源、奖励范围与对象、奖励周期等基本信息；

（二）与已有同类社会科技奖的差异说明。

第十条 社会科技奖应当制订奖励章程，树立正确价值导向，强调奖项学术性和荣誉性，避免与相关科技评价简单直接挂钩，并明确以下事项：

（一）设奖目的、奖励名称、设奖者、承办机构、资金来源、奖励周期等基本信息；

（二）奖励范围与对象；

（三）奖项设置、评审标准、授奖数量等；

（四）组织机构、受理方式和评审机制等；

（五）奖励方式；

（六）争议处理方式；

（七）撤销机制和罚则等。

第十一条 奖励名称应当符合设奖宗旨，与承办机构性质相适应，科学、确切、简洁并符合以下要求：

（一）未经有关部门批准，不得冠以"国家"、"中国"、"中华"、"全国"、"亚洲"、"全球"、"国际"、"世界"以及类似含义字样，名称中带有上述字样的组织设奖并在奖励名称中使用组织名称的，应当使用全称；

（二）不得使用与国家科学技术奖、省部级科学技术奖或者其他已经设立的社会科技奖、国际知名科技奖相同或者容易混淆的名称；

（三）不得违背公序良俗，不得侵犯他人权益，以组织名称、自然人姓名以及商标、商号等冠名的，应当取得合法授权；

（四）以功勋荣誉获得者（"共和国勋章""七一勋章""八一勋章""友谊勋章"等勋章获得者，国家荣誉称号获得者，党中央、国务院、中央军委单独或者联合授予的荣誉称号获得者）姓名冠名的，还应当经国务院科学技术行政部门报有关部门批准。

第十二条 社会科技奖应当具有与科学技术奖励活动相适应的资金来源和规模，在奖励活动中不得直接或者通过其他方式变相收取任何费用。

资金使用应当相对独立，专款专用。

第十三条 社会科技奖应当科学设置，并符合以下要求：

（一）承办机构在同一学科或者行业领域承办的奖励，应当做好统筹设计，注重精简规范；

（二）下设子奖项不得超过一级，各子奖项间应当界限清晰；

（三）设立奖励等级的，一般不得超过三级，对作出特别重大贡献的，可以授予特等奖；

（四）按照少而精的原则，严格控制授奖数量和比例，合理设置不同奖励等级授奖数量。

第三章 奖励运行

第十四条 承办机构应当通过固定网站或者其他公开渠道如实公开奖励名称、设奖者、承办机构、奖励章程、办公场所和联系方式等基本信息，主动接受社会公众和媒体监督。

第十五条 承办机构应当建立科学合理、规范有效的奖励受理、评审、监督等机制，并向社会公布。

第十六条 承办机构应当建立健全科技保密审查机制，通过不涉密承诺等方式，确保不得受理涉及国防、国家安全领域的保密项目及其完成人参评社会科技奖。

第十七条 承办机构应当在奖励活动中坚持公开、公平、公正的原则，坚持分类评价，完善同行评议，遵循科技伦理规范，加强科研诚信和作风学风建设。

承办机构应当设立由精通相关学科或者行业领域专业知识、具有较高学术水平和良好科学道德的专家组成的专家委员会。评审专家应当独立开展奖励评审工作，不受任何组织或者个人干涉，不得利用奖励评审牟取不正当利益。

第十八条 社会科技奖应当坚持公开授奖制度，鼓励实行物质奖励与精神奖励相结合的奖励方式。授奖前应当征得拟授奖对象的同意。

第十九条 社会科技奖宣传应当以促进学科发展或者行业科技进步、推动提升公民科学素养等为目的，强化荣誉导向。不得进行虚假宣传误导社会公众。

第二十条 社会科技奖如遇变更奖励名称、设奖者、承办机构、奖项设置、授奖数量和奖励周期等重大事项，承办机构原则上应当征询行业管理部门或者业务主管单位等的指导意见和建议后，及时向科学技术行政部门书面报告，并提供相关的变更材料。

第二十一条 社会科技奖决定停办，承办机构应当在停办时主动向科学技术行政部门书面报告。

第四章　指导服务

第二十二条 科学技术行政部门对社会科技奖的设立、运行提供政策指导和咨询服务，推动社会科技奖规范化发展。

第二十三条 科学技术行政部门鼓励支持具备一定科技评审力量、资金实力和组织保障的社会科技奖向国际化方向发展，培育具有世界影响力的国际奖项。

第二十四条 科学技术行政部门鼓励代表性较强、影响力较大的社会科技奖承办机构共同制定发布社会科技奖设立和运行团体标准，引导推动行业自律。

第二十五条 科学技术行政部门根据书面报告情况，编制符合本办法要求的社会科技奖目录，向全国评比达标表彰工作协调小组备案后，在统一的社会科技奖信息公开平台上公布目录。

社会科技奖目录根据实际情况及时更新，实行动态管理。

第二十六条 科学技术行政部门对运行规范、社会影响力大、业内认可度高的社会科技奖适时组织重点宣传或者专题报道，营造尊重劳动、尊重知识、尊重人才、尊重创造的良好氛围。

第五章 监督管理

第二十七条 科学技术行政部门通过定期评价和及时监督相结合方式，加强事中事后监管。公开举报受理渠道，接受监督举报，发挥社会监督、公众监督、行业监督、部门监督的作用，形成监督合力。

第二十八条 承办机构应当在每年3月31日前向科学技术行政部门报送上一年度社会科技奖活动开展情况。

第二十九条 科学技术行政部门建立完善科学合理的第三方评价机制，委托第三方机构开展社会科技奖评估，并公布评估结果。

第三十条 科学技术行政部门对发现的异常甚至违法违规行为及时调查处理，必要时提请全国评比达标表彰工作协调小组实施部门联合惩戒，以适当方式向社会公布。

第三十一条 有下列情形之一的，由科学技术行政部门责令限期整改。

（一）未按照要求提交变更报告、年度报告的；

（二）未按照要求进行奖励信息公开的；

（三）未按照奖励章程开展奖励活动的；

（四）有其他违法违规行为，尚未造成不良社会影响的。

第三十二条 有下列情形之一的，由科学技术行政部门视情节轻重给予从社会科技奖目录移除、通报有关部门依法依规查处等处理。

（一）存在本办法第三十一条情形，拒不整改的；

（二）存在虚假宣传误导社会公众的；

（三）违法收取或者变相收取费用的；

（四）有其他违法违规行为，造成不良社会影响的。

第三十三条 以科学技术奖名义设立但不符合本办法要求的奖励活动，按照《评比达标表彰活动管理办法》等有关规定严肃处理。

第六章　附则

第三十四条 各省、自治区、直辖市科学技术行政部门可以依照本办法，制定本行政区域内社会科技奖管理办法。

第三十五条 本办法自发布之日起实施。

本办法发布前已经设立的社会科技奖，应当按照本办法要求对照检查，不符合要求的及时整改。

2.2　科技部关于发布国家绿色低碳先进技术成果目录的公告

国科发社〔2023〕89号

为更好推动科技成果转化和产业化应用，落实《关于构建市场导向的绿色技术创新体系的指导意见》，加速绿色低碳技术升级，科技部组织编制了《国家绿色低碳先进技术成果目录》，供各类工业企业、财政投资或产业技术资金、各类绿色低碳领域的公益、私募基金及风险投资机构等用户在进行节能减排技术升级和改造时参考。

现予公告。

科技部

2023年7月6日

国家绿色低碳先进技术成果目录

《国家绿色低碳先进技术成果目录》包括以下六个领域的共85项技术成果：

1. 水污染治理领域（18项）

包括城镇生活污水高效处理及资源化、城镇污水处理厂精细化运行、农村生活污水处理、工业废水处理、水环境综合整治等。

2. 大气污染治理领域（15项）

包括工业烟气除尘脱硫脱硝及多污染物协同控制、重点行业挥发性有机物（VOCs）污染防治及回收、移动源污染控制等。

3. 固体废物处理处置及资源化领域（23项）

包括有机固体废物、生活垃圾、危险废物、大宗工业固体废物、电子废物的处理处置及资源化等。

4. 土壤和生态修复领域（10 项）

包括污染地块、工矿用地的土壤修复及脆弱环境生态修复等。

5. 环境监测与监控领域（6 项）

包括生态环境质量、污染源和环境应急监测与监控等。

6. 节能减排与低碳领域（13 项）

包括用能设备节能降碳、工艺改造节能减排、余热余压节能低碳、煤炭高效清洁利用等。

一、水污染治理领域（18 项）

序号	技术名称	适用范围	技术简要说明	示范应用情况	污染治理或环境修复效果
1	城市污水短程反硝化耦合部分厌氧氨氧化深度脱氮技术	城市污水处理厂新建或升级改造。	通过在生化池投加填料（填充率15%～20%），提高功能菌群的丰度，使系统内厌氧氨氧化菌富集并耦合短程反硝化深度脱氮。污泥回流至悬浮区快速富集氨氧化菌，生物膜和悬浮污泥的共存系统可强化生长缓慢的功能菌群持留时间，并充分利用原水中的有机碳源，减少外加碳源投加。该技术可在常温下大规模原位富集厌氧氨氧化菌、摆脱菌群需要定期接种的限制，自养脱氮效果稳定，并可减少好氧区曝气量、减少剩余污泥产量和二氧化碳等温室气体排放。	已有2项工程应用。如宜兴市某污水处理厂升级改造工程，处理规模为5万 m³/d。	以宜兴市妃凰亭污水处理厂为例，与传统硝化/反硝化脱氮工艺相比，该技术可节省约30%曝气能耗，无需外加碳源，仅减少对原水中碳源的有效利用，出水总氮可削减至10mg/L以下；可减少CO₂和N₂O等温室气体排放。
2	膜生物反应器—超低压纳滤双膜法污水资源化技术	水污染严重或水环境敏感地区、水资源匮乏地区。	采用膜生物反应器（MBR）与超低压纳滤（DF）膜组合工艺，充分发挥了MBR技术的高效生物处理和DF膜技术选择性分离的特性。MBR系统主要去除污水中的有机物、氨、磷等，膜通量15L/（m²·h）～25L/（m²·h）；DF膜系统进一步去除溶解性小分子有机物和磷，且适度脱盐，不产生浓盐水，膜通量17L/（m²·h）～24L/（m²·h），其余浓水经臭氧催化氧化后分返回至MBR膜前端，该技术具有产水品质好、运行压力低（0.2MPa～0.4MPa）、产水回收率高等特点。	已有4项工程应用。如北京翠湖再生水厂，MBR段处理规模为2万m³/d，DF段处理规模为7000m³/d。	污水中有机物、磷等物质去除率>90%，DF膜产水可达到《地表水环境质量标准》（GB3838—2002）Ⅲ类标准；DF膜系统浓水处理与DF膜产水混合后出水可达到《地表水环境质量标准》（GB3838—2002）Ⅲ类标准。
3	高效节地型生物膜污水净化技术装备	城镇污水处理厂，尤其是下沉式污水处理厂的新建或升级改造。	生物膜反应器（HBR）采用固定床结构，反应器内填充高填充率（60%～90%）的新型轻质填料，填料比表面积大于1300m²/m³，孔隙率大于80%，为菌体提供了更多生长空间，提高了填料的纳污能力，有效解决了生物膜易堵塞、易板结、能耗高等问题；通过有效的生物调控，使厌氧氨氧化微生物菌群在生物填料上快速富集，可在低C/N条件下提高脱氮效率；以固定床形式进行生物降解和动态过滤，以流化床形式进行反冲洗，易脱泥，具有挂膜快、水力停留时间仅为5h～8h，大幅节约占地。	已有16项工程应用。如贵阳市金百污水处理厂一期，处理规模为3万 m³/d。	与深度处理技术组合后，出水水质可稳定达到《城镇污水处理厂污染物排放标准》（GB18918—2002）一级A标准，主要指标可达到《地表水环境质量标准》（GB3838—2002）Ⅳ类标准。生化处理单元可节省30%以上。

123

续　表

序号	技术名称	适用范围	技术简要说明	示范应用情况	污染治理或环境修复效果
4	高效节能模块装配式污水处理集成系统	中小规模城镇污水处理厂提标扩容改造、工业废水处理、黑臭水体治理、农村生活污水处理。	模块装配式污水处理系统主体设备为多级环状结构，池体内通过钢结构壁板分隔出内圈和外圈两个主体部分。外圈设有精准曝气组件和推流装置，通过精准曝气调控外圈的厌氧区、缺氧区和好氧区；内圈通过三相分离器将沉淀区和好氧区叠加，形成好氧沉淀区，取代传统的二沉池。在好氧沉淀区中，三相分离实现气、水、污泥的分离，污水进入深度处理单元；气体由集气罩收集后形成气囊，带动混合液回流。系统在稳定运行条件下污泥浓度提高至5.0g/L～10.0g/L，沉淀区表面负荷1.5m³/(m²·h)～2.5m³/(m²·h)。该技术具有处理效率高，能耗低，占地省，建设周期短等特点。	已有15项工程应用。如肇庆四会市碧海湾装配式污水处理厂项目为例，出水水质稳定达到《城镇污水处理厂污染物排放标准》(GB18918—2002)一级A标准，处理规模为10000m³/d。	可节省20%投资，减少2/3占地，降低25%运维成本，缩短3/4建设周期，出水稳定达标，吨水电耗0.12kW·h～0.14kW·h。
5	全流程节能降耗精准运行控制技术	污水处理厂（站）提标扩容、增效及低耗碳运行管理。	开发了高效智能砂分离提砂精准除砂、污泥浓度和序耦合排泥控制、基于需量预测的三重精准精准控制、基于生物/化学耦合的自适应精准除磷等全流程节能降耗技术。突破污泥物料平衡的实时精准核算控制，在全流程中的动态监测和系统精准控制技术应用工程化应用瓶颈，破解了生化反应和管控环境复杂稳定运行难题。初沉池出水稳定控制在设定值±300mg/L以内，溶解氧控制在设定值±0.2mg/L以内，污泥龄控制在设定值±12%以内。	已有11项工程应用。如高碑店再生水厂，处理规模100万m³/d。	实现了污水处理厂运行过程中的智能化精准控制，电耗、药耗和碳排放量降低10%～40%。以高碑店再生水厂提标效果为例，在生化池水力停留时间同比常规工艺缩短1/3的条件下，技术改造后生物脱氮除磷效率显著提高，二级出水总氮、氨氮降低50%以上。
6	膜生物反应器高效系统节能膜擦洗技术与装备	大中规模污水处理厂MBR膜组器。	构建了一个通过曝气盒独特设计无运动部件的纯水力学部件，将连续气流转换为脉冲式间歇式气流，当累积到一定气量时，在极短时间内释放，形成高强度的擦洗气流，对膜丝表面剪切通量，该技术具有膜系统运行稳定，节约能耗等特点。单个曝气盒腔体容积约1.7×10⁻³m³，擦洗气流为每分钟30～40个气泡。	已有9项工程应用。如北京槐房再生水厂，处理规模60万m³/d。	大中型MBR污水处理厂中，膜擦洗气量可节约20%～30%，在同等洗设备投资情况下，可显著提高系统运行稳定性，减少膜污染清洗频率。

续 表

序号	技术名称	适用范围	技术简要说明	示范应用情况	污染治理或环境修复效果
7	耐污染平板膜生物反应器	分散式污水处理（如农村镇、酒店、社区、高速公路服务区、工厂化养殖等）。	利用细菌将银离子还原制备生物纳米银，并均匀分散在铸膜液中制备生物纳米银复合膜，赋予膜持久的耐污染能力，能在较长时间内抑制细菌在膜表面附着，发展、解决了传统化学纳米粒子易在膜表面团聚的问题，提高膜的亲水性；开发了基于可控活塞流曝气的平板膜组件优化技术。膜优化膜组件的流态，在控制膜污染的同时降低能耗。膜生物反应器应维护方便，运行成本低。以100m³/d的村镇/市政污水处理工程为例，热带地区、长江中下游地区、黄河及以北地区的膜通量推荐设计值分别为25L/(m²·h)、20L/(m²·h)、15 L/(m²·h)。	已有100多项工程应用。如圣鸡场养鸡场一体化MBR污水处理项目，单套设备处理规模50m³/d~200m³/d。	膜清洗周期超过6个月，出水水质稳定达到《城镇污水处理厂污染物排放标准》（GB 18918—2002）一级A标准，与传统生化工艺相比，占地面积减少50%，排泥量减少70%。
8	纳米平板陶瓷膜污水处理技术及一体化装备	用于工业中小规模工业废水和市政污水处理。	将纳米平板陶瓷膜与生物处理工艺组合，并通过信息化平台实现污水污泥不受沉淀速度及沉降时间的限制，实现了水力停留时间与污泥停留时间的分离。通过膜过滤保证系统高污泥浓度运行，形成膜压差极限值<60kPa，标称孔径0.1μm，膜寿命超过15年，不易破损。该技术具有适用水质条件广泛，处理效率高，自动化程度高，维护方便等特点。	已有6项工程应用。如昭平县城北工业园区中式污水处理站，处理规模500m³/d。	出水水质优于《城镇污水处理厂污染物排放标准》（GB 18918—2002）一级A标准，可直接作为绿化用水和生态补水，剩余污泥产生量少。
9	用于工业废水深度处理的超滤膜芬顿技术	造纸、纺织、化工等行业废水，发酵废液、垃圾渗滤液，以及工业园区废水的深度处理。	采用超滤膜替代传统芬顿工艺的沉淀池作为固液分离单元，固液分离过程不受沉淀及沉降速度与污泥停留时间的限制，集成泥絮吸附、化学氧化、膜过滤多种处理技术，实现污染物COD、TP、TSS、F的高效去除。该技术适用的运行参数范围广，膜过滤精度0.04μm，膜池污泥浓度通常为4000mg/L~8000mg/L，膜通量通常为15L/(m²·h)~30L/(m²·h)。	已有6项工程应用。如广州南沙区精细化工园区废水深度处理示范工程，处理规模2000m³/d。	与传统芬顿工艺相比，占地面积可节省60%以上，COD去除率可提升20%~30%，芬顿试剂投加量可降低30%~60%，排泥量可降低30%~60%，无需投加PAM。

续　表

序号	技术名称	适用范围	技术简要说明	示范应用情况	污染治理或环境修复效果
10	污水深度处理臭氧催化氧化技术	市政污水处理厂提标改造、工业园区高浓度难降解废水深度处理。	部分废水在高效溶气装置作用下与臭氧接触混合，出水进入氧化池，在催化剂作用下，通过电磁场切变场作用，提高臭氧化反应效率，采用均相/非均相催化形式，改善水体溶解氧，均相催化剂比表面积200m²/g～1000m²/g，使用寿命超过10年，可在污水中精准投加μg/L量级的金属离子，相催化通过微电解技术，该技术不产生污泥。操作简便。	已有近80项工程应用。如无锡市锡山水务有限公司云林厂6万m³/d提标改造工程。	臭氧利用率≥95%，处理后出水相比，COD≤50mg/L。与传统技术相比，运行成本可节省50%，占地面积可节省50%；尾水中富含溶解氧，可作为河湖补给水源。
11	大型二氧化氯制备系统及纸浆无元素氯漂白技术	制浆造纸行业清洁生产。	研究了不产生固形物的高效稳定综合法和组合法还原法二氧化氯制备技术与关键装备，有效提高了氯酸钠电解效率，降低了二氧化氯溶液气中的氧含量，提高了系统稳定性，同时降低了二氧化氯副产品芒硝的氯含量，提高了副产芒硝的利用率，避免了固废和废液外排。	已有40多项工程应用。如广西贵糖（集团）股份有限公司无元素氯漂白项目，制备规模为8t/d。	制备的二氧化氯气含量低，纯度达98.0%。制浆造纸废水处理后，AOX含量可达到《制浆造纸工业水污染物排放标准》(GB3544—2008)要求，较传统工艺白废水AOX降低33%以上。副产物酸性芒硝转化为中性可回收利用。
12	含重金属废水纳米吸附深度处理技术	含砷、铅、镉、铊等重金属废水的深度处理。	基于离子吸附，研发出具有特殊晶体结构的纳米合金金属氧化物高效负载技术，利用稀土元素变价特性。基于重金属纳米吸附剂，除砷铊阳离子吸附剂和除砷镉铊阴离子吸附剂，开发了复合型复合纳米新型三类吸附剂。基于高级氧化和纳米吸附耦合深度处理工艺，该技术具有吸附容量大、再生速率和使用寿命长等特点。除铅、镉、砷和铊工艺过滤速度8m/h，处理流速7Bv/h～9Bv/h（除铅、镉）；除砷铊过滤速度8m/h，处理流速11Bv/h～13Bv/h；除铊工艺过滤速度8m/h，处理流速4Bv/h～6Bv/h。	已有5项工程应用。如车河选矿厂含砷废水深度处理工程，处理规模为1200m³/d。	原水中铅、镉、砷、铊等污染物浓度为行业标准限值1～2倍时，处理后出水铅、镉、砷可稳定达到《地表水环境质量标准》(GB 3838—2002)III类标准值，出水铊＜0.005mg/L，铊＜0.002mg/L。

续表

序号	技术名称	适用范围	技术简要说明	示范应用情况	污染治理或环境修复效果
13	基于有机—无机复合药剂的含重金属污水（废）水深度去除技术	含重金属污水（废）水处理。	构建具有多种活性官能团的有机—无机复合药剂（iCOM），可在复杂水质条件下与低浓度重金属离子高效螯合，形成"螯合—凝胶—混凝沉淀"多过程耦合的重金属离子高效深度处理工艺。投加iCOM药剂，将污水中低浓度溶解态重金属高效捕获并快速转变为胶体束状，再通过生物絮凝或混凝工艺将其去除。处理过程无需调节水pH值，无需工艺调整。iCOM复合药剂对活性污泥活性无抑制，可根据实际情况在生化单元投加或投加量为重金属污染物浓度的5~10倍。	已有4项工程应用。如东部沿海城镇污水处理厂出水投加iCOM复合药剂后，重金属离子浓度可达到《城镇污水处理厂出水水质排放标准》（GB18918—2002）中一类污染物及选择性控制项目的标准限值要求。对于高浓度重金属阳离子，增加药剂投加量即可保证出水达标。处理规模为15万 m^3/d。	Ni^{2+}、Cu^{2+}、Co^{2+}、Cd^{2+}和Pb^{2+}等重金属离子浓度在0.2mg/L~2mg/L时，投加iCOM复合药剂后，出水重金属离子浓度可达到《城镇污水处理厂出水水质排放标准》（GB18918—2002）中一类污染物及选择性控制项目的标准限值要求。对于高浓度重金属阳离子，增加药剂投加量即可保证出水达标。
14	基于离子移动式的有机高盐废液及废液处置技术及装置	煤化工、造纸、油田钻采、电镀废水、煤化工导体废水、制药、食品等行业高盐废液及废液处理。	采用两段电驱动膜+反渗透膜分离。浓盐液进行盐分离及，对煤化工过程排放的复杂高浓缩液水满足锅炉补水无水水质要求，脱盐水进一步采用盐结晶分质结晶工艺实现硫酸钠、氯化钠的分离结晶，脱盐水回用于循环冷却系统。该技术能耗低，可实现盐水回用。设备模块化设计参数：废液流量为5m³/h，脱盐水回收率>85%。	已有8项工程应用。如江苏南通经济开发区二期中水回用工程，处理规模为3.5万 m^3/d。	脱盐水指标达到TDS<500mg/L，SS<1mg/L。排放水质可以直接替代工业新鲜用水。
15	高氨氮废水厌氧氨氧化高效低碳脱氮技术	污泥消化液、垃圾渗滤液、养殖废水、半导体废水、煤化工废水、制药废水、食品废水等行业高氨氮废水处理。	基于厌氧氨氧化菌脱氮原理（RENOCAR），独创厌氧氨氧化脱氮菌大规模工程化，实现了厌氧氨氧化脱氮技术体系，并在不同种类高氨氮废水中应用。针对低C/N废水，开发了包括"调节池、混凝池、斜板沉淀单元、厌氧氨氧化脱氮单元、平流沉淀池"的工艺路线；针对高C/N波动废水，开发了包括"调节池、水质精质预调整单元、生物强化脱氮单元和物化精处理单元"级UASB、厌氧氨氧化脱氮单元"的工艺路线。厌氧氨氧化脱氮线负荷0.4kg/(m³·d)~0.8kg/(m³·d)，为传统脱氮负荷的2~4倍。	已有7项工程应用。如高安屯热水解消化液氨氮氧化脱氮工程，处理规模为4600m³/d。	TN去除率85%~95%，CO_2减排90%，曝气电耗节省60%，不添加碳源药剂，占地面积节约70%，氨氮氧化液可显著降低水体赤潮、黑臭等发生风险，并提供高品质再生水。

续表

序号	技术名称	适用范围	技术简要说明	示范应用情况	污染治理或环境修复效果
16	高盐高浓度氨氮废水气态膜法处理技术	高盐、高浓度氨氮废水气态膜法处理。	基于气态膜法关键技术，开发了活性炭助脱氨去除胶体技术，次氯酸钙深度氧化除氟技术；发明了弱碱条件下金属基离子硅基除氟材料，形成了与气态膜法高匹配的预处理技术。研制了抗污染、再生性能高的膜丝材料及高抗污染性膜组件等，新材料、新装置，实现高氨氮气态膜水多污染物的成套新工艺、实现高氨氮废水气态膜处理的深度去除、氨氮以硫酸铵产品资源化回收。进水高氨氮浓度可从10000mg/L左右去除至<15mg/L，单支膜最大脱氨率可达1.77%。	已有22项工程应用。如宝钢股份、江钢铁有限责任公司烧结制酸废水增设膜处理设施项目，处理规模为192m³/d。	可实现COD、F⁻协同脱除，处理后出水COD浓度<60mg/L，F⁻浓度<10mg/L；pH8～9条件下，金属离子去除率>99%；氨氮去除率>99%，硫酸铵回收率>99%。出水可用于钢厂钢渣冲洗，产生的废气经净化后达标排放。
17	基于污染源解析及点面源治理的城市内河小流域综合整治集成技术	城市内河小流域综合治理。	针对城市小流域污染现状，基于高效精准的小流域污染源源解析技术，进行了大数据流域特征分析，开发了流域治理设计、水质预警软件，形成了基于干河道旁测处理、合流制溢流处理、污水处理厂高标准排放水及流域水质改善的城市小流域国控考核断面的典型小流域综合治理成套技术。采用该集成技术的典型小流域国控考核断面水质提升为《地表水环境质量标准》（GB3838—2002）劣V类提升为准III类。典型小流域治理工程单位建成区面积氨氮月均值降低了86.5%，典型小流域治理工程投资可节省40%以上。	已有6项工程应用。如合肥市十五里河流域治理工程。以合肥市十五里河流域治理为例，十五里河流域治理工程长度22km，治理长度22km，流域面积111km²。	以合肥市十五里河流域治理工程为例，流域治理后十五里河国控考核断面水质为《地表水环境质量标准》（GB3838—2002）劣V类提升为准III类。
18	雨污合流及地表水径流污染治理系统	雨污合流及地表水径流污染治理。	开发了一套雨污合流及地表水径流污染治理系统，包括智能雨水调蓄系统、市政排水管道封堵装置系统及水环境可视化自动在线监测装备及系统关键设备包括旋转格栅旋转截污除污机、智能雨水搅拌冲洗器、雨污终端的智能分流自控装置等，实现了对旱流污水、调蓄和处理、市政排水管道封堵装置可针对水下盲区任意水深和任意管径的管道进口实施封堵、水质自动在线监测装备以浮筒为载体，集成远程在线监测、水质监测传感器、太阳能供电系统和锚泊系统等实现连续在线监测，并可预警，触发响应流程。在线监测装备浮力达100kg以上，监测水深不超过50m。	已有5项工程应用。如马鞍山中心城区水环境综合治理PPP项目，整治河道总长98km，水域面积180万m²。	雨水调蓄技术及装备有效避免了初期雨水直接排放，同时中后期雨水经过调蓄系统在线处理后排放，有效控制了城市排水系统中的径流污染。排水管道封堵装置封堵时出泄漏量不大于1.25L/(min·m)，且操作简便，可靠。智能化装备及监测装置实现自动连续在线运行，全年数据有效接收率>95%。

二、大气污染治理领域（15 项）

序号	技术名称	适用范围	技术简要说明	示范应用情况	污染治理或环境修复效果
19	钢铁行业链箅机—回转窑球团烟气超低排放技术	钢铁行业链箅机—回转窑球团烟气治理。	结合链箅机—回转窑的生产烟气温度特点，设置了二级脱硝系统，其中一级采用非选择性催化还原法（SNCR）脱硝，设计脱硝效率 $40\% \sim 50\%$；二级采用高温高尘选择性催化还原法（SCR）脱硝，设计脱硝效率 $>90\%$。脱硝采用低温半干法辅助半干法协同脱硫，三级采用高温催化辅助半干法进入入口端半干法脱硫+布袋除尘系统，脱硫效率 $>99\%$，脱硝除尘总效率 $>99\%$。该技术解决了链箅机—回转窑脱硫+布袋除尘团团承包项目，每套系统烟气处理量为 120 万 m^3/h。在不设置加热装置和烟气换热器（GGH）情况下实现超低排放的问题。	已有 1 项工程应用。如迁安市九江线材有限责任公司。	以迁安市九江线材有限公司 2 套 240 万 t/a 链箅机—回转窑烟气超低排放项目为例，净化后烟气 SO_2 浓度 $<20mg/m^3$，NO_x 浓度 $<5mg/m^3$，颗粒物浓度 $<30mg/m^3$。
20	双级错流活性炭法烟气净化系统及装备	钢铁、焦化等行业烟气多污染物治理。	采用双级活性炭吸附塔串联工艺，吸附塔内活性炭自上而下流动，烟气从垂直活性炭流动的方向错流穿过活性炭床层实现净化。一级吸附塔用于脱除 SO_2、初步脱除 NO_x，深度脱除二噁英、颗粒物等，二级吸附塔主用于脱除 NO_x、深度脱除二噁英、颗粒物等。采用多级喷氨，分层可控错流高效吸附技术与设备，烟温控制技术实现多污染物同脱除和副产物资源化利用。设计活性炭床层厚度 1.6m～2.0m，设计空塔流速 0.10m/s～0.15m/s，活性炭再生温度 $400℃ \sim 450℃$。	已有 16 项工程，25 台（套）设备应用。如晋南钢铁集团有限公司活性炭烧结烟气活性炭 $2 \times 220m^2$ 烧结烟气脱硫脱硝工程。	脱硝效率较传统活性炭烟气净化技术提高 30%，可达 90% 以上，出口烟气中颗粒物浓度 $<10mg/m^3$，SO_2 浓度 $<35mg/m^3$，二噁英类浓度 $<0.1ngTEQ/m^3$，氮氧化物浓度 $<50mg/m^3$。运行费用较传统烟气净化工艺低 30%。
21	臭氧氧化协同吸收相关脱硝脱硫关键技术与装备	烟气温度不超过 160℃ 的低温烟气脱硝，尤其是钢铁烧结、焦化等行业低温烟气脱硫脱硝。	利用臭氧的强氧化性，将烟气中 NO 氧化为 NO_3 和 N_2O_5 等易于被吸收的高价态氮氧化物，然后烟气进入吸收塔中达标排放。净化后烟气除尘，净化后烟气除尘处理，废水进行无害化处理，含硝酸盐组分在高炉中还原为 N_2。该技术实现了 SO_2、NO_x 等污染物的高效协同脱除。O_3/NO 摩尔比 $1.5 \sim 2.0$。	已有 6 项工程应用。如燕山钢铁 3#300m² 烧结机烟气脱硝超低排放改造项目，处理烟气量为 198 万 m^3/h。	脱硝效率 85%～96%，脱硫效率 90%～98%，出口 NO_x 浓度 $<50mg/m^3$，SO_2 浓度 $<35mg/m^3$，O_3 浓度 $<0.07mg/m^3$。

续 表

序号	技术名称	适用范围	技术简要说明	示范应用情况	污染治理或环境修复效果
22	烧结机头烟气低温选择性催化还原法脱硝技术	钢铁烧结烟气治理。	通过元素表面修饰和体相掺杂技术调整催化剂的表面酸碱性和氧化还原能力，改进催化剂，开发了烟气低温（<180℃）条件下的SCR低温脱硝催化剂。完善了催化剂的成型工艺，开发了低温催化剂保护、热风直接喷吹和装置。同时运用数值模拟技术进行流场模拟，开发了喷氨—脱硝—热解装置，解决了低温合硫条件下SCR高效脱硝的难题，同时降低低温烟气温度场偏差<10℃，速度场偏差<5%。保证氨尔比绝对偏差<15%，NH_3/NO_x摩尔比绝对偏差<5%。	已有26台（套）工程应用。如唐山瑞丰钢铁3#烧结机（200m²）烟气低温3#烧结机脱硝项目，处理规模为108万m³/h。	以唐山瑞丰钢铁3#烧结机（200m²）烧结机3#脱硝项目为例，脱硝烟气NO_x排放浓度<20mg/m³，脱硝效率>90%，氨逃逸浓度<1mg/m³，二噁英排放浓度<0.011ngTEQ/m³。
23	水泥窑烟气中低温选择性催化还原法脱硝技术	建材行业水泥窑炉烟气脱硝。	基于传统钒基脱硝催化体系稳定性高的优势，通过稀土耦合，载体改性和活性物种调整催化技术中和活性调控表面酸碱性和氧化还原性，提高其脱硝活性和抗中毒性能；开发峰窝状中低温脱硝催化剂成型技术，并通过其成型规模化生产。开发在水泥窑尾热余热行置SCR反应器内出口中置SCR反应器和企业生产能耗，可满足催化剂运行需求，不影响余热发电效率和脱硝需求。催化剂适用烟气温度180℃~250℃（O_2含量10%），耐碱性粉尘浓度10g/m³~80g/m³，NO_x处理能力2200mg/m²。	已有8项工程应用。如山西晋城聚合城产线5000t/d生产线SCR脱硝工程。	脱硝效率>90%，催化剂化学寿命超过24000h，机械寿命超过30000h。
24	工业烟气脱硫除尘深度净化及水回收技术	缺水、常年温度较低地区的燃煤电厂锅炉、钢铁烧结机、水泥窑烟气治理。	利用碳汇耦合一管束式除尘除雾技术（SPC-3D）在脱硫塔内实现烟气脱硫除尘。达到超低排放的饱和净烟和净烟的冷却超低排放的冷却和循环水无分接触混合，通过冷却液滴浸洗等的进一步脱除。回收的水和烟气冷凝液加药经加调节pH后，送至空空冷却器冷却至40℃后返回冷却和凝结液。喷淋和石膏液冷凝系统等。用于脱硫浆液回收至入回收水罐，喷淋喷嘴工作压力宜为0.07MPa，喷嘴雾化液滴粒径0~2000μm。	已有5项工程应用。如京能（锡林郭勒）京能2×660MW燃煤汽轮发电机组烟气超低排放系统。	以京能（锡林郭勒）发电有限公司2×660MW燃煤汽轮发电机组项目为例，出口烟气中SO_2浓度<10mg/m³，颗粒物浓度<5mg/m³，SO_3浓度<0.08mg/m³。冷凝回收水量100t/h~120t/h，可满足厂区生产用水补水，电厂实现零补水运行。

续 表

序号	技术名称	适用范围	技术简要说明	示范应用情况	污染治理或环境修复效果
25	水泥窑炉富氧燃烧节能减排技术	水泥生产，尤其适用于采用低热值燃料、替代燃料的工艺。	利用吸附剂对特定气体的吸附、脱附能力，吸附空气中的氮气获得富氧空气，制富氧送入窑头，通过富氧煅烧，实现富氧煅烧。从燃烧工艺，送煤风等一次风，使燃料在富氧燃烧中充分燃烧，煅烧火焰温度可提升至约100℃，提高了燃烧效率。该技术可提高水泥熟料的产量和质量，降低综合能耗，并降低剩余空气过剩系数，减少污染物产生。	已有5项工程应用。如白山水泥4000t/d熟料生产线富氧煅烧节能减排项目。	以白山水泥富氧燃烧节能减排项目为例，可燃用4800kcal/kg低值煤（炉密原煤低热值要求由5500kcal/kg降至5500kcal/kg；熟料烧成富氧燃烧节能减排放量由0.50%降至0.18%，减少煤炭消耗5kg/t熟料，减少CO_2排放13kg/t熟料。
26	基于特种金属膜干法冶炼有色冶炼、化工生产过程中矿热类矿炉及矿炉的尾气净化及资源化技术	烟气入口颗粒物浓度<150g/m³工况条件下，黑色冶炼、有色冶炼、化工生产过程中矿热类矿炉及矿炉的尾气的净化和资源化。	核心滤材采用铁基第五代膜，利用元素间的偏扩散效应和化学反应成孔，具有过滤精度和化学反应精度高，抗热震性好、耐磨损等优势。通过多级排尘及配套技术及设备实现高温在线反吹、高温多级除尘、防结露糊膜、自动检测控制和安全防爆等功能。高温荒煤气在550℃下进行有效气固分离后全部回收作为化工原料或发电。该技术解决了易燃易爆、温度波动较大的高温高压含尘荒煤气密闭炉设计，按36000kVA密闭炉设计，温度波动较大的高温高压含尘腐蚀性烟气过滤及除尘装置处理风量8000m³/h～14000m³/h，除尘精度达0.1μm，高温过滤精度达0.1μm，单台合计过滤装置处理风量处理温度≤550℃，除尘器阻力<2kPa。	已销售应用50套技术装备。如青海际华江源实业有限公司50万t/a铬铁合金密闭炉热矿炉回收项目。	高温荒煤气经过过滤后，颗粒物浓度<10mg/m³，CO气体全部回收利用。以青海际华江源密闭合金矿炉项目为例，实现铬合金冶炼煤气折算矿炉回收电约18000t，年回收冶炼煤气折算电约19200t，年节约电约2300t，能折算标准煤约2300t，年减排$CO_2$13000t。
27	合成氨液氮洗尾气净化及资源化利用技术	化工、冶金、航天化学气等行业中含化学值热能气体的低热值热能气体的净化及资源化。	研制了合成氨液氮洗尾气催化氧化专用催化剂，液氮洗尾气分段催化氧化工艺，通过精确控制氧量，并转移部分热量，最前两段在500℃～600℃间缺氧氧化，催化气体中的微量燃性气体CH_4、CO和H_2，并将缺氧阶段中磨粉干燥氧化后一段中磨粉末带未的高温氧化。该技术克服了一步催化氧化气体能平稳可控及高浓度氨氮资源化利用，实现高浓度氨氮资源化利用。含化学值能尾气热值500kJ/m³～1800kJ/m³，反应温度400℃，催化剂耐短时热冲击温度750℃，催化剂耐短时热冲击温度650℃，装置低限运行温度大于250℃。	已有2项工程应用。如云南天安化工有限公司合成氨液氮洗尾气利用工业装置及资源化利用，处理规模为30000m³/h。	排气出口CO浓度<120mg/m³，H_2浓度<20mg/m³。以30000m³/h尾气净化为例，年净化尾气2.4亿m³，年减排$CO_2$1.2万t。

续 表

序号	技术名称	适用范围	技术简要说明	示范应用情况	污染治理或环境修复效果
28	火化机烟气多种污染物高效协同脱除避免低排放技术与装备	火化机烟气净化。	以窄脉冲放电为核心技术处理火化机烟气，研发了纳秒级高压脉冲等离子电源，反应器齿和梅花齿一筒式放电极一体化烟气综合处理后，再进入窄管多种污染物输出协同脱除和粉尘避免低排放。设备纳秒级高压电源输出功率90%，上升沿脉冲宽<300ns，纳秒级高压重复频率>300Hz。	已有1项工程应用。金华市殡仪馆4#炉项目，烟气处理量6000m³/d。	以金华市殡仪馆火化机烟气处理项目为例，颗粒物浓度<5mg/m³，去除率>89%；二噁英排放浓度<0.2ngTEQ/m³，去除率>84%；恶臭排放浓度<600（无量纲），去除率>81%；NOx排放浓度<100mg/m³，去除率>65%；SO2、HCl等近零排放。
29	地下水污染处理厂恶臭生物治理技术	地下水处理厂恶臭物治理。	研发了新型高效生物填料和降解恶臭的优势复合菌剂，开发了气液传质增溶技术，并引入物联网技术实现智能化管理。废气经液增溶池加湿除尘后进入生物滤池，微生物经多层对污染物进行吸附、吸收和降解，分解成无毒无害的简单无机物，净化后气体由排气管排出。单套生物管处理装备处理3000m³/h~50000m³/h，填料容积负荷120m³/(m³·h)~240m³/(m³·h)，停留时间15s~30s。	已有40项工程应用。如花山净水厂废气生物处理工程，处理规模为134900m³/h。	恶臭排放浓度符合《恶臭污染物排放标准》(GB14554—1993)要求，氨气、硫化氢去除率>98%，恶臭去除率>85%。
30	低浓度复杂有机废气净化生物强化治理技术	石油、化工、制药、食品等行业污水处理过程产生的低浓度VOCs废气及恶臭治理。	研发了真（细）菌协同代谢复合菌剂生物活性功能材料，研制了两相耦合式生物净化装置，构建了"材料—工艺"一生物耦合净化工艺，通过高能粒子高效氧化"装备"创新，实现了低浓度复杂有机废气净化。该技术具有操作简单、运行费用低、效率高等特点。净化单元处理负荷提高2倍以上；对正己烷、甲苯等低水溶性VOCs装置体积负荷提高40%以上；甲苯等高水溶性VOCs去除质量数提高60%以上；二氯甲烷、苯乙烯等难降解VOCs去除负荷提高2倍左右，去除率从30%提升至95%以上。	已有50多项工程应用。如浙江某大型药企生产车间废气和污水站臭气生物净化工程，工程规模7000m³/h。	以浙江某药厂复合有机废气净化工程为例，采用该技术净化后尾气中甲苯、四氢呋喃、氯仿的平均去除率分别为99.5%、95.2%、99.7%。

续　表

序号	技术名称	适用范围	技术简要说明	示范应用情况	污染治理或环境修复效果
31	用于挥发性有机气高效治理的疏水分子筛吸附剂	喷涂、印刷、化工、玻璃、石化、餐饮等行业VOCs治理。	开发了多级孔道、不同构型的分子筛吸附剂型，较高比表面积和较强疏水性，属于硅铝酸盐类物质，不可燃、安全性高；吸附速率快，选择性高，适用于不同工况和条件，满足VOCs超低排放需求。该技术优化了疏水分子筛成型原料粉制备技术，解决了成型过程中易开裂、强度低、干燥速度慢，吸附性能变差等问题，干燥窝成水率小于3wt.%，苯系物动态吸附容量大于20kg/m³，比表面积大于380m²/g。	已有3项工程应用。如天津空客A320喷漆车间产生的挥发性有机废气排放治理改造工程，合计处理风量65万m³/h。	以天津空客A320喷漆车间VOCs治理工程改造为例，非甲烷总烃去除效率＞95%；TRVOC排放浓度稳定低于10mg/m³，远低于天津市《工业企业挥发性有机物排放控制标准》（DB12/524—2020）对应排放限值50mg/m³。
32	减排型药芯复合钎料	航空航天、轨道交通、家电制冷、电力电子、超硬工具、眼镜镶制造等领域中铜—铜、铝—铜、铝—铝、钢—钢、钢—铜等钎连接过程中钎剂排放控制。	借助钎料成分数字化设计平台，针对不同应用需求开发了系列高性能无钎剂型等成型技术；开发了精密轧制、多级模拉拉技术；制备了精密有缝无缝芯型钎料；通过微纳颗粒等制备反应在钎料中复合添加活性元素、改性元素，钎焊过程中发生原位反应，实现对钎料成分与性能的精准调整。该技术实现了成分复重，实现了对有毒元素镉和有害钎剂等的协同控制。卧式液压机最大挤压力10000KN，挤压速度0～10mm/s，药芯卷压成型最大挤压力10000KN，挤压速度0～2m/s。	已有2项工程应用。如海信容声有限公司冰箱绿色高效钎焊技术工程，钎焊冰箱3000台/d。	以海信容声（扬州）冰箱有限公司冰箱制冷管路绿色高效钎焊技术工程为例，与传统钎料相比，钎焊点金属用量由0.5g/点降至0.32g/点，钎料金属用量减少36%，单焊点平均钎料用量由0.125g/点降至0.07g/点，减少44%，符合电子电气设备中限制使用某些有害物质指令（RoHS）的要求。
33	满足国VI排放标准的机动车尾气治理催化剂制备技术	满足国VI排放标准的天然气汽车、汽油车、柴油车尾气治理化催化剂制备。	采用双溶剂法和贵金属分层配置技术，采用结构和电子助剂化，运用扩散配置技术，形成了具有低温高活性、宽空燃比窗口，过调节贵金属前驱体的物理化学状态，形成了高分散、高活性和高耐久性的汽油车贵金属催化剂的动态特性，研究系统中各部分催化剂的自身特性及柴油车后处理集成匹配关键技术，形成了满足国VI标准的柴油车起燃温度T50≤350℃，完全转化温度T90≤390℃。涂层上载量偏差控制在3%以内。	产品装车10万辆以上。如匹配了15款重型天然气发动机，匹配重型柴油车超过4000款、轻型天然气车39款。	应用该催化剂的机动车，尾气排放指标可达到国VI标准。

三、固体废物处理处置及资源化领域（23项）

序号	技术名称	适用范围	技术简要说明	示范应用情况	污染治理或环境修复效果
34	有机固体废物卧式干式厌氧发酵技术及装备	含固率为20%~35%的市政、农业、工业有机固体废物厌氧发酵。	针对高含固物料开发了干式厌氧发酵装置，含进料装置、出料装置、卧式搅拌通式一体化反应器。反应器底部通过出料器的设计和上部矩形设计等结构优化，解决了干式发酵过程反应器物料传热不均、热交换效率低、农村物料漂浮结壳和出料困难等问题，降低了物料困难在反应器内混合均匀，无短流现象。该技术对原料适应性强，可连续进出料，自动排砂，单台反应器处理量>100t/d（按物料含固率80%计），反应器容积可达3100m³。有机物料降解率50%~75%，容积负荷4kg·VS/（m³·d）~10kg·VS/（m³·d），容积产气率2m³/m³~6m³/m³。	已有4项工程应用。如肥城市畜禽污染治理与综合利用项目，处理规模为150t/d。	以肥城市畜禽污染治理与综合利用项目为例，运行后每日产沼气10000m³（其中生物天然气5000m³，沼液80m³，有机肥20t，无二次污染。生产的天然气符合《天然气》（GB17820—2018）要求，有机肥符合《有机肥料》（NY525—2021）要求。
35	有机固体废物超高温堆肥技术	污泥、厨余垃圾、畜禽粪污、食品加工行业废弃物、农林废弃物等有机固体废物资源化。	开发了一种含有极端嗜热微生物的超高温好氧发酵菌剂，在不依赖外部加热条件下，通过添加少量辅料调节堆体含水率至50%~65%，并采取适当曝气，使堆体温度在48h内迅速上升至80℃~100℃超高温，并维持5d~7d超高温，加速有机物降解、堆肥腐熟，大幅缩短发酵周期至10d~15d，高效杀灭病虫卵和杂草籽。	已有20多项工程应用。如北京顺义超高温堆肥综合处置工程，处理规模为500t/d。	在80℃~100℃的持续高温条件下，病原菌、蛔虫卵灭活率>99%，有机固体废物减量75%以上，同时实现抗生素耐药性基因消减。与传统高温堆肥相比，金属纯化和温室气体减排、发酵周期平均缩短约75%，辅料添加量降低45%以上，运行成本降低约1/2，占地面积仅为传统高温堆肥的1/4~1/2。
36	污泥浆叶式干化和流化床焚烧集成技术	污水处理厂污泥、工业污泥，印染、造纸、制革行业产生的污泥，江河湖泥底泥处理处置。	桨叶式污泥干化机采用新型装卸式变角度搅拌，固定式叶片送料。热源多点多段供热，干化尾气热能回用等多项技术措施，提高对黏稠污泥的适应性和热能利用效率。流化床污泥焚烧炉采多级送风，结合半绝热壁式锅炉炉膛，通过顶前热和冷热多级，以及灰分充分回送和全顺列，大节距受到顺列。250m²四轴桨式污泥干式污泥焚烧，提高污泥燃尽率。桨叶式污泥干化机水分蒸发能力为4t/h，蒸发强度10kg水/（m²·h），锅炉蒸发强度为800kg/d。	已有12项工程应用。如嘉兴新嘉爱斯热电有限公司污泥焚烧工程（二期），污泥处理量为800t/d。	含水率85%的湿污泥干化至含水率40%时，体积可减少至原来的1/4。干化后污泥经焚烧后原物的90%以上，有机物分解彻底，烟气净化后达标排放，焚烧产生的热能可回收利用，灰渣可综合利用。

序号	技术名称	适用范围	技术简要说明	示范应用情况	污染治理或环境修复效果
37	新型污泥喷雾干化—回转窑焚烧技术	污泥处置。	采用新型喷雾干燥系统与焚烧系统的集成装置，将污泥雾化后，利用焚烧产生的热量干化污泥。采用自动化控制技术，根据雾化污泥含水率的不同，将干燥污泥含水率控制在保证干化焚烧系统能够平衡的范围之内，确保焚烧系统产生的高温烟气热量能够干化污泥。焚烧尾气采用布袋除尘、湿法喷淋、烟气脱白等工艺处理达标后排放。干化塔出泥含水率约20%，出泥含水率约50℃～60℃，二燃室高温烟气温约650℃，干燥尾气高温烟气塔顶的高温温度约850℃～900℃。	已有13项工程应用。如安吉净源污水处理有限公司污泥综合处置项目，处理规模为290t/d。	污泥减量率≥90%，焚烧炉出口烟气中污染物浓度达到《生活垃圾焚烧污染控制标准》（GB18485—2014）表4限值要求，产生的煤渣与灰分可用于建材行业。
38	水泥窑协同处置多源废弃物技术与装备	新型干法水泥窑协同处置城乡一体化生活垃圾、危险废物及一般工业固体废弃物。	开发阶梯形层状结构燃烧炉，通过推料翻动、气均衡传热，有害物分解反应更加完全，有效解决了固体、液体不同相态废弃物的混合处置集成化焚烧难题，实现废弃物的稳定焚烧。预燃炉与水泥窑炉的分解炉一体化设计，主体焚烧过程在预燃炉内完成，不影响水泥窑的正常运行，焚烧后的气体和水蒸气进入水泥窑分解炉，在热态情况下与水泥窑的装置衔接（稳定运转率＞90%），从而实现对多源废弃物的高效协同处置。	已在8条生产线应用，如武安新峰水泥协同处置及生活垃圾处置项目，处理规模为300t/d。	武安新峰协同处置项目年可处置生活垃圾19.8万t，污泥6万t，工业危险废10万t，以及其他一般工业固废（钢渣、粉煤灰、炉渣、脱硫石膏、石屑、渣沙等，燃料替代率31.5%；废弃物热能回收率95.5%；节省标煤5.09万t/a；CO₂排放降低12.7万t/a；环保及安全优于国家标准。
39	垃圾填埋场历史遗留污泥坑塘原位修复及空置再利用技术	垃圾填埋场及填埋场坑塘污泥市政污泥处理处置。	通过向填埋场存置污泥中添加固化药剂，经过水化反应等，在污泥体内快速形成骨架结构，胶结和包裹污泥颗粒，钝化重金属。固化场地可用作类似土壤或胶结提高的固体，构建生态公园，扩构建垃圾及废填埋场等。建立了污泥坑塘原位修复技术及土地资源空间利用的全周期稳定性评估系统，保障施工安全和固化场地的长期稳定性。该技术能耗低，施工效率高，单次最大固化深度8m，污泥坑深度最大达24m；固化深度可达110m³/h～90m³/h。	已有7项工程应用。如苏州七子山垃圾治理修复项目为例，治理后污泥塘10m深度范围内抗剪强度可达80kPa，满足《城镇污水处理厂污泥处置 混合填埋用泥质》（GB/T 23485—2009）等标准要求；固化处置混合填埋用泥质，可增加建埋场，场地原位固化建埋场，库容220万m³。

续 表

序号	技术名称	适用范围	技术简要说明	示范应用情况	污染治理或环境修复效果
40	高浓度高温熔融制合成气技术	精细化工、制药、印染等企业产生的高浓度有机废液高温熔融制合成气处理技术，混合入原料炉原料，含盐总量1400℃快速激冷成无毒无害玻璃态固态渣。氯、氟总量<6000mg/L。	低浓度有机废液与原料煤经一次湿法共磨制为料浆，高浓度有机废液经过密闭输送系统通过纯氧烧嘴直接进料，料浆、高浓度有机气化反应，经还原反应，生成以CO、H₂为主的高温粗合成气，S主要转化为H₂S，N转化为N₂，原料煤中的灰分及有机废液中的有害物质从约1400℃的高温条件下转移至高温态熔渣。生成的合成气含盐组分在高温条件下转移至液态熔渣，避免生成二噁英等有害物态渣。	已有10项工程应用。如浙江凤登绿能环保股份有限公司水煤浆热熔融协同处置有机废物工程，年产3万t合成氨。	有机质转化率>99.99%，CO+H₂体积含量可达80%以上。与同规模常规煤气化技术相比，节省原料煤10%~50%，节省制浆热效率50%~100%，外排残渣热灼减率<5%，酸溶失率<3%，水浸出有害物质含量、酸浸出有害物质含量符合国家标准，外排水经处理后循环利用。
41	海洋生物贝壳粉涂料	海洋生物贝壳粉制备涂料。	废弃海洋生物贝壳清洗、烘干后，粉碎至细度20目~30目，进入超微细设备精加工，经三级风选，筛选出1500目~2000目的贝壳粉。以筛选出的贝壳粉为原料，利用生物基海藻酸钠、卡拉胶、瓜尔胶为基料，采用生物活化技术制备贝壳粉涂料。贝壳粉涂料固着含量≥50%，pH值7.35~7.9，漆膜外观平整光滑。	已有220项工程应用。如青岛中德新能源与环保科技研究院室内墙面喷涂项目，喷涂面积为15万m²。	液态贝壳粉壁材对金黄色葡萄球菌、大肠埃希氏菌的抗菌性能分别为99.7%和99.3%，达到国家I级标准。甲醛净化效率可达91.5%。
42	生活垃圾焚烧飞灰高温熔融烧结生产建材基材技术	生活垃圾焚烧飞灰、其他固废焚烧飞灰、污染土壤、污泥高温熔融烧结处理。	将飞灰与辅助中基于氯化焙烧原理，其中易中易于挥发的重金属盐形式挥发，被捕集浓缩为浓缩灰；飞灰基质经高温烧结成致密一定强度烧结体，难挥发重金属总量和浸出量双降的建材基材产品。二噁英在高温下被彻底分解，且配合急冷降温系统处理防止再合成，烟气经过半干法脱酸、活性炭吸附和布袋除尘处理后达标排放。飞灰处理成本低、二噁英排放浓度低等技术具有产品安全性高、处理成本低、二噁英排放浓度低等技术特点。	已有1项工程应用，天津市固废综合处理中心二期综合处置示范生产线，设计处理能力为5万t/a。	飞灰基质形成稳定烧结体，难挥发重金属被固化在烧结体的致密矿物晶格中，得到的建材基材产品，焚烧烟气净化后达到《危险废物焚烧污染控制标准》（GB 18484—2020）要求。

续 表

序号	技术名称	适用范围	技术简要说明	示范应用情况	污染治理或环境修复效果
43	高盐有机废水及工业废盐资源化技术	精细化工、煤化工、合成材料等行业生产过程副产的以氯化钠为主、伴有氯化钾、硫酸钠、苯系物、氯代烃类等有机质污染的固体废物处理利用。	针对单一工业废盐，开发了"负压干燥—多层悬浮氧化炉—高温回转氧化炉"组合处理工艺，物料在多层悬浮氧化炉内受热混合均匀，有机物快速分解；针对多种混合工业废盐，开发了"负压干燥—高温液化氧化炉"组合处理工艺，渣盐高温液化，有机物质量标准的氧化分解，得到符合质量标准的工业盐产品。高温回转氧化炉工作温度650℃～800℃，氧化时间约40min；高温液化氧化炉工作温度900℃～1100℃，氧化时间约120min。	已有5项工程应用。如易科力（天津）环保科技有限公司10万t/a煤基固废资源化处理及副产工业盐项目、高盐酸废资源化转产硫酸镁项目。	有机物去除率＞98%。对单一废盐、氯化钠、硫酸镁或硫酸钠资源化产品分别符合《工业盐》(GB/T5462—2015)、《工业硫酸钠》(HG/T2680—2017)、《工业硫酸镁》(GB/T 6009—2014)无水硫酸盐标准要求。对多种混合工业废盐，经处理后可作融雪剂使用，产品符合国家相关标准要求。
44	高浓度含盐有机废液悬浮焚烧及盐资源回收技术装备	化工、炼油、造纸、印染等行业高浓度难降解含有机盐废液及高浓度含盐有机废液处理。	在锅炉炉膛燃烧室燃烧，顶装设雾化喷枪，进行焚烧。通过采用U型膜式壁结构，解决了高盐废液焚烧难的问题；创新了顶喷废液辅助燃料的悬浮燃烧技术，实现高盐液的彻底焚烧；采用膜式壁炉膛及拦屏式受热面，遮挡墙等锅炉完全及热能回收，保证液态排盐无机盐，可回收产品。开发了液态无机盐技术，设备车运行时间不低于8000h，燃烧室出口温度＞1100℃，炉膛内烟气流速＜4.0m/s，烟气停留时间＞2s。	已有20多项工程应用。如江苏海力化工有限公司已回收二甲基甲酰胺高盐有机废液焚烧回收项目、焚烧废液/废气焚烧回收项目。规模处理规模处理600t/d，其中高盐废液480t/d。	出口烟气NOx浓度＜100mg/m³，颗粒物浓度＜50mg/m³，SO₂浓度＜20mg/m³，回收的钠盐中TOC含量未检出，可直接资源化利用。每小时可回收约1t高纯度硫酸钠，锅炉产生约35t 2.2MPa饱和蒸汽。
45	含油污泥热裂解技术及装备	石油勘探、开采、炼制、清运及含油污水处理过程中产生的含油固体废物处理处置。	在密闭状态下，含油污泥通过进料系统连续输送进入绝氧（贫氧）裂解器内进行热裂解反应，连续输出的热裂解产物经冷却分离，不凝可燃气和固体产物，所得油固体产品（或发电），也可作为能源直接燃烧。该技术具有处理量大、原料包容性大、热效率高等特点。单套处理量30t/d～300t/d；工作时间＞8000h/a，处理过程中不添加化学药剂。	已有5项工程应用。如新疆克拉玛依一期污泥处理项目，处理含油污泥112万t/a。	处理后，固体含油率＜0.05%，VOCs排放达到相关标准要求，余热利用率＞90%。

续 表

序号	技术名称	适用范围	技术简要说明	示范应用情况	污染治理或环境修复效果
46	以热脱附为核心的含油污泥资源化及无害化处理技术	油田和石化企业的含油污泥和油基钻屑处理	针对石油石化含油污泥开发热脱附技术，在缺氧条件下使含油污泥中的石油类有机物从固体中脱附出来，然后通过冷凝全流程，形成全流程的含油资源化回收。配套质分类预处理技术，适应所有状态的含油污泥，处理后残渣体积减量80%以上，处理后残渣的无害化水平仅次于焚烧，同时实现了油的回收，避免了焚烧需要伴随燃料，以及所产生的烟气和飞灰排放问题，排放量达到最低。	已有6个工程项目应用，如长庆油田6000t/a污泥处理项目。	油泥中的油回收率可达75%，残余固体的总石油烃含量控制在1%以下，油基钻屑的总石油烃含量稳定在0.3%以下。以含水30%，含油10%计算，处理每吨含油污泥，相对焚烧法，减少CO_2排放252kg，节约标煤67kg。同时，热脱附法可以回收油约标煤75kg，折合标煤107kg。
47	工业废油蒸馏精制高值化利用技术	现存废油回收再生企业的预处理原料及其汽车修理点和企业的设备更换下废润滑油处理。	开发了模型催化剂配方和短程蒸馏+溶剂/加氢/膜精制工艺，实现工业废油及其重炼油的重炼和精制提质；辅以高效加氢和无害化商值化利用。超稠废油真空等极端条件下废油深度脱水除杂的处理能力达12000L/h；超短程分子蒸馏技术的关键技术有效分离高温度较传统工艺降低了130℃～220℃，可在220℃左右运行；加氢脱硫率、脱氮率达到95%以上。	已有2项工程应用。如重庆涤维环保科技有限公司万吨级废油资源化利用技术项目，处理规模为3万t/a。	可减少废油炼制的废气、废渣、废水排放，废油炼制基础油收率提高至85%～90%，处理后油含盐量低于3mg/L，油含水率低于300mg/L，外排水含油量不超过150μg/g。
48	医疗废物高温干热处理技术	医疗废物消毒无害化处理。	医疗废物经碾磨破碎并喷洒灭菌药剂后，进入一体化高温干热处理，经热传导杀系高效杀灭细菌，处理全过程在负压环境下进行，产生的废气经低温等离子体技术处理后排放。该技术具有自动化程度高、灭菌效率高、占地面积小、低能耗等特点。系统消毒温度170℃～210℃，灭菌温度170℃～210℃，消毒时间20min，消毒时消耗可降低，压力4200Pa～4600Pa。	已有5项工程应用。如黑龙江省哈尔滨市70t/d医疗废物处置项目。	颗粒物、VOCs、氯化氢等指标浓度远低于《医疗废物处理处置污染控制标准》(GB 39707—2020)指标限值，消毒效果无其化菌种的杀灭对数值>6.00，汞及其化合物均未测出，氯气对数值<0.03mg/m³。

续 表

序号	技术名称	适用范围	技术简要说明	示范应用情况	污染治理或环境修复效果
49	低阶煤浮选技术及提质设备	除褐煤外的低阶煤的浮选。	对选煤厂小于0.5mm的低阶煤泥进行分选，采用界面调控技术、活性微泡技术，对低阶煤浮选提质，确定了低阶煤最佳复合药剂、活性浮选条件和工艺参数，开发了高效机械搅拌式浮选设备，浮选机最大矿浆处理量2242.23m³/h，充气速率$0.81m^3$/$(m^2 \cdot min)$~$1.05m^3$/$(m^2 \cdot min)$，充气均匀系数82.64%~86.92%，该设备对矿浆浓度和入料粒度均有较好适应性，可增强煤泥可浮性，且能满足低阶煤煤泥浮选提质的技术要求。	已有6项工程应用。如山西中煤朔州煤业有限公司朔州中选煤厂浮选补套工程，规模为11Mt/a。	以山西中煤朔州中项目为例，入料平均灰分26.42%时，入料平均灰浓度20g/L~70g/L，浮选后精煤平均灰分14.16%，尾煤灰分47.04%，尾煤产率62.64%，可燃体回收率72.81%。
50	细粒尾矿模袋法堆坝成套技术与应用	细粒尾矿堆坝。	建立了模袋处理细粒尾矿的固砂透水—挤压排水固结—约束成型的强度增长机制，开发了适应不同尾矿特性且经济、高效性的自动分级堆坝施工装备，提升了细粒尾矿堆坝整体稳定性，拓宽了细粒尾矿堆坝粒径适用范围。可采用入料粒径<200目颗粒含量<90%的尾矿进行上游法堆坝，实现细粒尾矿的快速、安全筑坝，模袋自动充灌装备单台充灌能力达到1200m³/d。	已有20多项工程应用。	模袋体内尾砂各物理力学参数较自然沉积难面尾砂提高10%以上，模袋现体整体稳定性安全系数提高30%以上；充灌袋体的材料全部利用选矿厂排出的尾矿，且充灌模袋过程中排出的细粒尾矿水经处理后回用。
51	熔融钢渣高效罐式有压热闷处理技术及装备	钢铁厂钢渣处理。	在密闭压力容器内，利用钢渣余热遇水产生的高温高压水蒸气使钢渣中的游离氧化钙快速消解，并使钢渣粉化。包括钢渣辊压破碎和余热有压热闷两小阶段，第一阶段破碎至300mm以下；第二阶段在30min内完成破碎至粒度300mm以下，由1600℃冷却至600℃以下，浸水钢渣有压热闷，钢渣中游离CaO充分消解，周期在2h~3h内完成。该技术具有适应性强，占地面积小等特点，钢渣尾渣含水率3%，浸水膨胀率小于2%，粉化率高，尾渣稳定，能耗低，渣含水率<5%，吨钢渣可回收0.2MPa以上压力蒸气量不低于150kg。	已在60家钢铁企业生产的120条生产线应用。如首钢京唐60万t/a钢渣处理生产线。	可最大程度实现钢渣资源化，处理后尾渣20mm以下颗粒占比>70%；尾渣浸水膨胀度低于2%；烟气中颗粒物浓度低于10mg/m³；尾渣符合《用于水泥和混凝土中的钢渣粉》（GB/T20491—2017）和《道路用钢渣》（GB/T25824—2010）要求。

续　表

序号	技术名称	适用范围	技术简要说明	示范应用情况	污染治理或环境修复效果
52	废旧轮胎（橡胶）智能化裂解与废物深加工成套设备	废旧轮胎、高分子固体废物处理及循环利用。	采用低温常压连续裂解工艺，破碎后的废旧轮胎经胎圈裂解生成裂解油、炭黑，钢丝和可燃气。炭黑经磁选、造渣、改性、研磨、模块化设计，包装后获得高品质炭黑产品。裂解后用能化的密闭式气力输送系统，实现高效率、洁净化，炭黑输送采用智能化生产。技术配套了智能化裂解生产线运行管控系统。连续裂解生产线年处理废旧轮胎能力≥2万t，能耗≤75（kW·h）/t；热解炭黑深加工设备单机年处理能力＞7000t。	已有2项工程应用，如河南伊克斯达旧橡胶绿色生态循环利用工厂项目，处理规模为10万t/a。	裂解炭黑产品：细粉含量＜10%，炭黑吸油值（DBP）＞60cm³/100g，拉伸强值（DBP）＞18.0MPa。尾气排放达到《石油化学工业污染物排放标准》（GB 31571—2015）、《恶臭污染物排放标准》（GB14554—1993）等要求。与炭黑、油、钢丝的传统生产过程相比，裂解处理1t废轮胎可减少约1.1t二氧化碳排放。
53	利用皮革固体废物生产皮革复鞣剂和填料技术	制革行业皮革固体废物资源化利用。	集成制革灰皮废肉渣资源化利用技术、废毛制备蛋白（分子量介于3000Da～5000Da的角蛋白）的蛋白基填料技术、含铬皮革复鞣剂技术，开发了配套集成设备，将制革生产过程中产生的皮革废碎料加工成胶原蛋白基填料和具有良好复鞣性能的含铬复鞣剂产品，回用于复鞣填充工序。其中含铬皮革革屑通过碱法提取胶原蛋白，含铬滤渣通过酸溶处理得到含铬复鞣剂。	已有6项工程应用，如河北中皮科技有限公司利用制革固体废物生产制革废料，将含铬皮革废碎料和皮革基填料和具有良好复鞣剂产品，回用于复鞣填充工序。其中含铬皮革革屑通过碱法提取胶原蛋白，含铬滤渣通过酸溶处理进一步处理得到含铬复鞣剂。年处理1万t含铬皮革废碎料，0.5万t废毛。	可从含铬革固体废物中提取胶原蛋白，降低20%以上生产成本。胶原蛋白中的铬含量和废渣量降低30%以上，改善皮革手感和染色性能。制革废毛综合利用率达90%以上，含铬皮革废物综合利用率达90%以上。

续表

序号	技术名称	适用范围	技术简要说明	示范应用情况	污染治理或环境修复效果
54	废旧三元锂电池及其材料定向补偿制备三元前驱体技术	退役三元锂电池及其材料经深度物理放电综合利用，包括3C数码电池、动力与储能电池等，以及废旧三元锂电池材料。	退役三元锂电池经深度物理放电，自动拆解与分离，三元正极粉料再经浆化、低温熔盐、还原酸浸、硫化锰除Mg、Zn、氟化物除钙萃取优先提锂，pH精确调控沉淀除Mg、新型萃取剂萃取分步净化除杂后得到镍钴锰净化液，最后采用萃取—反萃，三维立体式搅拌（搅拌频率40Hz±10Hz），非恒定补偿三元前驱体（pH控制在10.9~11.6），三元定向补偿重构制备三元前驱体技术。该技术具有工艺流程短、金属回收率高等特点。	已建成年处理3.4万t废旧三元锂电池，年产12000t三元前驱体和4250t电池级碳酸锂生产线。	以江西赣锋循环科技有限公司34000t/a废旧锂电池综合回收项目为例，与传统湿法工艺相比，锂回收率提高10%以上，镍钴锰回收率提高5%以上，硫酸用量减少35%以上，SO_2减排10%以上。
55	废旧荧光显示器件拆解与回收利用及稀土再生技术	废旧荧光灯器件拆解处理、稀土再生或新线建设或技术改造。	开发了废旧荧光器件与照明灯具多品类，自动化、全密闭拆解及分离设备，废弃荧光粉过氧化碱溶一酸溶浸提技术；建立了流水线式稀土分析快速检测技术；拆解、收集、提取和再生利用的技术流程，形成闭式蒸馏回收技术体系。含汞废荧光粉采用密闭集中吸附达标后排放。该技术可实现废旧荧光灯含汞器件高效拆解，减熔拆解，减熔温度降至650℃，低能耗控制。	江西格林循环产业股份有限公司600万台废弃荧光器件自动化拆解及利用和3300t荧光粉综合利用项目。	以江西格林循环产业股份有限公司废弃荧光管和荧光粉综合利用项目为例，可对废旧荧光灯进行精确计数与全程追溯，设备可实现24h连续运行，废弃荧光灯处理能力＞1100万支/a，废旧荧光灯回收率＞99%，荧光粉收集率＞99%，稀土综合浸出率＞99.5%，烟气中汞含量＜0.005mg/m³。
56	流态化焚烧炉熔融炉资源化及处理废旧印刷电路板技术	废旧印刷电路板资源化及处理有价金属或新线建设或技术改造。	一定粒度的废旧印刷电路板加入被空气剧烈扰动的流态化焚烧炉熔融炉中，迅速被炉渣加热到相同温度，电路板中的有机物燃烧放出大量的热量，熔体直接给予炉料熔化和反应。熔体与熔渣的固体颗粒之间的传热系数大，加速了炉料熔化和反应过程，减少了燃料消耗，提高了热能利用率，铜回收率比传统鼓风炉高4%~5%。	已在中节能（汕头）再生资源技术有限公司2万t/a废旧印刷电路板处理生产线应用。	利用废旧印刷电路中有机质实现自热，化石燃料消耗少。吨粗铜年最大消耗焦化石燃料煤0.26t，相比传统鼓风炉或反射炉处理消耗的燃料煤减少了0.58t，折合年减少标准煤0.41tce/t粗铜。以处理2万t电路板规模计，年减少CO_2排放4076.66t/a。

四、土壤和生态修复领域（10项）

序号	技术名称	适用范围	技术简要说明	示范应用情况	污染治理或环境修复效果
57	有机污染场地原位化学氧化和智能控制修复成套技术	含氯代有机物、多环芳烃、石油烃等有机污染地块土壤和地下水原位修复。	利用复合原位化学氧化修复设备，向土壤和地下水中的污染物添加自主研发的高渗透性修复药剂，实现有机污染物的高效修复。对修复过程的工艺参数（回灌率、压力强度、混凝土强度、变量浓度、变量数等）结合模型优化智能化，精准进行智能控制，将土壤和地下水中的污染物转化为无毒或毒性较小的物质，药剂使用量可减少15%，部分含氯有机物降解率可提高20%。	已有25项工程应用。如天津市西青区高泰路土壤修复工程，污染土壤修复量为34964.5m³，地下水修复量为35486.5m³。	相关污染物初始浓度在5mg/kg～5000mg/kg时，去除率为70%～90%。修复后达到《土壤环境质量 建设用地土壤污染风险管控标准（试行）》(GB36600—2018)筛选值，《地下水质量标准》(GB/T14848—2017)III类水质量目标值。
58	复杂污染地块高压注射一原位化学氧化修复成套技术	低一中渗透性污染土壤（如黏质粉质黏土、粉质黏土、粉一细砂土、粉砂等）地块；氯代烃系、苯系物、硝基苯系、多环芳烃、石油烃类等有机污染场地。	将带有特殊喷嘴的注浆管（钻杆）通过钻孔送至土层预定深度，然后从喷嘴喷出预先配制的复配氧化药剂，注浆管在喷射的同时自下而上旋转提升，高压流液对土体进行切割搅拌，使药剂与污染土壤和地下水充分混合。采用的"三重管法"高压注射工艺具有劈裂和渗透作用，将污染物在土壤或含水层中的迁移、扩散和反应，将污染物分解为低毒或无毒产物。注射压力20MPa～30MPa，药剂注射流量20L/min～120L/min，空气注射压力0.3MPa～0.8MPa，扩散半径0.8m～3.5m，最大修复深度12m～25m。	已有7项工程应用。如湖北某污染地块土壤金属复合污染场地治理工程，土壤修复量为37.02万m³。	以原湖北某染料厂生产场地重金属复合污染场地治理工程为例，复合污染场地主要污染物为氯苯、1,2-二氯苯、四氯化碳、三氯苯、蒽、苯并[a]蒽、苯胺，修复前污染物浓度为10mg/kg～1000mg/kg时，修复后均达到修复目标要求，污染物去除率95%～99%，产生的尾气、污水经处理后达标排放。
59	焦化类污染场地土壤风险评估技术	焦化类污染场地土壤风险评估。	建立了精细化风险化一精细化调查评估"核心技术体系，焦化类污染场地精细化监测方法：研发应用基于人体胃肠液的生物可给性测定，实测土壤VOCs浓度、土壤VOCs多相分配和温度再利用风险预测等精细化风险评估方法，解决了传输一反应的耦合模型，建筑物地面再利用风险预测等精细化风险评估方法，解决了传统评估方法导致的过度修复问题。可监测地面以下达50m的土壤气、实现米级分辨率的样品采集。	已有40多项工程应用。如首钢主厂区，场地面积约560m²。	可将VOCs类污染物的风险评估准确度提升1～2个数量级，将重金属和半挥发性有机物的风险评估准确性提升2～5倍，降低风险1～2个数量级，节约30%以上修复量。

续　表

序号	技术名称	适用范围	技术简要说明	示范应用情况	污染治理或环境修复效果
60	多种重金属污染土壤同步固化-稳定化修复技术	多种重金属污染土壤同步固化-稳定化修复。	发现了重金属污染土壤修复常温固相作用机理，提出了重金属污染土壤硅铝基材料同步固相的作用机理，开发了"临界粒径—低碱激发—常温制备"的固废基环保绿色含重金属污染物新技术，并针对重金属阴离子污染，阴离子污染多种重污染场地开发了高性能环境修复材料。首创了特细固废"射流搅拌固化"技术和泥浆固化成套装备，修复材料用量可降低30%，开发了重金属离子格纯化的常温化学固化技术，综合重金属离子纯化率达到95%，土壤压实度达到95%，综合利用修复施工成本较传统技术降低30%，实现了重金属污染场地地安全利用。	已有60多项工程应用。如武汉CBD原染料厂污染土壤修复治理工程，土壤修复量为38万m³。	固结体中的重金属钝化率达到95%以上，固结体浸出浓度低于《地表水环境质量标准》(GB3838—2002)中IV类水体限值。修复后土壤浸出液中Cr^{6+}浓度<0.05mg/L，As^{3+}浓度<0.1mg/L，Pb^{2+}浓度<0.05mg/L，Cd^{2+}浓度<0.005mg/L，Hg^{2+}浓度<0.001mg/L，修复效果具有长期稳定性。
61	高频声波振动钻进取样装备及技术	污染场地非卵石层取样，岩石层钻进取样，浅层土工程勘察、浅层产状勘查。	采用高频振动头力提供振动力，将钻具贯入地层，可连续快速钻取地下水样或建造地下水监测井；配合使用套管或螺旋中空管钻进，可采用地下水样采集至线和注浆管，可将使用污染物监测数据并传输至地面；配合使用不同位置的污染物浓度数据注入至目标层位；配合使用脱落纤维，可完成物探爆破孔的施工。该技术钻进过程中无需泥浆，可精准获取地层信息；土壤样品压缩性低、结构扰动小，可精准获取原状土样，也多信息；高频振动使土层液化，钻进速度快，特别适合砂土地层。振动频率50Hz～180Hz。	已有6项工程应用。如山西尾矿库勘察项目，累计完成勘察钻孔20余个，累计进尺600多米，获取尺取原状土样300多组。	钻进过程中不使用泥浆介质，单次取样深度0.5m～2.5m，取样深度>50m，最大取样直径130mm。
62	重金属污染土壤芦竹修复及生态板制造技术	重金属污染土壤修复。	针对单一或复合重金属镉、汞、铅、砷、铜、锌、镍或铬合量超过《土壤环境质量 农用地土壤污染风险管控标准（试行）》(GB 15618-2018) 规定风险筛选值5～10倍以内的污染土壤，采用生长量大的芦竹进行植物修复。土壤适宜pH为5.5～8.5，芦竹扦插或移栽种植株距和行距以60cm～80cm为宜，芦竹高达到3m～4m时刈割并留茬5cm左右。以富集重金属的芦竹的茎秆为原料，切成20mm～40mm的长度，并控制其含水率在2%～4%之间，采用不含甲醛的异氰酸酯（MDI）作为胶黏剂，将芦竹秸秆纤维在200℃～250℃范围内加热压成车固定用的整体，制成环保人造板。	已有2项工程应用。如万山区散染污染土壤芦竹修复与治理示范工程一期。	以贵州铜仁汞矿区重度污染土壤 (Hg平均含量21.44±19.94 mg/kg) 修复项目为例，种植的芦竹亩产量约4t（干重）/a，植株中Hg含量和积累总量分别为4.46±1.40mg/kg和11.63～18.47mg/亩。制成的秸秆人造板中汞含量17.01±0.82mg/kg，符合《室内装饰装修材料木家具中有害物质限量》(GB18584—2001) 对可溶性汞<60mg/kg的限值要求。

续 表

序号	技术名称	适用范围	技术简要说明	示范应用情况	污染治理或环境修复效果
63	黄土高原沟壑防控组合固土集水保肥技术	坡度较小（低于25°）的黄土高原区、风沙区、沟壑交错水蚀区、复合沟壑区，水土流失区固土集水保肥。	采用工程—生物组合沟壑封顶技术、沟壑锁扣技术、沟壑边坡绿化技术、疏导分流功能土障与网格状阻隔土障组合技术，季节性洪水集水聚利用技术等，短时间内实现疏导、分流、减缓、阻隔、固定、调蓄、集水及固定、控制风沙危害，生态得到恢复。梯形土障直径2 m，高 0.5 m，三角形排布；圆形土障底边长2.8 m，高0.5 m，高 0.5 m。	已有2项工程应用。如甘肃省环县甜水镇国家沙化土地封禁保护区项目，治理面积为30.9万亩。	在甘肃省环县甜水镇国家沙化土地封禁保护区应用三年后，流沙完全固定，水土流失完全停止，植物种类增加31种，植被覆盖度由0增加至平均35%，最高覆盖度达60%，地表pH向中性过渡，治理后地表1cm有机质、全氮、全磷、碱解氮及有效磷分别为原沙的4倍、3倍、2倍、2.6倍和2.6倍。
64	新型高聚物生态护坡技术	地质环境脆弱区生态修复，包括地质灾害体、冲蚀沟面及荒漠化、石漠化等生态修复。	基于生态学、系统学与工程学等理论，开发了生态修复护坡新生态修复技术，结合松散体斜坡生态抗冲蚀材料和凹凸缓释肥功能材料，植物抗逆性研究及根系诱导技术，改良了"结构补强一土壤一植被长期稳定存活、选取的植物均为区域内原生生物种、植被恢复难等难题，实现受损生态系统恢复或重建。生态加固材料表观黏度16MPa·s～17MPa·s，pH7.0～7.5。	已有20多项工程应用。如九寨沟沟震损区域创立了仿生态立面生态修复项目，修复总面积为62127m²。	使用的材料皆为环保材料，新型土壤加固材料在高寒、冻融等恶劣环境条件下可仿证植被长期稳定存活，修复的植物均为区域内原生物种。修复初期可快复植被覆盖率至80%以上，后期逐渐实现自维持与长期有效固坡。

144

续　表

序号	技术名称	适用范围	技术简要说明	示范应用情况	污染治理或环境修复效果
65	砂（砾）质海岸线生态修复工程设计关键技术	砂（砾）质海岸线生态修复。	应用海岸水动力环境高效计算模拟系统全面研究工程区域波浪和潮流特征，为砂滩修复、海湾清淤和生态海堤建设等提供了保障，其中生态海堤使用寿命达到10a以上。应用动床物理模型试验技术，海滩剖面和平面演化计算模拟方法系统开展了沙滩演化研究，提出了最优化的沙滩修复工程设计方案，可保证沙滩使用寿命达到5a～10a。上述技术大幅提高了生态修复工程的科学性和实施效率，有效降低了砂（砾）质海岸的侵蚀强度，海域生态环境修复效果效果显著。	已有3项工程应用。如营口鲅鱼圈珍珠湾生态修复工程，修复岸线1.35km。	营口鲅鱼圈月亮湾综合整治与修复工程项目实施后，恢复砂质岸线长度4.5km，滩肩宽度不小于50m，滩肩高程不低于2.5m，海滩稳定性明显改善，区域生态环境得到改善，亲水空间得到拓展。
66	水电工程边坡植生水泥土生境构筑技术	水电、交通、采矿等工程建设产生的坡度不大于60°的土质、土石质、岩石质及人工混合土质，硬化边坡的生态修复。	通过开展恢复生态系统养分循环利用及基材活性优化研究，植生基材耐久性改良及智能化灌浆系统研究，植生水泥土专用喷播设备及防飞溅措施研究，生态修复植物物种筛选和植物群落构建造景观营造技术，集成关键创新技术，构筑原始自然生境，促进植物恢复及演替，其中生境基材强度大于0.38MPa，整体稳定性提高22%以上，根系生长空间增加10%，微生物多样性指数达2.79以上，植被覆盖率达95%以上，可满足所有类型硬化边坡生态防护技术。	已有100多项工程应用。如深圳鹏城实验室边坡修复项目，实施总面积约11200m²。	植生水泥土孔隙度处于37%～48%，植生水泥土良好比例，酶活性提高0.7～2.1倍，速效有益微生物量提高5～8倍，植被分固结能力提高15%～25%，覆盖率达95%以上。可有效解决施工扰动带来的植被破坏和水土流失问题，明显改善边坡生态恢复效果，调节局部小气候。

五、环境监测与监控领域（6项）

序号	技术名称	适用范围	技术简要说明	示范应用情况	污染治理或环境修复效果
67	水中放射性核素自动在线监测技术	市政供水、饮用水、地表淹流用水、核设施出物等水体中的总放射性α、总放射性β放射性核素的监测。	开发了脱气膜水中^{14}C气液自动分离技术、水体放射性核素自动快速富集技术、液闪谱仪探测效率自校准技术，小型可移动液量技术系列关键技术，研制了脉冲氚和总α和总β放射性测量系统，实现对水中总α、总β、^3H、^{90}Sr等放射性核素的实时自动监测，建立了一体化、自动化、网络化监测模式。该技术解决了背景干扰下水中放射性核素自动在线测量问题，具有高灵敏探测、高效率测量、抗干扰、自动化运行等特点。仪器全程水样回收率>70%。	已有2项工程应用。如甘肃省生态环境项目辐射网络建设、饮用水环境在线自动监测站项目。	探测效率α>90%，β>85%，^3H>60%，^{90}Sr>78%。采取全液相手段完成水样的取样、浓缩富集、制样和检测，全流程在封闭管道和容器中完成，不存在二次污染。
68	超低浓度紫外差分烟气分析仪	火电厂行业固定污染源排放SO_2、NO_x的监测。	针对固定污染源排放烟气中的超低浓度污染物（SO_2、NO_x等），通过全程伴热测量技术、高温紫外吸收池自主选型、微变算法等技术研发，开发了超低浓度紫外吸收度的便携式烟气分析仪器测量仪，实现了超低排放烟气中SO_2、NO_x等指标的测量。核心工艺包括：微型紫外光谱装调，长光程高温紫外吸收池装调、全程伴热取样装调等。SO_2和NO检出限<1mg/m³，NO_2检出限<2mg/m³。	LY3023Y（热湿法）紫外烟气分析仪已销售500多台。如河南微米检测科技有限公司应用1台。	可同时测量烟气中超低低浓度的SO_2、NO、NO_2等指标、长光程高温超低浓度的SO_2、NO、NO_2等粉尘NO，不受水分检测NO_2，无影响，可直接检测NO_2/NO转换器；可扩展检测NH_3、H_2S等其他气体。
69	气相分子吸收光谱仪	地表水、地下水、污水和海水中氨氮、总氮、凯氏氮、亚硝酸盐氮、硝酸盐氮、硫化物等6项指标检测。	研发了高效连续气液反应分离技术、多通道稳压恒流气源技术，高信噪比电检测系统、模块化结构设计，蠕动泵驱动模块可靠性设计、高可靠性进样单元一体化设计、研制了气相分子吸收光谱技术，实现了气相分子吸收的快捷检测。闭环式半导体湿度控制系统，实现了氨氮、总氮、硫化物等污染物的快捷检测。该仪器不受水中浊度、色度、干扰金属离子等因素影响，无需复杂前处理，测量精度高，检出效率高。0.0002Abs/2min，测量精度<1%。	已在330多家单位应用。如中国环境监测总站。	针对氮化物、硫化物检测，将传统方法10min/样~30min/样的测定时长缩短至2min/样~5min/样，涵盖5个数量级。提升了含氮含硫化合物的检测数量级。气化分离残留由3%~5%降低到<0.5%，测量精度由原来2%提高至优于1%。

续　表

序号	技术名称	适用范围	技术简要说明	示范应用情况	污染治理或环境修复效果
70	基于人工智能的污染源精准识别—溯源分析—预测预报技术	城市污染状况识别、溯源分析及预测预报。	将视频数据、污染物浓度、气象数据、排放源等多种数据源一融合，运用人工智能（AI）技术进行污染源精准识别，溯源贡献度分析、污染物浓度预测预报。该技术实现了从底层数据源接入、数据处理、数据融合到构建的一系列模型功能，实现对多污染物在未来时时间变化的小时级精确预测。	已有10项工程应用。如重庆市合川区智慧环保项目。	可及时掌握生态环境违法信息，实现快速发现，实证固定证据，应急措施响应，实现闭环、快速执法和实时管控等措施调度，污染源治理动态管控，完成从发现问题到解决问题的闭环管理。
71	工业集中区大气污染物的立体监测系统	工业集中区大气污染物的时空分布研究、溯源和精准管控。	应用无人机监测、开放光路监测及走航监测等监测技术，并与工业集中区单位排污单位污染监测数据及微型空气质量预警监测站点三维立体监测数据深度融合，形成一套在线、移动、网格化、三维立体空间式的高分辨动态排放体系和高精度监测系统，解决了工业园区污染物监测体系信息孤岛和时空分辨率差、时效性差和跟踪溯源少等问题，可实现对重点大气中 H_2S、NH_3、$TVOCs$、O_3、CO、CO_2、NO、SO_2、CH_4、$PM_{1.0}$、$PM_{2.5}$、PM_{10} 的浓度（CO_2 除外，为 g/L 级），可在线监测仪，检出限为 g/L 级（CO_2 除外，为 mg/L 级）；可经检测大气温度湿度、大气压强、风速风向、太阳辐射强度、纬度和海拔高度等气象与地理信息参数。	已有5项工程应用。如杭州湾上虞工业集中区立体监测项目。	可提高当地生态环境管理部门工作效率、节省人力物力。根据对浙江上虞园区大气污染重点排放企业的筛选与调查，形成了基于企业一污染物一技术一减排量的"一企一策"大气污染控制技术工程清单。
72	基于复合光谱的机动车尾气污染物排放动态精准监测及系统	机动车尾气污染物排放动态监测。	提出了基于复合光谱技术的柴油车污染排放动态监测方法，开发了高频调谐半导体激光光谱（ETDLAS）技术，创新设计了互为收发系统的 ETDLAS 和紫外差分吸收光谱（UV-DOAS）双光谱检测单元，研发出高适应、宽范围的机动车尾气多种排放参数的精准监测仪器和成套高速设备，实现了机动车尾气多种排放参数的精准监测和重复性误差小。测量了废气（CO、CO_2、HC、NO）测量示值误差和重复示值误差分别为 ±5% 和 2.5%，不透光度示值误差分别为 ±5% 和 1%；响应时间 <0.22s；仪器测量 24h 漂移量测量不超过示值误差。	已有92项工程应用。如巴彦淖尔市环境信息监控中心机动车遥感监测专用设备项目，安装3套固定水平式机动车尾气遥测系统。	监测的机动车尾气排放参数包括 CO、NO、HC、CO_2，不透光度 5%，在尾气管后林格曼黑度 <0.25 级；满足 24h 污染物和黑烟后置条件下的有效烟团捕获率不低于 90%。

六、节能减排与低碳领域（13 项）

序号	技术名称	适用范围	技术简要说明	示范应用情况	节能与温室气体减排效果
73	IE4 效率电动机设计技术	可与风机、水泵、压缩机、机床等使用设备配套使用。与 Y、Y2、Y3、YE2、YX3 等系列 YE3 等系列的电动机产品有良好的互换性。	采用新型绕组、合理选用冷轧硅钢片和永磁材料等技术，效率达到国家二级能效标准，比目前国内常用的 Y 系列电机效率平均提高约 5.4%。其包括 YZTE4 系列（IP55）铸铜转子三相异步电动机（功率范围：0.55 kW～22kW，机座号 80～180，极数 2～8）；YE4 系列（IP55）三相异步电动机（功率范围：0.55 kW～1000kW，机座号 80～450，极数 2～8）；TYE4 系列（IP55）自启动永磁同步电动机（功率范围：0.55 kW～90kW，机座号 80～280，极数 2～8）。	已推广转让 41 家专业制造企业，形成 2000 万 kW 以上生产能力，如南方泵业的南方泵端吸离心泵的设备。	按产量 2000 万 kW，年运行时间为 5000h 计算，每年可节约用电 66.72 亿度，节约标煤 82 万 t，减少 CO_2 排放 380.50 万 t。
74	热泵喷气增焓转子式变频压缩机技术	北方低温寒冷地区住宅和商用建筑采暖。	利用喷气增焓原理，采用特殊的喷气结构，大幅度提高低温工况下的采暖制热量和制热能力，解决低温工况下能效衰减的问题；同时排气温度能够下降 15℃～20℃，结合热泵技术，采用变频控制实现快速制热及蓄热运行等功能，实现节能减排。	已有多个示范项目应用，如四川、长虹、海尔、福美、格力、高而际华等在北京、天津、河北等地推广安装 100 余万台。	与燃煤采暖相比，热泵采暖节省煤耗量 832kg/台；CO_2 减排 2180kg/台；喷气增焓技术在低温制热工况下能效提升 12.8%，节省煤量 943kg/台，CO_2 减排 2470kg/台。

续　表

序号	技术名称	适用范围	技术简要说明	示范应用情况	节能与温室气体减排效果
75	高效永磁同步变频离心式冰蓄冷双工况机组设计制造技术	制冷行业冰蓄冷双工况空调系统主机。	通过研制高效率、高转速、大功率的中高压、大功率高速永磁电机变频调速，实现大功率高速永磁电机的单机制冷量。通过"双工况多点气动设计方法"，均衡压缩机制冷和制冰双工况气动设计效率，满足机组制冷和制冰双工况压比高、变化大的要求，提高机组工况适应性，保证制冰制冷工况高能效。对于大冷量机组采用独立双系统串联逆流设计，满足冰蓄冷大冷量和变负荷稳定运行的要求，提升可靠性。	已有 29 项工程应用，如珠海琴瑟能源发展有限公司 3 号冷站应用，冷量规模 2400RT。	高效永磁同步变频离心式冰蓄冷双工况机组比传统定频离心式冰蓄冷双工况机组节能约 172 万 kW·h，节能 26%，折算节约标准煤 211.39t，减少 CO_2 排放 980.92t。
76	旧电机永磁化再制造技术	矿山、冶金、石油化工、建材、陶瓷、纺织等能源装备的电机与工作机之间的智能节能调速传动系统。	充分利用旧（低效）三相异步电动机机壳、定子、转子等零部件，对电动机转子母线重新加工，将磁钢表贴于转子之上，形成新的电动机永磁转子。通过再制造使用永磁同步电动机，再制造维护方便。再制造电机性能指标符合国家相关标准，其电机效率满足《永磁同步电动机能效限定值及能效等级》（GB 30253-2013）能效 1 级要求，功率因数在 0.90～0.98 之间。	已有 8 万多台合再制造电机应用，如东鹏陶瓷公司再制造基地电机再制造 1884kW。	再制造后电机效率符合国家 1 级能效标准，综合节电率在 10%～30% 之间，获得国家质量认证中心（CQC）节能产品认证。较未进行再制造的电机相比较，再制造后电机每千瓦 kW 全年可节电 68 万 kW·h，全年节约标准煤 83.57t，减少 CO_2 排放 387.8t。
77	永磁式大功率能源智能多机调速节能技术	煤矿、石油化工、电力、冶金等行业的电机与工作机之间的智能源节能调速传动系统。	以磁场为介质，通过调节导体之间的气隙控制电机到负载的转矩转速传递。应用于永磁调速带机、刮板机等恒扭矩、恒转速工作机，具有软启动、多机功率平衡出力，电机按需出力，改变工作机转速实现目标流量、水泵类实现流量等输出，解决"大马拉小车"问题，节能效果显著。及机械阀门调节流量等造成的能量损失问题，调速范围 30%～97%，平均节电率 15% 以上。该技术属于纯机械式传动，无谐波干扰，环境适应性强，后期运行维护量小，高效节能。	已有 20 余项工程应用，如湘潭钢铁集团，最大装机功率 800kW。	安装 800kW-750r/min 及 630kW-750r/min 调速型装置应用于风机节能调速项目，各电机按需出力，分别实现节电率 30% 及 18%，年节电量 62.4 万 kW·h，折标准煤 76.7t。

续 表

序号	技术名称	适用范围	技术简要说明	示范应用情况	节能与温室气体减排效果
78	绿色节能散开式立体卷铁心干式变压器设计技术	电压等级6kVA~35kVA、额定容量为30kVA~12500kVA的三相双绕组立体卷铁心干式变压器。	采用立体卷铁心结构，在平面卷铁心变压器技术基础上，将铁心的排列方式优化为立体排布结构，使三相铁心磁路对称，磁路最短，空载电流、励磁电流、空载损耗著降低，与叠铁心相比空载损耗下降18%~28%；立体卷铁心材料利用率较高，重量轻，比叠铁心节约用料23%，立体卷铁心节约硅钢片铁心约2%~3%，是高效节能节材变压器的核心部件。立体卷铁心非包封式干式电力变压器。	已有12项工程应用，如伯恩公司2500kVA×18台。	性能与国家标准《干式电力变压器技术参数和要求》（GB/T 10228—2015）（空负载允许偏差取8%）相比，18台2500kVA容量，每年可节电约78.27万kW·h，按变压器寿命20年计算，总节电量为1437.98万kW·h，折算节煤1767.28tce，减少CO$_2$排放8200.80t。
79	新型大功率漫光灯	市政路灯、机场、港口码头、市政隧道灯、高杆灯、工矿道灯、高速路灯、体育场灯、体育专业灯馆等其他大功率用灯。	通过驱动高端电子镇流器将气体放电发光或固体（半导体）发光的电光源从50Hz的220V交流电，稳压到400V直流电，再转换成350V高频稳压400V~450V高频交流电，再经过高频转换变40KHz~50KHz到400V~450V的高频电压驱动光源，克服了现代电子镇流器的技术复杂性，提升电能转化率；根据漫反射光源的发光特性均匀照射在反光材料上，经二次互叠发光50%以上，并减少眩光；驱动电源工作效率达到0.97以上，功率因数可提高98%，寿命100000h，电子元器件作工作时结温低，产生温度≤60℃。	已有8项工程示范，如秦皇岛港口使用漫光灯工程，高杆漫光灯600W×180盏；240W漫光灯110盏，240W泛光灯190盏。	漫光灯替换钠灯和金卤灯可节能60%以上，一盏100W的漫光灯可以替代250W钠灯（金卤灯）。秦皇岛港口使用漫光灯工程，年节电337万kW·h；深圳体育中心节能改造项目，年节电35万kW·h；苍南104国道路灯和隧道改造工程，年节电106万kW·h，番禺市政路灯使用漫光灯工程294.34万kW·h。三项工程合计年可减少CO$_2$排放2482t。

续 表

序号	技术名称	适用范围	技术简要说明	示范应用情况	节能与温室气体减排效果
80	锅炉燃烧智能监测与控制技术	火电行业一次风粉在线监测、风粉均衡分布细控制技术改造，深度调峰下锅炉燃烧器燃烧状态精细控制。	采用静电感应技术对一次风粉流动参数进行精确监测，通过新型的风粉调整调整技术实现风粉均匀分配的在线精细控制，最终对制粉粉分布精细调整可达5%以内，同台磨风粉流速测量数据可进行一次风精细配风，风粉分布均衡基础上可进行二次风精细配风，从而降低排烟热损失，并降低辅机电耗，燃烧均匀后，可消除炉内燃烧恶化区域，减少飞灰含碳量，降低烟气中的CO，达到高效低NO_x燃烧。	已有近50台燃煤机组应用，如神华国家能源集团华九江电厂深度调峰下锅炉燃烧状态精细燃烧控制项目，机组规模1000MW。	风粉均衡调整和优化可提高锅炉热效率0.5%～1.0%，至少降低煤耗1.5g/kW·h以上，NO_x排放量减少10%，节省脱硝催化剂成本。
81	工业加热炉高温炉辐射膛强化热辐射及热处理炉（800℃以上）技术及传热技术	钢铁冶金、机械制造行业高温炉辐射炉及热处理炉（800℃以上）技术改造。	热辐射体是根据传热学原理，通过增加辐射膛有效辐射面积，提高炉膛表面发射率和定向辐射传热功能，达到节约燃气，降低碳排放的效果。平均节能率在8%～10%甚至以上，热辐射体在995℃时有效发射率达到0.95。	已有50多项工程示范，如福建福欣特殊钢有限公司热轧卷板2#加热炉改造。	较未使用该技术的加热炉，以产能160万t/a，吨钢煤气消耗270m³加热炉为例，单位产品燃料消耗降低10%以上，每年可节约标准煤4674tce/a。
82	回转式冶炼废杂铜成套工艺及装备	铜冶炼行业高品位废杂铜的回收利用。	采用高效熔体微观搅动技术（NGL炉）、节能减排新型供热技术、新型双功能炉门、高效烟气净化技术，原料适应范围更宽（入炉品位85%～90%），NGL炉节能工艺能耗节省近80%，氮氧化物排放减少近80%，自采用废杂铜为原料，动化程度高，实现了废杂铜的高效节能环保冶炼。	已在4家再生铜企业应用，如山东某集团有限公司，全部采用废杂铜为原料，年产阴极铜达20万t。	NGL炉冶炼综合能耗小于100kgce/t，与反射炉相比，在处理原料条件相同的情况下，每吨废铜可降低综合能耗70kgce/t以上，采用氧气卷烟吸烧方式，热效率高，热量分布均匀，节能减排效果显著，可减少废气量45%，氮氧化物80%，二氧化碳40%。

续表

序号	技术名称	适用范围	技术简要说明	示范应用情况	节能与温室气体减排效果
83	钢铁厂烧结机主烟道内置式余热锅炉	钢铁行业烧结系统余热回收。	通过烧结机主烟道余热锅炉回收烧结生产过程中产生的高温废气的余热。在主烟道中内置相应的锅炉换热面，通过换热器换热使用，提供生产蒸汽，同时达到烟道降温的目的。与外置式余热锅炉相比，换热效率更高，蒸汽品质高品质更高，蒸汽直接并入烧结余热系统配套汽轮机进行发电。（2.0MPa，温度300℃左右）	已有4个工程示范项目，如广西柳钢中金不锈钢冶炼有限公司镍冶炼项目1#360m²烧结余热系统综合利用工程。	柳钢 1#360m² 烧结大烟道余热锅炉蒸发量12t/h，每小时节省标煤约880kgce。按年运行7000h计算，年节约标煤量6160t，折算发电量2256kW·h。
84	低阶煤蓄热式下行床快速热解工艺技术	煤炭加工、热电联产行业中低阶煤热解提质，热解油气分离净化后生产化工产品，提质煤送至锅炉发电。	采用核心加热元件蓄热式辐射管与下行床相耦合，形成蓄热式下行床快速热解反应器，炉内无转动设备，系统运行可靠，在6s～9s内错落布置的辐射管可实现物料的强混合快速换热；炉内中低阶粉煤的快速热解，在500℃～950℃范围内可生产油、气、品质高，挥发分提取率、能源转化效率及系统热效率高，易于工程化；单合热解规模可达120万t/a；采用模块化组合工艺，针对火力发电，可提高锅炉效率，降低发电煤耗。	已在内蒙古巴林右旗煤炭分质梯级利用70万t/a 乙二醇项目（3×120万t/a煤炭快速热解耦合4×670t/h火电）应用。	乙二醇单位产品能耗1087.76kgce/t，较行业准入值1120 kgce/t而言，可节约标煤32.24kgce/t，相当于减少CO₂排放79.27kg/t。
85	含烃石化尾气的膜法分离耦合精分离和综合利用技术	石化、精细化工、医药等领域的含烃石化尾气回收和综合利用。	建立连续超薄涂层工艺生产兼具高通量和高选择性的有机气体分离膜组件，表系物对氢气的选择性>30，渗透率>3000GPU；设计偏差<5.0%；开发非理想分离状态模型实现精确过程设计，开发梯级耦合流程设计方法将膜分离、吸附、深冷等气体分离技术优化整合，协同强化，高精度综合回收尾气中的高价值组分，实现各石化尾气回收能耗显著降低，综合回收弹性大，操作弹性高，可处理多源、复杂组分废气，对需排放的尾气也可满足更严格的地方标准。实现95%以上轻烃和氢气的回收，也可满足国家120mg/m³的排放标准。	已在百余项项目中应用，如中石化83000m³/h富氢尾气综合回收项目等。	对典型多源含烃石化尾气，综合回收单耗<0.10 kW·h/m³尾气，与国外专利技术相比，能耗降低约20%～30%；经过综合回收，每吨尾气折合减排CO₂当量超过40kg。

3 国家发展改革委相关文件

3.1 国家发展改革委办公厅关于印发首批碳达峰试点名单的通知

发改办环资〔2023〕942号

各省、自治区、直辖市及计划单列市、新疆生产建设兵团发展改革委：

为落实国务院《2030年前碳达峰行动方案》（国发〔2021〕23号）有关部署，按照《国家碳达峰试点建设方案》（发改环资〔2023〕1409号）工作安排，经有关地区城市和园区自愿申报、省级发展改革委推荐、省级人民政府审核、国家发展改革委复核，确定张家口市等25个城市、长治高新技术产业开发区等10个园区为首批碳达峰试点城市和园区，现予公布，并就有关事项通知如下：

一、有关地区发展改革委要高度重视、周密部署、扎实推进，组织指导有关城市和园区开展碳达峰试点建设。各试点城市和园区要切实履行主体责任，把碳达峰试点建设作为促进本地区经济社会发展全面绿色转型的关键抓手，统筹谋划重点任务、研究推出改革举措、扎实推进重大项目。

二、各试点城市和园区要按照《国家碳达峰试点建设方案》及《碳达峰试点实施方案编制指南》部署要求，结合自身实际科学编制试点实施方案。有关地区发展改革委要组织专业力量，对试点城市和园区实施方案编制工作给予指导和支持。

三、有关地区发展改革委对本地区试点城市和园区实施方案进行审核后，于2024年1月31日前报送国家发展改革委（环资司）。我们将组织有关方面对各试点实施方案进行审核，并反馈有关修改意见。

国家发展改革委办公厅

2023年11月28日

首批碳达峰试点名单

地区	试点城市/园区	地区	试点城市/园区
河北省	张家口市、唐山市、承德市	山东省	青岛市、烟台市、德州经济技术开发区
山西省	太原市、长治高新技术产业开发区	河南省	新乡市、信阳市
内蒙古自治区	鄂尔多斯市、包头市、赤峰高新技术产业开发区	湖北省	襄阳市、十堰市
辽宁省	沈阳市、大连市	湖南省	长沙市、湘潭市
黑龙江省	黑河市、哈尔滨经济技术开发区	广东省	广州市、深圳市、肇庆高新技术产业开发区
江苏省	盐城市、苏州工业园区、南京江宁经济技术开发区	陕西省	榆林市、西咸新区
浙江省	杭州市、湖州市	新疆维吾尔自治区	克拉玛依市、库车经济技术开发区
安徽省	亳州市、合肥高新技术产业开发区		

3.2　国家发展改革委关于印发《国家碳达峰试点建设方案》的通知

发改环资〔2023〕1409号

各省、自治区、直辖市及计划单列市、新疆生产建设兵团发展改革委：

为落实国务院《2030年前碳达峰行动方案》（国发〔2021〕23号）有关部署，在全国范围内选择100个具有典型代表性的城市和园区开展碳达峰试点建设，探索不同资源禀赋和发展基础的城市和园区碳达峰路径，为全国提供可操作、可复制、可推广的经验做法，现将《国家碳达峰试点建设方案》印发给你们，请认真组织实施。

国家发展改革委

2023年10月20日

国家碳达峰试点建设方案

为全面贯彻党的二十大精神，认真贯彻落实党中央、国务院决策部署，按照《中共中央国务院关于完整准确全面贯彻新发展理念做好碳达峰碳中和工作的意见》和国务院《2030年前碳达峰行动方案》有关部署要求，制定本方案。

一、总体要求

（一）指导思想。以习近平新时代中国特色社会主义思想为指导，全面贯彻党的二十大精神，深入贯彻习近平经济思想和生态文明思想，完整、准确、全面贯彻新发展理念，加快构建新发展格局，着力推动高质量发展，按照国家碳达峰碳中和工作总体部署，在全国范围内选择100个具有典型代表性的城市和园区开展碳达峰试点建设，聚焦破解绿色低碳发展面临的瓶颈制约，激发地方主动性和创造性，通过推进试点任务、实施重点工程、创新政策机制，加快发展方式绿色转型，探索不同资源禀赋和发展基础的城市和园区碳达峰路径，为全国提供可操作、可复制、可推广的经验做法，助力实现碳达峰碳中和目标。

（二）工作原则。

坚持积极稳妥。聚焦碳达峰碳中和重点领域和关键环节，将探索有效做法、典型经验、政策机制以及不同地区碳达峰路径作为重点，尊重客观规律，科学把握节奏，不简单以达峰时间早晚或峰值高低来衡量工作成效。

坚持因地制宜。充分考虑不同试点的区位特点、功能定位、资源禀赋和发展基础，因地制宜确定试点建设目标和任务，探索多元化绿色低碳转型路径。

坚持改革创新。牢固树立绿水青山就是金山银山的理念，持续深化改革、开展制度创新、加强政策供给，不断完善有利于绿色低碳发展的政策机制。

坚持安全降碳。统筹发展与安全，坚持先立后破，妥善防范和化解探索中可能出现的风险挑战，切实保障国家能源安全、产业链供应链安全、粮食安全和群众正常生产生活。

二、主要目标

到2025年，试点城市和园区碳达峰碳中和工作取得积极进展，试点范围内有利于绿色低碳发展的政策机制基本构建，一批可操作、可复制、可推广的创新举措和改革经验初步形成，不同资源禀赋、不同发展基础、不同产业结构的城市和园区碳达峰路径基本清晰，试点对全国碳达峰碳中和工作的示范引领作用逐步显现。

到2030年，试点城市和园区经济社会发展全面绿色转型取得显著进展，重点任务、重大工程、重要改革如期完成，试点范围内有利于绿色低碳发展的政策机制全面建立，有关创新举措和改革经验对其他城市和园区带动作用明显，对全国实现碳达峰目标发挥重要支撑作用，为推进碳中和奠定良好实践基础。

三、建设内容

（一）确定试点任务。试点城市和园区要根据国家碳达峰行动总体部署，结合所在地区工作要求，系统梳理自身碳达峰碳中和工作基础与进展，深入分析绿色低碳转型面临的关键制约，围绕能源绿色低碳转型、产业优化升级、节能降碳增效以及工业、建筑、交通等领域清洁低碳转型，谋划部署试点建设任务。

（二）实施重点工程。试点城市和园区要结合试点目标，在能源基础设施、节能降碳改造、先进技术示范、环境基础设施、资源循环利用、生态保护修复等领域规划实施一批重点工程，形成对试点城市和园区碳达峰碳中和工作的有力支撑。要加强对配套工程建设的各类要素保障，推动重点工程项目有序实施。

（三）强化科技创新。试点城市和园区要加强科技支撑引领，支持科研单位、高校、企业等围绕绿色低碳开展应用基础研究和关键技术研发。要创新绿色低碳技术推广应用机制，大力培育绿色低碳产业，支持和引导企业积极应用先进适用绿色低碳技术，努力形成新的产业竞争优势。要加强碳达峰碳中和专业人才培养、引进和使用，推动完善碳达峰碳中和学科体系。

（四）完善政策机制。试点城市要深入剖析当前绿色低碳发展存在的体制机制短板，加快建立和完善有利于绿色发展的财政、金融、投资、价格政策和标准体系，创新碳排放核算、评价、管理机制，推动城市能效与碳效整体提升。试点园区要加快建立以碳排放控制为导向的管理机制，着力提升园区绿色低碳循环发展水平。

（五）开展全民行动。试点城市和园区要着力加强对公众的生态文明科普教育，普及"双碳"基础知识。要大力推广绿色低碳生活理念，促进绿色消费，创新探索绿色出行、制止浪费、垃圾分类等方面体制机制。要引导企事业单位加强能源资源节约，提升绿色发展水平，切实增强各级干部推进绿色低碳发展的理论水平和业务能力。

四、组织实施

（一）确定试点名单。统筹考虑各地区碳排放总量及增长趋势、经济社会发展情况等因素，首批在15个省区开展碳达峰试点建设名额分配安排见附件1。试点城市建设主体原则上为地级及以上城市，试点园区建设主体为省级及以上园区。有关省区发展改革委要根据碳达峰碳中和工作实际、本地区城市和园区绿色低碳发展水平等情况，按照分配名额提出碳达峰试点城市和园区建议名单，报本地区人民政府同意后，于2023年11月15日前报国家发展改革委确认。国家发展改革委将根据首批试点推进情况，组织开展后续试点建设。

（二）编制实施方案。有关省区发展改革委要指导试点城市和园区按照《碳达峰试点实施方案编制指南》附件2要求，结合自身实际科学编制试点实施方案，明确重点任务、改革举措、重大项目和工作进度安排，报国家发展改革委审核并按照审核意见进行修改完善，经本地区人民政府同意后，以试点所在省区省级发展改革委或所在城市人民政府名义印发，并抄报国家发展改革委。

（三）开展试点建设。各试点城市人民政府和试点园区管理机构要切实担负起主体责任，完善工作机制，明确各方职责，按照实施方案扎实开展建设。有关省区发展改革委要认真履行指导责任，督促试点城市和园区推进各项重点工作，及时协调解决试点建设中遇到的困难和问题，加大政策和资金支持力度，确保工作取得实效。国家发展改革委将会同有关方面统筹现有资金渠道，对符合要求的试点建设项目予以支持。鼓励金融机构支持碳达峰试点城市和园区建设，综合运用绿色信贷、绿色债券、绿色基金等金融工具，按市场化方式加大对相关绿色低碳项目的支持力度。

（四）加强总结评估。有关省区发展改革委要组织试点城市和园区定期开展建设情况总结评估，系统梳理试点工作进展成效，深入分析试点建设中遇到的问题，及时将有关情况报送国家发展改革委。国家发展改革委将会同有关方面加强对试点工作指导和督促检查，组织行业专家和专业机构提供政策指导和技术帮扶，对试点成效突出的城市和园区予以通报表扬，对工作进度滞后、试点效果不彰的试点及所在地区进行督促并责令限期整改。

（五）做好经验推广。试点城市和园区要及时梳理总结有推广价值的经验模式、典型案例和成功做法，归纳后形成信息上报。有关省区发展改革委要将行之有效的经验做法在本地区率先推广，推动转化为地方法规、政策制度、标准规范等。国家发展改革委将组织开展多种形式的试点经验交流活动，宣传推广绿色低碳发展创新模式和典型经验。

附件 1

首批国家碳达峰试点名额安排

地区	名额	地区	名额
河北省	3	山东省	3
山西省	2	河南省	2
内蒙古自治区	3	湖北省	2
辽宁省	2	湖南省	2
黑龙江省	2	广东省	3
江苏省	3	陕西省	2
浙江省	2	新疆维吾尔自治区	2
安徽省	2		

附件2

碳达峰试点实施方案编制指南

一、工作基础

（一）实施主体概况。简述试点城市区位交通、自然条件、经济发展状况、产业结构和布局等；试点园区区位条件、占地面积、园区发展建设情况、经济产业发展水平、园区主导产业和重点企业发展状况等。

（二）能耗和碳排放情况。简述城市或园区近年能源结构、能源供需关系、能源生产、能源消费、主要资源消耗等情况。分析试点城市或园区碳排放总量和强度变化情况、能源消费总量和强度变化情况、各重点领域碳排放增长情况等。

（三）绿色低碳发展基础。总结城市和园区近年来产业结构调整、重点领域能效提升、绿色低碳管理等方面情况。梳理碳达峰碳中和相关工作基础和进展，包括体制机制建设情况、已实施的具体政策措施、绿色低碳科技创新研究与推广情况等。

（四）碳减排难点分析。结合本地区经济社会发展实际和资源环境禀赋，分析绿色低碳转型和碳达峰碳中和工作面临的主要困难和短板弱项，有针对性提出改进相关领域工作的政策措施。

二、建设目标

提出碳达峰试点工作的总体目标和实施路径，明确推进碳达峰行动的路线图、施工图，以及重点任务举措等。视情提出重点领域、重点行业碳达峰试点目标。可参考表 1 和表 2 列出的指标，并根据实际情况补充或删减。

表1 碳达峰试点城市建设参考指标

序号	类别	具体指标	单位	2022 年	2025 年	2030 年
1	绿色低碳发展指标	单位 GDP 能源消费量	吨标准煤/万元			
2		单位 GDP 二氧化碳排放量	吨/万元			
3		单位工业增加值二氧化碳排放量	吨/万元			
4		战略性新兴产业增加值占比	%			
5		土地资源产出率	亿元/平方公里			
6		第三产业占比	%			
7	能源绿色低碳转型指标	非化石能源消费占比	%			
8		电能占终端用能的比重	%			
9		需求侧响应能力	%			
10		综合能源站、微电网、源网荷储一体化等新模式新业态规模	个			
11		可再生能源发电总装机容量	千瓦			
12	城乡建设绿色低碳发展指标	新建建筑中星级绿色建筑占比	%			
13		达到最高节能改造标准建筑占比	%			
14		城镇建筑可再生能源替代率	%			
15		建筑垃圾资源化利用率	%			
16	交通领域低碳发展指标	新能源汽车市场渗透率	%			
17		新能源汽车保有量	辆			
18		城市绿色出行比例	%			
19	循环经济助力降碳指标	9 种主要再生资源循环利用率	%			
20		工业余能回收利用率	%			
21		大宗固废综合利用率	%			
22		主要资源产出率年均复合增速	%			
23		城市生活垃圾资源化利用率	%			
24	碳汇能力巩固提升指标	城市森林覆盖率	%			
25		植树造林（或抚育森林、草原）面积	公顷			
26	绿色低碳创新指标	绿色低碳技术研究与试验发展经费投入强度	%			

表2 碳达峰试点园区建设参考指标

序号	类别	具体指标	单位	2022 年	2025 年	2030 年
1	绿色低碳发展指标	工业增加值平均增长率	%			
2		单位工业增加值综合能耗	吨标准煤/万元			
3		单位工业增加值二氧化碳排放量	吨/万元			
4	能源绿色低碳转型指标	非化石能源消费占比	%			
5		可再生能源使用比例	%			
6		工业余热回收利用率	%			
7	建筑领域绿色发展指标	新建建筑中星级绿色建筑占比	%			
8		新建厂房屋顶光伏覆盖率	%			
9		公共建筑单位面积能耗	MJ/m^2			
10	交通领域绿色发展指标	货物清洁运输比例				
11		园区新能源、清洁能源动力交通工具保有量（或占比）	辆（%）			
12	循环发展指标	一般工业固体废物综合利用率	%			
13		工业用水重复利用率	%			
14	绿色低碳创新指标	绿色低碳技术研究与试验发展经费投入强度	%			

三、主要任务

综合考虑功能定位、区位特点、经济发展水平、资源禀赋等，合理部署碳达峰试点建设任务，包括但不限于以下内容。

（一）试点城市主要建设任务

1.推动能源绿色低碳转型。结合本地能源禀赋，在保障能源安全供应的基础上，合理确定能源绿色低碳转型路径。可再生能源资源丰富的地区，要加大可再生能源开发和利用力度，提升可再生能源生产和消费占比。可再生能源资源禀赋一般的地区，要进一步扩大绿电和绿证交易规模，同时充分挖掘本地区分布式可再生能源开发潜力，为本地能源供给提供有效补充。

2.提升能源资源利用效率。把节约能源资源摆在突出位置，在能源开发、储存、加工转换、输送分配、终端使用等环节全面提升能源利用效率，优化和改造区域能源系统，实现能源梯级高效利用。加强工业、建筑、交通等重点领域节能管理，对区域重点用能单位开展节能诊断，挖掘节能潜力。构建废弃物循环利用体系，充分发挥循环经济助力降碳作用。

3.推动重点行业碳达峰。产业结构偏重的城市和资源型城市，要推进产业结构优化，着力提高重点行业能效水平，推动企业开展清洁能源替代、电气化改造、工业流程再造、二氧化碳捕集利用等节能降碳改造。产业结构较优的城市，要推动优势产业加速向高端化、智能化、绿色化转型，大力发展战略新兴产业，在完成碳达峰碳中和目标任务过程中锻造新的产业竞争优势。推动重点行业企业建立绿色用能监测与评价体系，引导企业提升绿色能源使用比例。

4.加快城乡建设低碳转型。推行绿色低碳城乡规划设计理念，

提高新建建筑节能标准，推进既有建筑节能改造，推广绿色低碳建材和绿色建造方式。因地制宜推进清洁供暖。严寒、寒冷地区城市要充分利用可再生能源和工业余热供暖，逐步降低化石能源供暖比例；夏热冬冷地区城市要推广各类高效热泵产品，扩大地热能、空气热能等可再生能源应用规模。

5.促进交通运输绿色低碳发展。加快推动交通运输工具装备低碳转型，大力推广新能源汽车，推动公共领域车辆全面电气化替代，淘汰老旧交通工具。优化大宗货物运输结构，加强铁路专用线建设和内河高等级航道建设，因地制宜推进铁水联运、公铁联运、海铁联运。加强交通绿色基础设施建设、完善充电桩、换电站等配套设施，推进交通枢纽场站绿色升级。发展智能交通，推动各类运输方式系统对接、数据共享，提升运输效率。

（二）试点园区主要建设任务

1.加快提升能源清洁化利用效率。开展园区节能诊断，系统分析园区能源利用状况，充分挖掘园区能源节约潜力，推进节能降碳改造，推广高效节能设备。推动园区用能系统再造，开展一体化供用能方案设计，加快园区用能电气化改造，推广综合能源站、源网荷储一体化、新能源微网等绿色高效

供用能模式，推动能源梯级高效利用。积极推广应用各类清洁能源替代技术产品，提升园区清洁能源利用水平。

2.推动园区产业高质量发展。聚焦园区主导产业，加快产业链延链补链强链，形成产业协同效应。以节能降碳为导向，推进园区存量产业绿色低碳转型升级，推动重点企业实施工艺流程绿色低碳再造。提升园区绿色制造水平，推动新一代信息技术与制造业深度融合，大力发展绿色低碳产业。

3.提升基础设施绿色低碳水平。提升园区建筑、交通、照明、供热等基础设施节能低碳水平，新建基础设施优先采用绿色设计、绿色建材和绿色建造方式。完善园区污水处理设施、垃圾焚烧设施、危险废物处理设施等环境基础设施。加强园区能源、碳排放智慧监测管理设施建设，运用新一代信息技术提升绿色低碳管理水平。

4.大力推动资源循环利用。开展园区物质流分析，加快提升资源产出率和循环利用率。优化园区空间布局，深挖产业关联性，深入开展园区循环化改造，促进物料循环利用、废物综合利用、能量梯级利用、水资源再生利用，推进工业余压余热、废气废液废渣资源化利用。

5.提升减污降碳协同能力。深入分析园区污染物排放类型，探索开展大气污染物与二氧化碳排放协同控制和改造提升。支持污染治理技术和节能降碳技术在园区开展综合性示范应用，大力推动园区减污降碳协同增效。综合运用清洁生产审核、环境污染第三方治理等方式，协同提高节能降碳减污水平。

四、科技创新

聚焦区域绿色低碳科技需求，加强重点技术研发和产业化应用。对于科教基础和创新能力较强的城市，要加大绿色低碳技术创新研发力度，积极参与前沿技术标准研究制定，探索绿色低碳技术研发应用推广新机制，进一步激发企业创新活力。对于科技创新基础相对薄弱的城市，要鼓励引导企业应用先进适用绿色低碳技术，开展绿色低碳先进技术产业化示范。具备条件的试点城市，要积极支持属地高校建设"双碳"相关学科专业，加强专业人才培养。园区要根据自身产业特色和发展需求，引导企业加强自主创新，开展与高校、科研院所的联合创新，支持企业开展绿色低碳先进技术工程示范和产业应用。

五、重点工程

结合试点主要任务，提出能源基础设施、节能降碳改造、绿色低碳先进技术示范、环境基础设施、循环经济发展、生态保护修复等领域拟开展的重点工程项目，包括项目内容、建设期限、预期效果等，并说明拟实施的重点工程项目对试点建设的支撑作用。

六、政策创新

围绕支持绿色低碳发展的财政、金融、投资、价格等重要政策创新，以及碳排放统计核算、项目碳排放评价、产品碳足迹管理等配套制度开展先行探索，根据试点主要任务安排，紧密联系本地区工作实际，在重点领域开展先行先试，重点阐述政策机制创新的任务目标、内容、创新点及实施路径。

七、全民行动

在政府机关、企事业单位、群团组织、社会组织中开展生态文明科普教育，普及碳达峰碳中和基础知识能力。推动吃、穿、住、行、用、游等领域消费绿色转型，推进生活垃圾减量化资源化，推动形成绿色低碳的生产生活方式。指导区域内重点用能单位深入研究碳减排路径，"一企一策"制定节能降碳专项工作方案。强化干部教育培训，切实增强推动绿色低碳发展的本领。

八、保障措施

提出组织领导、政策支持、资金保障、监督考评、宣传推广等方面的务实举措，保障试点工作顺利推进。

3.3　国家发展改革委等部门关于印发《绿色低碳转型产业指导目录（2024年版）》的通知

发改环资〔2024〕165号

各省、自治区、直辖市及计划单列市、新疆生产建设兵团发展改革委、工业和信息化主管部门、自然资源主管部门、生态环境厅（局）、住房城乡建设厅（委、管委、局）、交通运输厅（局、委）、能源局，中国人民银行上海总部，各省、自治区、直辖市、计划单列市分行，国家金融监督管理总局各监管局，各证监局：

为全面贯彻党的二十大精神，培育壮大绿色发展新动能，加快发展方式绿色转型，国家发展改革委会同有关部门在《绿色产业指导目录（2019年版）》基础上，结合绿色发展新形势、新任务、新要求，修订形成《绿色低碳转型产业指导目录（2024年版）》（以下简称《目录》）。现印发给你们，并就有关事项通知如下。

一、各地方、各部门可根据各自区域、领域发展重点，以《目录》为基础，出台和完善有关政策措施，对生产、流通、消费等各环节给予鼓励支持，为相关产业发展创造良好环境。

二、各有关部门可以《目录》为基础，根据工作实际制修订细化目录、子目录或拓展目录，提高《目录》的可操作性，引导社会各界更好支持相关产业发展。

三、各地方、各部门要结合实际，做好《目录》与相关支持政策的衔接。《目录》印发实施前已开工的项目，产业类别认定仍可按照《绿色产业指导目录（2019年版）》执行；《目录》印发实施时已完成审批、核准、备案但未开工的项目，产业类别认定可自行选择按照《绿色产业指导目录（2019年版）》或《目录》执行。

四、各地方、各部门要进一步加强国际国内交流，推广支持相关产业发展的经验做法，推动绿色标准国际合作，逐步建立《目录》与相关国际绿色标准之间的互认机制。

五、鼓励金融机构在依法合规、风险可控、商业可持续的基础上，按照市场化、法治化原则，为符合《目录》要求的境内项目或活动以及企业在共建"一带一路"国家等境外地区的项目或活动提供金融支持。

六、国家发展改革委将会同有关部门，根据生态文明建设重大任务、碳达峰碳中和工作进展、资源环境状况、科学技术进步等情况，适时对《目录》进行调整和修订。

国家发展改革委
工业和信息化部
自然资源部
生态环境部
住房城乡建设部
交通运输部
中国人民银行
金融监管总局
中国证监会
国家能源局
2024年2月2日

绿色低碳转型产业指导目录（2024年版）

1 节能降碳产业

1.1 高效节能装备制造

1.1.1 节能锅炉制造

1.1.2 节能窑炉制造

1.1.3 节能内燃机制造

1.1.4 高效发电机及发电机组制造

1.1.5 节能型泵及真空设备制造

1.1.6 节能型气体压缩设备制造

1.1.7 节能电动机、微特电机制造

1.1.8 节能风机风扇制造

1.1.9 节能型变压器、整流器、电感器和电焊机制造

1.1.10 高效节能磁悬浮动力装备制造

1.1.11 节能农资制造

1.1.12 节能采矿、建筑材料生产专用设备制造

1.1.13 高效节能低碳商用设备制造

1.1.14 高效节能低碳家用电器制造

1.1.15 高效照明产品及系统制造

1.1.16 高效节能炉具灶具设备制造

1.1.17 余热余压余气利用设备制造

1.1.18 绿色建筑材料制造

1.1.19 能源计量、检测、监测、控制设备制造

1.2 先进交通装备制造

1.2.1 新能源汽车关键零部件制造

1.2.2 绿色船舶制造（不含造船厂建设）

1.2.3 先进轨道交通装备制造

1.2.4 先进高效航空装备制造

1.2.5 先进港口装卸作业设备制造

1.3 节能降碳改造

1.3.1 锅炉（窑炉）节能改造和能效提升

1.3.2 汽轮发电机组系统能效提升

1.3.3 电机系统能效提升

1.3.4 电网节能改造

1.3.5 余热余压利用

1.3.6 能量系统优化

1.3.7 绿色照明改造

1.3.8 船舶绿色低碳升级改造

1.4 重点工业行业绿色低碳转型

1.4.1 节能降碳改造和能效提升

1.4.2 工艺改进和流程优化

1.4.3 数字化、智能化升级

1.5 温室气体控制

1.5.1 二氧化碳捕集利用与封存

1.5.2 消耗臭氧层物质替代品开发与利用

1.5.3 工业生产过程温室气体减排

2 环境保护产业

2.1 先进环保装备和原料材料制造

2.1.1 大气污染防治装备制造

2.1.2 水污染防治装备制造

2.1.3 土壤污染治理与修复装备制造

2.1.4 固体废弃物收集、贮存、运输及处理处置装备制造

2.1.5 噪声与振动控制设备制造

2.1.6 放射性污染防治和处理设备制造

2.1.7 环境污染处理药剂材料制造

2.1.8 无毒无害原料、产品生产与替代使用

2.1.9 高效低毒低残留农药生产

2.1.10 环境监测仪器与应急处理设备制造

2.1.11 公约管控化学物质污染治理装备制造

2.1.12 低（无）污染排放装备制造

2.2 大气污染治理

2.2.1 工业脱硫脱硝除尘改造

2.2.2 重点行业超低排放改造

2.2.3 挥发性有机物综合整治

2.2.4 工业厂矿大气污染物无组织排放控制

2.2.5 城市扬尘综合整治

2.2.6 餐饮油烟污染治理

2.2.7 大气氨排放控制

2.3 水污染治理

2.3.1 水体保护及地下水污染防治

2.3.2 重点流域海域水环境治理

2.3.3 城市（含县城）黑臭水体整治

2.3.4 重点行业水污染治理

2.3.5 工业园区水污染集中治理

2.4 土壤污染治理

2.4.1 农用地污染治理

2.4.2 建设用地污染治理

2.4.3 农林草业面源污染防治

2.4.4 沙漠污染治理

2.5 其他污染治理和环境综合整治

2.5.1 工业固体废弃物无害化处理处置

2.5.2 危险废物处理处置

2.5.3 噪声和振动污染治理

2.5.4 恶臭污染治理

2.5.5 新污染物治理

2.5.6 重点行业清洁生产改造

2.5.7 园区污染治理集中化改造

2.5.8 交通车船污染治理

2.5.9 船舶港口污染防治

2.5.10 畜禽和水产养殖废弃物污染治理

2.5.11 农村人居环境整治提升

3 资源循环利用产业

3.1 资源循环利用装备制造

3.1.1 矿产资源综合利用装备制造

3.1.2 水资源高效及循环利用装备制造

3.1.3 工业固体废弃物综合利用装备制造

3.1.4 农林废弃物综合利用装备制造

3.1.5 废旧物资循环利用装备制造

3.1.6 垃圾资源化利用装备制造

3.1.7 废气回收利用装备制造

3.2 资源循环利用

3.2.1 矿产资源综合利用

3.2.2 水资源高效及循环利用

3.2.3 工业固体废弃物综合利用

3.2.4 农林废弃物综合利用

3.2.5 废旧物资循环利用

3.2.6 垃圾资源化利用

3.2.7 废气回收利用

3.2.8 园区循环化改造

3.2.9 木材高效加工及循环利用

4 能源绿色低碳转型

4.1 新能源与清洁能源装备制造

4.1.1 风力发电装备制造

4.1.2 太阳能利用装备制造

4.1.3 生物质能利用装备制造

4.1.4 水力发电和抽水蓄能装备制造

4.1.5 核电装备制造

4.1.6 燃气轮机装备制造

4.1.7 地热能开发利用装备制造

4.1.8 海洋能开发利用装备制造

4.1.9 非常规油气装备制造

4.1.10 海洋油气装备制造

4.1.11 新型储能产品制造

4.1.12 氢能"制储输用"全链条装备制造

4.1.13 智能电网产品和装备制造

4.2 清洁能源设施建设和运营

4.2.1 风力发电设施建设和运营

4.2.2 太阳能利用设施建设和运营

4.2.3 生物质能利用设施建设和运营

4.2.4 大型水力发电设施建设和运营

4.2.5 核电站及核能综合利用设施建设和运营

4.2.6 地热能利用设施建设和运营

4.2.7 海洋能利用设施建设和运营

4.2.8 氢能基础设施建设和运营

4.2.9 热泵设施建设和运营

4.3 能源系统安全高效运行

4.3.1 电力源网荷储一体化及多能互补工程建设和运营

4.3.2 新型储能设施建设和运营

4.3.3 抽水蓄能电站建设和运营

4.3.4 小型水电站更新改造

4.3.5 智能电网建设和运营

4.3.6 新型电力负荷管理系统建设和运营

4.3.7 天然气输送储运调峰设施建设和运营

4.3.8 分布式能源工程建设和运营

4.3.9 能源产业数字化智能化升级

4.4 传统能源清洁低碳转型

4.4.1 煤炭清洁生产

4.4.2 煤炭清洁高效利用

4.4.3 煤电机组节能降碳改造、供热改造、灵活性改造和清洁高效支撑性调节性电源建设

4.4.4 清洁燃油生产

4.4.5 原油、天然气清洁生产

4.4.6 非常规油气资源开发

4.4.7 煤层气（煤矿瓦斯）抽采利用

4.4.8 油气田甲烷采收利用

5 生态保护修复和利用

5.1 生态农林牧渔业

5.1.1 现代化育种育苗

5.1.2 种质资源保护

5.1.3 绿色农业生产

5.1.4 有机、绿色等认证农业

5.1.5 农作物种植保护地、保护区建设和运营

5.1.6 农作物病虫害绿色防控

5.1.7 休闲农业和乡村旅游

5.1.8 农业生态系统保护修复

5.1.9 森林资源培育和经营

5.1.10 林业基因资源保护

5.1.11 林下种养殖和林下采集

5.1.12 森林游憩和康养

5.1.13 竹产业

5.1.14 绿色畜牧业

5.1.15 绿色渔业

5.1.16 海洋牧场建设和运营

5.2 生态保护修复

5.2.1 生物多样性保护

5.2.2 自然保护地建设和保护性运营

5.2.3 天然林保护修复

5.2.4 草原保护修复

5.2.5 森林草原防灭火体系建设和运维

5.2.6 荒漠化和石漠化综合治理

5.2.7 水土流失综合治理

5.2.8 重点区域生态保护和修复

5.2.9 山水林田湖草沙一体化保护修复

5.2.10 有害生物灾害防治

5.2.11 水生态系统旱涝灾害防控及应对

5.2.12 湿地保护修复

5.2.13 海洋生态、海域海岸带和海岛生态修复

5.2.14 增殖放流

5.3 国土综合整治

5.3.1 采煤沉陷区综合治理

5.3.2 地下水超采区治理与修复

5.3.3 土地综合整治

5.3.4 矿山地质环境恢复治理和生态修复

6 基础设施绿色升级

6.1 建筑节能与绿色建筑

6.1.1 绿色建筑建设和运营

6.1.2 超低能耗和低碳建筑建设和运营

6.1.3 既有建筑绿色化改造和运营

6.1.4 绿色农房建设、改造和运维

6.1.5 建筑可再生能源应用

6.1.6 装配式建筑设计和建造

6.1.7 建筑工程智能建造

6.2 绿色交通

3.4　国家发展改革委　国家统计局　国家能源局关于加强绿色电力证书与节能降碳政策衔接大力促进非化石能源消费的通知

发改环资〔2024〕113号

各省、自治区、直辖市、新疆生产建设兵团发展改革委、统计局、能源局，国家能源局各派出机构，江苏省工业和信息化厅，有关中央企业，内蒙古电力（集团）有限责任公司，水电水利规划设计总院、电力规划设计总院：

为全面贯彻党的二十大精神，认真落实中央经济工作会议部署，完善能源消耗总量和强度调控，重点控制化石能源消费，拓展绿色电力证书（以下简称"绿证"）应用场景，深入推进能源消费革命，加快经济社会发展全面绿色转型，推动完成"十四五"能耗强度下降约束性指标，现将有关事项通知如下：

一、总体要求

以习近平新时代中国特色社会主义思想为指导，全面贯彻党的二十大精神，落实党中央、国务院决策部署，完善能源消耗总量和强度调控，重点控制化石能源消费，加强绿证交易与能耗双控、碳排放管理等政策有效衔接，激发绿证需求潜力，夯实绿证核发交易基础，拓展绿证应用场景，加强国内国际绿证互认，为积极稳妥推进碳达峰碳中和提供有力支撑。

二、加强绿证与能耗双控政策衔接

（一）实施非化石能源不纳入能源消耗总量和强度调控。突出重点控制化石能源消费导向，非化石能源不纳入能源消耗总量和强度调控。在"十四五"省级人民政府节能目标责任评价考核中，将可再生能源、核电等非化石能源消费量从各地区能源消费总量中扣除，据此核算各地区能耗强度降低指标。

（二）推动绿证交易电量纳入节能评价考核指标核算。坚持节约优先、能效引领，持续加大节能工作力度，切实加强节能日常管理，坚决遏制高耗能高排放低水平项目盲目上马，扎实推进重点领域节能降碳改造。将绿证作为可再生能源电力消费基础凭证，加强绿证与能耗双控政策有效衔接，将绿证交易对应电量纳入"十四五"省级人民政府节能目标责任评价考核指标核算，大力促进非化石能源消费。

（三）明确绿证交易电量扣除方式。在"十四五"省级人民政府节能目标责任评价考核指标核算中，实行以物理电量为基础、跨省绿证交易为补充的可再生能源消费量扣除政策。不改变国家和省级地区现行可再生能源消费统计制度，参与跨省可再生能源市场化交易或绿色电力交易对应的电量，按物理电量计入受端省份可再生能源消费量；未参与跨省可再生能源市场化交易或绿色电力交易、但参与跨省绿证交易对应的电量，按绿证跨省交易流向计入受端省份可再生能源消费量，不再计入送端省份可再生能源消费量。受端省份通过绿证交易抵扣的可再生能源消费量，原则上不超过本地区完成"十四五"能耗强度下降目标所需节能量的50%。

（四）避免可再生能源消费量重复扣除。跨省可再生能源市场化交易和绿色电力交易对应的绿证，以及省级行政区域内交易的绿证，相应电量按现行统计规则计入相关地区可再生能源消费量，在"十四五"省级人民政府节能目标责任评价考核指标核算中不再重复扣除。纳入"十四五"省级人民政府节能目标责任评价考核指标核算的绿证，相应电量生产时间与评价考核年度保持一致。

三、夯实绿证核发和交易基础

（五）加快可再生能源项目建档立卡和绿证核发。落实绿证全覆盖等工作部署，加快制定绿证核发和交易规则。绿证核发机构会同电网企业、电力交易机构、可再生能源发电企业，加快提升可再生能源发电项目建档立卡比例，加快绿证核发进度。到2024年6月底，全国集中式可再生能源发电项目基本完成建档立卡，分布式项目建档立卡规模进一步提升。

（六）扩大绿证交易范围。鼓励各地区实行新上项目可再生能源消费承诺制，加快建立高耗能企业可再生能源强制消费机制，合理提高消费比例要求。鼓励相关项目通过购买绿证绿电进行可再生能源消费替代，扩大绿证市场需求。各地区要将可再生能源消纳责任分解到重点用能单位，探索实施重点用能单位化石能源消费预算管理，超出预算部分通过购买绿证绿电进行抵消。支持各类企业特别是外向型企业、行业龙头企业通过购买绿证、使用绿电实现绿色低碳高质量发展。推动中央企业、地方国有企业、机关和事业单位发挥带头作用，稳步提升可再生能源消费比例。

（七）规范绿证交易制度。依托中国绿色电力证书交易平台、北京电力交易中心、广州电力交易中心开展绿证交易，具体由发电企业和电力用户采取双边协商、挂牌、集中竞价等方式进行。建立跨省区绿证交易协调机制和交易市场。支持绿证供需省份之间结合实际情况，通过政府间协议锁定跨省绿证交易规模，协助经营主体开展绿证供需对接、集中交易、技术服务、纠纷解决。现阶段绿证仅可交易一次，不得通过第三方开展绿证收储和转卖。各地区不得采取强制性手段向企业简单摊派绿证购买任务，不得限制绿证跨省交易。绿证交易价格由市场形成，国家发展改革委、国家能源局加强价格监测，引导绿证交易价格在合理区间运行。

四、拓展绿证应用场景

（八）健全绿色电力消费认证和节能降碳管理机制。加快建立基于绿证的绿色电力消费认证机制，明确认证标准、制度和标识。研究完善绿证有效期，简化绿色电力消费认证流程，持续提高认证及时性和便利性。充分发挥绿证在可再生能源生产和消费核算方面的作用，强化绿证在用能预算、碳排放预算管理制度中的应用。将绿证纳入固定资产投资项目节能审查、碳排放评价管理机制。

（九）完善绿证与碳核算和碳市场管理衔接机制。推动建立绿证纳入地方、行业企业、公共机构、重点产品碳排放核算的制度规则。推动研究核算不同应用场景中扣除绿证的修正电网排放因子。加快研究绿证与全国碳排放权交易机制、温室气体自愿减排机制的功能边界和衔接机制，明确各类主体参与绿证和碳市场交易有效途径。

（十）加强绿证对产品碳足迹管理支撑保障。将绿证纳入产品碳足迹核算基本方法与通用国家标准，明确绿证在产品碳足迹计算中的一般适用范围和认定方法。按照成熟一批、推进一批、持续完善的原则，强化绿证在重点产品碳足迹核算体系中的应用。在产品碳标识认证管理办法中充分考虑绿证因素。探索在特定产品中设计体现可再生能源电力消费占比的差异化产品标识。

（十一）推动绿证国际互认。充分利用多双边国际交流渠道，大力宣介绿证作为中国可再生能源电量环境属性基础凭证，解读中国绿证政策和应用实践。鼓励行业协会、有关企业、相关机构、专家学者等积极发声，推动国际机构特别是大型国际机构碳排放核算方法与绿证衔接，加快绿证国际互认进程。积极参与国际议题设置和研讨，推动绿证核发、计量、交易等国际标准研究制定，着力提高中国绿证的国际影响力和认可度。

五、加强组织实施

（十二）加强统筹协调。国家发展改革委、国家能源局会同有关部门，加强对绿证纳入能耗双控政策、拓展绿证应用场景等工作的统筹协调。绿证核发机构、电网企业、电力交易机构要落实主体责任，严格按照绿证核发和交易规则，高效规范做好绿证核发和交易。各地区可结合实际建立实施细则，统筹完善可再生能源电力消纳保障机制实施方案，强化高耗能企业绿电消费责任，依法依规将可再生能源消费责任落实到相关用能主体。

（十三）加强交易监管。国家发展改革委、国家能源局加强对绿证制度实施和各地区、各类主体绿证交易的监督管理。加强绿证核发和交易等工作抽查检查，严格防范、严厉查处在绿证核发交易及绿电交易等过程中的虚假交易、伪造和篡改数据等行为。重大违规违纪问题按程序移交纪检监察和审计部门。

（十四）及时核算数据。国家统计局会同国家能源局完善可再生能源消费量统计制度，推动可再生能源非电利用纳入可再生能源消费量统计，逐步建立以绿证核算为基础的可再生能源消费量统计制度。国家统计局根据国家能源局核算的分地区可再生能源电力及非电利用基础数据，及时向国家发展改革委提供全国和各地区可再生能源消费量统计数据。国家能源局加快建设国家绿证核发交易系统，加强绿证核发交易数据统一管理。国家发展改革委牵头开展"十四五"省级人民政府节能目标责任评价考核，根据国家统计局提供的可再生能源消费量统计数据，并结合跨省绿证交易电量数据，最终核定各地区能耗强度下降率。

（十五）加大宣传力度。通过全国生态日、全国节能宣传周、全国低碳日等重大活动，深入开展绿证宣传和应用推广，增进全社会对绿证制度的认识了解。统筹做好绿证交易管理和节能降碳工作培训，提升各类从业主体业务能力水平。加强绿色消费宣传推广，鼓励各类用能主体主动承担可再生能源消费责任，加快形成绿色低碳的生产方式和生活方式。

国家发展改革委
国家统计局
国家能源局
2024年1月27日

3.5　国家发展改革委等部门关于促进退役风电、光伏设备循环利用的指导意见

发改环资〔2023〕1030号

各省、自治区、直辖市及计划单列市、新疆生产建设兵团发展改革委、能源局、工业和信息化主管部门、生态环境厅（局）、商务主管部门、国资委：

近年来，我国新能源产业快速发展，风电、光伏等新能源设备大量应用，装机规模稳居全球首位。随着产业加快升级和设备更新换代，新能源设备将面临批量退役问题。为全面贯彻党的二十大精神，深入贯彻《2030年前碳达峰行动方案》有关部署，加快构建废弃物循环利用体系，促进退役风电、光伏设备循环利用，现提出如下意见。

一、总体要求

（一）指导思想。以习近平新时代中国特色社会主义思想为指导，全面贯彻党的二十大精神，深入贯彻习近平生态文明思想，完整、准确、全面贯彻新发展理念，加快构建新发展格局，着力推动高质量发展，加快发展方式绿色转型，深入践行全面节约战略，积极构建覆盖绿色设计、规范回收、高值利用、无害处置等环节的风电和光伏设备循环利用体系，补齐风电、光伏产业链绿色低碳循环发展最后一环，助力实现碳达峰碳中和。

（二）基本原则。

——坚持系统观念。坚持从设备全生命周期角度考虑风电、光伏设备退役问题，加强产业链上下游协同，促进退役风电、光伏设备循环利用，实现资源利用效率最大化。

——坚持创新驱动。着力推动退役风电、光伏设备循环利用技术创新、模式创新，促进循环利用技术进步、成本下降、效率提升。鼓励有条件的地

方和企业率先行动，培育先进技术和商业模式。

——坚持分类施策。综合考虑产业发展阶段、设备类型和退役情况，远近结合、适度超前，加快规范集中式风电场、光伏发电站设备循环利用，逐步完善分布式光伏设备处理责任机制。

——坚持区域统筹。结合各地风电、光伏设备生产和退役情况，因地制宜布局退役设备循环利用产业集聚区，支持退役风电、光伏设备在区域间协同利用，加快培育资源循环利用产业。

（三）主要目标。

到 2025 年，集中式风电场、光伏发电站退役设备处理责任机制基本建立，退役风电、光伏设备循环利用相关标准规范进一步完善，资源循环利用关键技术取得突破。到 2030 年，风电、光伏设备全流程循环利用技术体系基本成熟，资源循环利用模式更加健全，资源循环利用能力与退役规模有效匹配，标准规范更加完善，风电、光伏产业资源循环利用水平显著提升，形成一批退役风电、光伏设备循环利用产业集聚区。

二、重点任务

（一）大力推进绿色设计。引导生产制造企业以轻量化、易拆解、易运输、易回收为目标，在产品设计生产阶段进行绿色设计。积极实施《光伏制造行业规范条件》等规范要求，深入开展"绿色设计示范企业"创建。鼓励生产制造企业在保障产品质量性能和使用安全的前提下，在产品设计生产过程中优先选用再生材料。引导生产制造企业强化信息公开，面向设备回收、资源化利用主体公开零部件原材料、产品结构等详细信息和资源循环利用技术建议。（工业和信息化部、国家发展改革委按职责分工负责）

（二）建立健全退役设备处理责任机制。督促指导集中式风电和光伏发电企业依法承担退役新能源设备（含零部件，下同）处理责任，不得擅自以填埋、丢弃等方式非法处置退役设备，不得向生活垃圾收集设施中投放工业固体废弃物。督促指导发电企业将废弃物循环利用和妥善处置作为风电场改造升级项目的重要内容。（国家能源局、生态环境部按职责分工负责）督促指导发电企业拆除风电、光伏设备后及时做好周边生态环境修复。（国家能源局、自然资源部按职责分工负责）指导发电企业完善退役风电、光伏设备报废管理制度，提升报废资产处置效率。落实国有资产交易流转有关要求，进一步优化国有退役风电、光伏设备处理处置制度，推动企业高效、规范处置相关资产。（国务院国资委、国家能源局按职责分工负责）

（三）完善设备回收体系。支持光伏设备制造企业通过自主回收、联合回收或委托回收等模式，建立分布式光伏回收体系。鼓励风电、光伏设备制造企业主动提供回收服务。支持第三方专业回收企业开展退役风电、光伏设备回收业务。支持发展退役新能源设备拆除、运输、回收、拆解、利用"一站式"服务模式。鼓励生产制造企业、发电企业、运营企业、回收企业、利用企业建立长效合作机制，畅通回收利用渠道，加强上下游产业衔接协同。引导风电机组拆除后进行就地、就近、集中拆解。引导再生资源回收企业规范有序回收废钢铁、废有色金属等再生资源。（国家发展改革委、工业和信息化部、商务部按职责分工负责）

（四）强化资源再生利用能力。鼓励再生利用企业开展退役风电、光伏设备精细化拆解和高水平再生利用，重点聚焦风电机组中的基础、塔架、叶片、机舱、发电机、齿轮箱、电控柜等部件，以及光伏组件中的光伏层压件、边框、接线盒等部件开展高水平再生利用。支持龙头企业针对复杂材料加快形成再生利用产业化能力，重点聚焦风机叶片纤维复合材料，以及光伏组件中半导体材料、金属材料、聚合物等，探索兼顾经济性、环保性的再生利用先进技术和商业模式。（工业和信息化部、国家发展改革委按职责分工负责）

（五）稳妥推进设备再制造。严格用户单位采购再制造产品质量把关。稳妥推进风力发电机组、光伏组件再制造产业发展，率先发展风电设备中发电机、齿轮箱、主轴承等高值部件，以及光伏逆变器等关键零部件再制造。稳妥有序探索在新能源运营维修领域应用再制造部件，支持风电、光伏设备生产制造企业和运维企业拓展再制造业务。鼓励研究机构、行业组织和骨干企业共同搭建风力发电机组、光伏组件零部件再制造检测验证平台。培育风电、光伏再制造设备第三方鉴定评估机构，促进行业规范发展。（国家发展改革委、工业和信息化部、市场监管总局按职责分工负责）

（六）规范固体废弃物无害化处置。加大对退役风电、光伏设备回收利用处置全过程环境污染防治的监管力度，严格退役设备无害化处置的污染控制要求，确保符合国家环境保护标准，减少终端固体废弃物带来的环境污染风险。（生态环境部负责）

三、强化保障措施

（一）加大技术研发力度。将退役风电、光伏设备循环利用技术研发纳入国家重点研发计划相关重点专项。开发风电、光伏设备残余寿命评估技术，构建设备寿命评估方法学和技术体系，推动设备及关键部件延续利用和梯次利用。开展光伏组件高纯分离、稀有金属回收提取、复合材料回收利用、再生资源高值利用、风电设备零部件再制造等重点难点技术攻关，突破核心技术装备，研究建立全材料整线回收工艺。加快光伏组件回收等产业技术基础公共服务平台建设。加快开展利用技术体系集成示范，推动形成若干"政产学研用"一体化的科技成果转化模式。（科技部、工业和信息化部按职责分工负责）

（二）强化资金和政策支持。利用中央预算内投资现有资金渠道，加强对退役风电、光伏设备循环利用项目的支持。依法落实节能节水、固定资产加速折旧、资源综合利用产品增值税即征即退等相关税收优惠政策。研究将退役风电、光伏设备循环利用产业纳入绿色产业指导目录。丰富绿色金融产品和服务，为符合条件的退役风电、光伏设备循环利用类项目提供融资便利。鼓励有条件的地方制定退役风电、光伏设备循环利用产业专项支持

政策。（国家发展改革委、财政部、税务总局、人民银行等部门按职责分工负责）

（三）健全标准规范体系。研究制定风电和光伏设备绿色设计、综合利用等标准规范。支持行业协会、龙头企业、第三方研究机构等研究制定退役风电、光伏设备相关技术标准。（工业和信息化部、国家能源局、国家发展改革委、市场监管总局等部门按职责分工负责）研究制定特殊环境下退役风电、光伏设备的绿色拆解及不同材质（含金属和复合材料）零部件回收利用标准。完善寿命期内风电设备、光伏组件及相关零部件运行评价标准，将设备及零部件可回收、可循环利用作为评价的重要内容，推动开展绿色认证工作。（市场监管总局负责）加快研究以填埋、焚烧、回收利用等方式处理废弃风机叶片、光伏组件整机和零部件的环境影响，针对废弃风电和光伏设备回收、利用、处置过程的污染控制问题，研究制定废弃风电光伏设备污染防治技术规范。（生态环境部负责）

（四）培育重点地区和企业。结合各地风电、光伏设备生产和退役情况，指导支持部分重点区域建设退役新能源设备循环利用产业集聚区。（国家发展改革委、工业和信息化部、国家能源局会同有关部门负责）支持中央企业发挥示范引领作用，率先加强退役风电、光伏设备循环利用，建设一批重点项目。（国务院国资委、国家发展改革委会同有关部门负责）

四、加强组织实施

（一）加强组织领导。国家发展改革委加强统筹协调，加大对退役风电、光伏设备循环利用工作的推进力度。各有关部门按职责分工，制定相关配套政策，形成协同推进合力。各地要充分认识退役风电、光伏设备循环利用的重要意义，采取有力措施强化政策落实。

（二）强化宣传引导。各地、各有关部门要加大对退役风电、光伏设备循环利用优秀项目和典型案例的宣介力度，推广一批可借鉴、可复制的先进经验。鼓励地方、行业协会和相关机构组织开展技术产品对接交流会、应用示范现场会等活动，促进先进技术产品模式交流推广。支持行业协会、第三方研究机构以编制行业发展报告等形式，梳理技术趋势和发展实践，推广最新技术模式，宣传典型案例，引导行业健康发展。

国家发展改革委

国家能源局

工业和信息化部

生态环境部

商务部

国务院国资委

2023 年 7 月 21 日

3.6 国家发展改革委等部门关于进一步加强水资源节约集约利用的意见

发改环资〔2023〕1193号

各省、自治区、直辖市、新疆生产建设兵团发展改革委、水利（水务）厅（局）、住房和城乡建设厅（委、管委、局）、工业和信息化主管部门、农业农村（农牧）厅（局、委）、自然资源主管部门、生态环境厅（局）：

为全面贯彻党的二十大精神，实施全面节约战略，加快形成节水型生产生活方式，建设节水型社会，推进生态文明建设，促进高质量发展，我们会同教育部、科技部、财政部、国家卫生健康委、市场监管总局、国管局、国家能源局、国家林草局，提出以下意见。

一、总体要求

（一）指导思想。以习近平新时代中国特色社会主义思想为指导，全面贯彻党的二十大精神，深入贯彻习近平总书记关于治水的重要论述，落实"节水优先、空间均衡、系统治理、两手发力"治水思路，完整、准确、全面贯彻新发展理念，加快构建新发展格局，深入实施国家节水行动，坚持"四水四定"，健全节水制度政策，推进水资源总量管理、科学配置、全面节约、循环利用，大力推动农业、工业、城镇等重点领域节水，加强非常规水源利用，发展节水产业，建设节水型社会，促进经济社会发展全面绿色转型，加快建设美丽中国。

（二）主要目标。到2025年，全国年用水总量控制在6400亿立方米以内，万元国内生产总值用水量较2020年下降16%左右，农田灌溉水有效利用系数达到0.58以上，万元工业增加值用水量较2020年降低16%。到2030年，节水制度体系、市场调节机制和技术支撑能力不断增强，用水效率和效益进一步提高。

二、落实最严格水资源管理制度

（三）严格用水总量和强度双控。加强省、市、县三级行政区域用水总量和强度控制指标管理。加快开展跨行政区江河流域水量分配，明确各区域取自不同河湖及调水工程的地表水可用水量。加快明确以县级行政区为单元的地下水取水总量和水位控制指标。各地根据本地区可用水量，合理配置本地区生活、农业、工业和河道外生态环境用水。坚持先节水后调水，把节水作为受水区的根本出路。

（四）强化取水管理。推行规划水资源论证，严格建设项目水资源论证。各级取水许可审批机关要按照各地区的可用水量和建设项目水资源论证情况，依法审批取水许可。依法规范取水行为，重点整治未经批准擅自取水、未依照批准的取水许可规定条件取水等违法问题。在水资源超载地区，依据有关规定暂停新增取水许可。规范自备井管理，依法关闭公共供水管网覆盖范围内或者通过替代水源已经解决供水需求的区域内的自备井。

（五）严格节水管理。健全用水定额体系，做好用水定额动态评估和更新，切实发挥用水定额在规划编制、水资源论证、节水评价、节水改造等方面的约束调节作用。在黄河流域、严重缺水地区逐步推行高耗水工业服务业强制性用水定额管理。落实《计划用水管理办法》，推动年用水量1万立方米及以上的工业服务业单位计划用水管理全覆盖。开展节水评价，从源头把好规划和建设项目节水关。推动县域节水型社会达标建设提质升级，到2025年，南水北调东中线工程受水区和北方60%以上、南方40%以上县（区）级行政区达到节水型社会标准。

三、加强农业农村节水

（六）坚持以水定地。统筹考虑水资源条件和粮食安全，优化调整农业生产结构，推进适水种植。西北等干旱地区压减高耗水作物种植，扩大低耗水高耐旱作物种植，因地制宜推行轮作休耕。地下水超采地区禁止新增开采难以更新的地下水用于农业灌溉，已经开采的要加快发展节水农业、旱作农业，减少地下水超采，逐步实现全面禁采。

（七）发展节水农业。持续推进高标准农田建设和节水型灌区建设，加快灌区续建配套和现代化改造，缺水地区推广喷灌、微灌、低压管灌等高效节水灌溉及水肥一体化等节水技术，加强用水精细化、智能化管理。发展旱作农业，推广深松蓄水、覆膜保墒、集雨补灌等旱作节水技术。加快牧区水利建设，发展节水高效灌溉饲草基地。缺水地区推广设施养殖、循环水养殖等水产养殖模式，推广尾水循环利用。推广节水型机械干清粪等技术和工艺。

（八）提高农村节水能力。加强农村生活供用水设施建设改造，配备安装计量设备，推广计量收费。扎实推进农村厕所革命，推广使用节水型改厕器具。因地制宜建设分散式生活污水收集处理回用设施，推广"生物＋生态"污水处理技术，处理达标后就近灌溉回用和生活杂用。

四、强化工业节水

（九）坚持以水定产。强化水资源水环境承载力约束，根据可用水量，合理规划工业发展布局和规模，优化调整产业结构。水资源超载地区、严重缺水地区，依法依规有序压减高耗水产业规模，严格限制新上高耗水项目取水许可。缺水地区取水许可向先进制造业、战略性新兴产业等低耗水高产出产业倾斜。

（十）强化企业和园区集约用水。推进企业和园区用水系统集成优化，鼓励串联用水、分质用水，实现一水多用和梯级利用，打造节水型企业和园区，实施重点用水企业和园区水效领跑者引领行动。推动企业和园区完善节水管理制度，建立智慧用水管理平台。开展工业废水循环利用试点示范，引导重点行业、重点地区加强工业废水处理后回用。到2025年，规模以上工业用水重复利用率力争达到94%左右。

（十一）实施节水改造。开展工业企业水平衡测试、用水绩效评价和水效对标行动，引导企业实施节水改造。制定重点用水行业水效标杆水平和基准水平，并定期更新。发布国家鼓励的工业节水工艺、技术和装备目录，编制典型应用案例。缺水地区、地下水超采地区新建、改建、扩建项目，应当制定节水方案，配套建设节水设施，并与主体工程同时设计、同时施工、同时投入使用。

五、厉行城镇节水

（十二）坚持以水定城定人。以区域水资源承载能力为基础，科学设定城市功能定位，合理规划人口发展规模、城市空间结构，强化城镇开发边界管控，优化产业和基础设施布局，推动人口均衡发展、城市集约发展与水资源开发利用相协调。防止城市建设片面追求规模和"摊大饼"式无序蔓延。深入开展国家节水型城市创建。

（十三）遏制用水浪费。从严控制高耗水服务业用水，严格用水定额管理。洗车、高尔夫球场、人工滑雪场等特种行业全面推广低耗水、循环用水等节水技术工艺，优先利用再生水、集蓄雨水等非常规水源，限制使用地下水。开展公共供水管网漏损治理，完善检漏制度，实施管网改造、分区计量、压力调控、智能化建设等工程，持续推进重点城市（县城）公共供水管网漏损治理。到2025年，城市公共供水管网漏损率控制在9%以内。

（十四）公共机构率先垂范。制定《公共机构节约用水管理办法》，强化用水计划和定额管理。具备条件的公共机构定期开展水平衡测试，实施节水技术改造，新建、改建、扩建公共机构建筑全面推行使用节水器具。提高公共机构用水计量信息化水平，推广智能水表，逐步实现数据自动采集、统计信息直报、管网检漏智能化。在机关、学校、医院等重点领域实施水效领跑者引领行动，深入推进节水型高校建设。倡导减少瓶装饮用水浪费。

六、推进生态景观节水

（十五）坚持以水定绿。坚持山水林田湖草沙一体化保护和系统治理，考虑水资源承载能力，宜林则林、宜草则草、宜荒则荒，统筹推进水源涵养、国土绿化、防沙治沙、湿地修复、水土保持。干旱半干旱地区以雨养、节水为导向，以恢复灌草植被为主，推广乔灌草结合的绿化模式，合理配置林草植被类型和密度，统筹安排公益林灌溉用水。合理配置三北工程国家重大战略林草生态用水。城镇绿化要根据当地自然条件和水资源禀赋科学选择植物，缺水地区宜选用耐旱型植物。合理配置绿化用水，优先使用符合标准的再生水、雨水、矿井水，推广节水灌溉。

（十六）严控景观用水。严禁违背自然规律挖湖造景，限制盲目扩大景观和娱乐场地的水域面积。黄河流域严控新建亲水公园。缺水地区住宅小区、单位内部的景观用水禁止使用地下水、限制使用自来水。在不引起地下水污染、地下水超采、生态和地质环境问题前提下，合理利用城市可更新的浅层地下水用于生态用水。

七、推广非常规水源利用

（十七）加强污水资源化利用。推行非常规水源纳入水资源统一配置。鼓励具备条件的地方充分利用非常规水源，缺水城市应积极拓展再生水利用领域和规模。坚持以需定供、分质用水、就近利用，推进再生水用于工业生产、市政杂用、国土绿化、生态补水等。开展典型地区再生水利用配置试点。实施区域再生水循环利用工程。缺水地区新建城区提前规划布局再生水管网，老城区结合城市更新改造及河道生态补水需要，因地制宜建设集中或分布式污水收集再生设施。西北地区推广再生水"冬储夏用"，依托自然河湖水系科学规划建设中水库。到2025年，全国地级及以上缺水城市再生水利用率达到25%以上，黄河流域中下游力争达到30%，京津冀地区达到35%以上。

（十八）推动海水、矿井水、雨水等非常规水源利用。沿海缺水地区、海岛要将海水淡化水作为生活补充水源、市政新增供水及重要应急备用水源，工业园区、高耗水产业充分配置海水淡化水。统筹规划建设海水淡化工程，探索推动海水淡化水进入市政供水管网。鼓励海水作为火力发电、钢铁等行业的直接冷却水。推进煤炭绿色开采、保水开采，做好地下水保护，减少矿井疏干水量。矿区生产优先利用矿井水，将满足标准的矿井水用于周边工业生产、国土绿化、生活杂用、生态补水，统筹建设处理回用设施和管网。缺水地区探索实施煤炭生产矿井水配额制。西北干旱地区，采取适用的淡化技术，分区分类利用微咸水。结合土壤盐渍化防治，鼓励微咸水采用直接利用、咸淡混用和咸淡轮用等方式用于国土绿化和农业灌溉。缺水地区鼓励配套建设雨水收集利用设施。将海绵城市建设理念融入相关规划，提升雨水集蓄利用能力。农村地区结合地形集蓄雨水，用于农业灌溉、牲畜用水等。

八、发展节水产业

（十九）加强技术研发应用。围绕水资源高效循环利用、智慧节水灌溉、水肥高效利用、海水淡化利用、矿井水利用等领域，持续实施重点科技专项，开展关键技术和重大装备研发。推进产学研用深度融合的节水技术创新体系建设，支持举办节水创新发展大会及高新技术成果展，推进技术产业化。推进智慧节水，强化数字孪生、大数据、人工智能等新一代信息技术在节水业务中的应用研究。

（二十）推广节水产品。提高节水产品供给能力，推广使用节水型坐便器、淋浴器、水嘴、净水机等用水产品，加快淘汰不符合水效标准要求的产品。实施水效标识，将节水产品认证纳入统一绿色产品认证标识体系，推行绿色产品政府采购。依法打击水效虚标，规范市场行为。鼓励绿色建筑选用更高水效的产品。鼓励有条件的地方实施推广补贴政策。

（二十一）发展节水服务产业。积极开展用水权交易，将节水改造和合同节水管理取得的节水量纳入用水权交易，推动非常规水源市场化交易。完善用水权交易激励和投融资机制，落实交易收益分配制度，保护节水参与方合理收益权利。在公共机构、高耗水行业、供水管网漏损控制等领域推广合同节水管理。鼓励第三方节水服务企业参与节水咨询、检测认证、水平衡测试、用水绩效评价、技术改造、运行管理，提供社会化、专业化、规范化节水服务，通过节水效益分享等方式回收投资和获得合理利润。

九、保障措施

（二十二）健全标准计量体系。完善节水标准体系，加快制修订产品水效、行业用水定额、非常规水源利用等标准。加快推进非农业取水口和大中型灌区取水口计量全覆盖，地表水年许可水量50万立方米以上、地下水年许可水量5万立方米以上的非农业取水口以及5万亩以上大中型灌区渠首取水口要实现在线计量。大中型灌区应在产权分界点安装计量设施，在实施灌溉的高标准农田和高效节水灌溉项目区因地制宜配套实用易行的计量设施，进一步细化计量单元。取水单位、用水户应当使用经检定合格的水计量设施。

（二十三）完善经济政策。全面深化水价改革，深入推进农业水价综合改革，健全城镇供水价格形成和动态调整机制，推行居民阶梯水价、非居民用水及特种用水超定额累进加价。稳步推进水资源税改革，对试点地区取用地表水或者地下水的单位和个人征收水资源税，并停止征收水资源费。落实节水税收优惠政策。中央财政资金、中央预算内投资支持符合条件的节水项目。落实农业用水精准补贴、节水奖励和维修养护资金。拓宽投融资渠道，引导和规范社会资本参与节水项目建设运营。鼓励地方、企业通过"以奖代补"方式实现节水绩效。

（二十四）加强组织协调。充分发挥节约用水工作部际协调机制作用。各部门各司其职，加强沟通协调，做好行业和地区指导，抓好意见落实。将节水纳入经济社会发展综合评价体系和政绩考核。强化最严格水资源管理制度考核。鼓励有条件的地区将节水列为省级督查激励事项。加强国情水情教育，将节水纳入国民素质教育和中小学教育活动，加强节水科普，开展节水宣传，做好节水培训。

国家发展改革委
水利部
住房城乡建设部
工业和信息化部
农业农村部
自然资源部
生态环境部
2023 年 9 月 1 日

3.7 国家发展改革委等部门关于加快建立产品碳足迹管理体系的意见

发改环资〔2023〕1529号

各省、自治区、直辖市及计划单列市、新疆生产建设兵团发展改革委、工业和信息化主管部门、市场监管局（厅、委）、住房城乡建设厅（委）、交通运输厅（局、委）：

为深入贯彻落实《中共中央 国务院关于完整准确全面贯彻新发展理念做好碳达峰碳中和工作的意见》，按照《2030年前碳达峰行动方案》部署要求，加快提升我国重点产品碳足迹管理水平，促进相关行业绿色低碳转型，积极引导绿色低碳消费，助力实现碳达峰碳中和目标，提出以下意见。

一、总体要求

（一）指导思想。以习近平新时代中国特色社会主义思想为指导，全面贯彻党的二十大精神，深入贯彻习近平经济思想和习近平生态文明思想，完整、准确、全面贯彻新发展理念，加快构建新发展格局，着力推动高质量发展，按照党中央、国务院碳达峰碳中和重大战略决策有关部署，推动建立符合国情实际的产品碳足迹管理体系，完善重点产品碳足迹核算方法规则和标准体系，建立产品碳足迹背景数据库，推进产品碳标识认证制度建设，拓展和丰富应用场景，发挥产品碳足迹管理体系对生产生活方式绿色低碳转型的促进作用，为实现碳达峰碳中和提供支撑。

（二）工作原则。

——系统推进，急用先行。以市场需求迫切、减排贡献突出、供应链带动作用明显的产品为重点，按照成熟一批、推进一批、持续完善的原则，积极推进产品碳足迹管理体系建设，稳步有序扩大覆盖产品范围。

——创新驱动，技术融合。将创新作为提高碳足迹管理水平的关键，强化碳足迹核算和数据库构建相关技术方法的原始创新、集成创新和消化吸收再创新，引导碳足迹管理与大数据、区块链、物联网等技术交叉融合。

——政府引导，市场主导。建立健全产品碳足迹管理相关法规制度和管理机制，强化基础能力建设，构建公平有序市场环境，积极引导企业按照自愿原则推进产品碳足迹管理相关工作，支持相关行业加快绿色低碳转型。

——以我为主，开放合作。面向碳达峰碳中和目标，立足国情实际和发展阶段，科学制定有关法规政策标准，以我为主建立产品碳足迹管理体系，积极参与国际碳足迹相关标准制修订和国际计量比对，充分吸收借鉴国际有益经验，加强产品碳足迹相关国际交流合作，促进国际互认。

（三）主要目标。

到2025年，国家层面出台50个左右重点产品碳足迹核算规则和标准，一批重点行业碳足迹背景数据库初步建成，国家产品碳标识认证制度基本建立，碳足迹核算和标识在生产、消费、贸易、金融领域的应用场景显著拓展，若干重点产品碳足迹核算规则、标准和碳标识实现国际互认。

到2030年，国家层面出台200个左右重点产品碳足迹核算规则和标准，一批覆盖范围广、数据质量高、国际影响力强的重点行业碳足迹背景数据库基本建成，国家产品碳标识认证制度全面建立，碳标识得到企业和消费者的普遍认同，主要产品碳足迹核算规则、标准和碳标识得到国际广泛认可，产品碳足迹管理体系为经济社会发展全面绿色转型提供有力保障。

二、重点任务

（四）制定产品碳足迹核算规则标准。市场监管总局会同国家发展改革委等有关部门加快研制产品碳足迹核算基础通用国家标准，明确产品碳足迹核算边界、核算方法、数据质量要求和溯源性要求等。国家发展改革委商有关部门确定拟优先制定核算规则标准的重点产品。工业和信息化部、住房城乡建设部、交通运输部、农业农村部等行业主管部门组织有关行业协会、龙头企业、科研院所等，按照团体标准先行先试、逐步转化为行业标准或国家标准的原则，研究制定重点产品碳足迹核算规则标准，条件成熟的可直接制定国家标准或行业标准。由行业主管部门会同发展改革、市场监管等部门发布规则标准采信清单，为企业、机构提供统一规范的规则标准。

（五）加强碳足迹背景数据库建设。在确保方法统一和数据准确可靠的基础上，行业主管部门和有条件的地区可以根据工作需要建立相关行业碳足迹背景数据库，为企业开展产品碳足迹核算提供公共服务。鼓励相关行业协会、企业、科研单位在注明数据来源的基础上，依法合规收集整理本行业相关数据资源，发布细分行业领域产品碳足迹背景数据库。行业主管部门要加强对相关行业协会、企业、科研单位的指导，规范各类数据库建设，适时组织开展同行评议、交叉验证以及数据溯源性核验，持续提高数据质量。在保证数据安全的前提下，鼓励国际碳足迹数据库供应商按照市场化原则与中国碳足迹数据库开展合作，据实更新相关背景数据。

（六）建立产品碳标识认证制度。在制定产品碳足迹核算规则和标准、建立相关背景数据库的基础上，国家层面建立统一规范的产品碳标识认证制度，通过明确标注产品碳足迹量化信息，引导企业节能降碳。国家发展改革委、市场监管总局会同工业和信息化部、住房城乡建设部、交通运输部等部门研究制定产品碳标识认证管理办法，明确适用范围、标识式样、认证流程、管理要求等，有序规范和引导各地区各层级探索开展产品碳足迹管理相关工作。鼓励企业按照市场化原则自愿开展产品碳标识认证，引导其在产品或包装物、广告等位置标注和使用碳标识。

（七）丰富产品碳足迹应用场景。充分发挥碳足迹管理对企业绿色低碳转型的促进作用，将产品碳足迹水平作为重要指标，推动企业对标国际国内先进水平、查找生产和流通中的薄弱环节，支持企业开展工艺流程改造、强化节能降碳管理，挖掘节能降碳潜力。鼓励龙头企业根据行业发展水平和企业自身实际建立产品碳足迹管理制度，带动上下游企业加强碳足迹管理，推动供应链整体绿色低碳转型。适时将碳足迹管理相关要求纳入政府采购需求标准，加大碳足迹较低产品的采购力度。以电子产品、家用电器、汽车等大型消费品为重点，有序推进碳标识在消费品领域的推广应用，引导商场和电商平台等企业主动展示商品碳标识，鼓励消费者购买和使用碳足迹较低的产品。支持银行等金融机构将碳足迹核算结果作为绿色金融产品的重要采信依据。

（八）推动碳足迹国际衔接与互认。加强国际碳足迹方法学研究，跟踪国际组织和主要经济体碳足迹相关管理制度、认证规则及实施成效，结合我国实际将有关国际标准有序转化为国家标准、行业标准。坚持以我为主，充分发挥双多边对话机制作用，加强与国际相关方的沟通对接，积极参与国际碳足迹相关标准规则的制修订，推动与主要贸易伙伴在碳足迹核算规则和认证结果方面衔接互认。鼓励行业协会、科研单位、企业、机构等积极参与碳足迹相关国际活动和学术交流，与外方在方法学研究、技术规范制定、专业人才培养等方面加强交流合作。

三、保障措施

（九）完善政策支持。国家发展改革委、工业和信息化部、住房城乡建设部、交通运输部、农业农村部、财政部、市场监管总局等部门加强碳足迹核算规则研究和标准研制、背景数据库建设等。鼓励社会资本投资商用碳足迹背景数据库建设，引导金融机构逐步建立以产品碳足迹为导向的企业绿色低碳水平评价制度。

（十）强化能力建设。国家发展改革委联合相关部门建立产品碳足迹管理专家工作组，为确定年度重点产品清单、研究碳足迹管理机制、制定碳标识认证管理办法等重点工作提供技术支持。行业主管部门和各地区组织开展碳足迹管理工作培训，宣传解读政策要点和管理要求，指导行业协会、骨干企业、院校和社会化培训机构等发挥积极作用，规范有序开展碳足迹相关职业培训，提升从业人员专业能力水平。支持碳足迹核算、认证、管理、咨询等服务机构加强自身能力建设，为行业企业提供科学严谨、系统规范的专业化服务。

（十一）提升数据质量。市场监管总局指导有关部门和单位加强碳足迹数据质量计量保障体系建设，强化碳计量技术研究与应用。行业主管部门和企业在碳足迹核算和背景数据库建设中，优先选用具有计量溯源性的数据，并对核算结果和数据进行不确定度分析。鼓励在碳足迹背景数据库建设中使用5G、大数据、区块链等技术，发挥工业互联网标识解析体系作用，提升数据监测、采集、存储、核算、校验的可靠性与即时性。支持行业协会、科研单位、企业等合作开展多层次、多维度数据分析和计量比对，完善数据质量控制体系。探索开展碳标识认证同行评议制度，强化认证机构互相监督。加强行业管理，引入信用惩戒和退出机制，探索建立认证机构"黑名单"制度，严厉打击各类弄虚作假和虚标滥标行为。

（十二）加强知识产权保护。国家知识产权局负责探索研究碳足迹核算方法、碳足迹背景数据库等领域知识产权保护制度，培育和发展知识产权纠纷调解组织、仲裁机构、公证机构。鼓励行业协会、商会建立知识产权保护自律和信息沟通机制。完善知识产权对外转让审查制度，依法管理涉及国家安全的碳足迹有关技术对外转让行为。

四、组织实施

（十三）加强统筹协调。产品碳足迹管理体系覆盖范围广、涉及行业多、社会影响大，各地区各有关部门要高度重视。国家发展改革委加强工作统筹协调，深入研究重大问题，确定年度工作计划，加强日常工作调度，扎实推进重点任务，会同有关部门建立健全我国产品碳足迹管理体系。

（十四）明确职责分工。工业和信息化部、住房城乡建设部、交通运输部、农业农村部、市场监管总局等部门负责相关行业重点产品碳足迹核算规则、标准拟定和推广实施。国家发展改革委、市场监管总局会同工业和信息化部、住房城乡建设部、交通运输部等部门负责产品碳标识认证相关工作。国家发展改革委、工业和信息化部、市场监管总局、交通运输部、商务部负责跟踪国际碳足迹有关动态，按职责与国际组织和主要经济体开展协调对接。

（十五）鼓励先行先试。各地区发展改革委要会同有关方面推进本地区碳足迹管理相关工作。粤港澳大湾区要积极推进产品碳足迹认证试点建设，加快形成有益经验和制度成果。鼓励有条件的地区根据自身实际，对国家公布的核算规则标准之外的产品先行开展碳足迹核算规则研究和标准研制，条件成熟的可适时纳入国家产品碳足迹管理体系。对国家已出台碳足迹核算规则和标准的相关产品，各地区不再出台或及时废止相关地方规则和标准。

国家发展改革委

工业和信息化部

市场监管总局

住房城乡建设部

交通运输部

2023年11月13日

3.8 国家发展改革委 住房城乡建设部 生态环境部关于推进污水处理减污降碳协同增效的实施意见

发改环资〔2023〕1714号

各省、自治区、直辖市、新疆生产建设兵团发展改革委、住房和城乡建设厅（委、管委、局）、生态环境厅（局）：

当前，我国生态文明建设进入了以降碳为重点战略方向、推动减污降碳协同增效、促进经济社会发展全面绿色转型、实现生态环境质量改善由量变到质变的关键时期。污水处理既是深入打好污染防治攻坚战的重要抓手，也是推动温室气体减排的重要领域。为深入贯彻习近平生态文明思想，落实全国生态环境保护大会要求，推动污水处理减污降碳协同增效，制定本实施意见。

一、总体要求

以习近平新时代中国特色社会主义思想为指导，全面贯彻党的二十大精神，深入贯彻习近平生态文明思想，立足新发展阶段，贯彻新发展理念，构建新发展格局，坚持系统观念，协同推进污水处理全过程污染物削减与温室气体减排，开展源头节水增效、处理过程节能降碳、污水污泥资源化利用，全面提高污水处理综合效能，提升环境基础设施建设水平，推进城乡人居环境整治，助力实现碳达峰碳中和目标，加快美丽中国建设。

到2025年，污水处理行业减污降碳协同增效取得积极进展，能效水平和降碳能力持续提升。地级及以上缺水城市再生水利用率达到25%以上，建成100座能源资源高效循环利用的污水处理绿色低碳标杆厂。

二、强化源头节水增效

（一）加强源头节水减排。深入实施国家节水行动，减少生产生活新水取用量和污水排放量。加快海绵城市建设，提升城市蓄水、渗水和涵养水能力，削减雨水径流污染。推动工业企业和园区废水循环利用，实现串联用水、分质用水、一水多用和梯级利用，严重缺水地区示范推动工业园区废水应用尽用。规范工业企业、园区和医疗机构排水管理，对于污染物不能被城镇污水处理厂有效处理或可能影响污水处理厂出水稳定达标的废水，严格限制进入市政污水收集处理系统。

（二）提升污水收集效能。加快消除城镇污水收集管网空白区，建设城市污水管网全覆盖示范区。有序推进雨污分流改造，除干旱地区外，新建城区原则上实施雨污分流。以老旧城区为重点，开展老旧破损、混错漏接等问题管网诊断修复更新，实施污水收集管网外水入渗入流、倒灌排查治理。对于进水生化需氧量浓度低于100毫克/升的污水处理厂，从严审批核准新增污水处理能力，推行"一厂一策"整治。合理规划建设污水处理厂，鼓励生活污水就近集中处理，减少污水输送距离。土地资源紧缺的城市可建设全地下/半地下式污水处理厂，鼓励通过建设公园绿化活动场地等方式合理利用地上空间，提升区域环境品质和城市生态系统碳汇能力。

三、加强污水处理节能降碳

（三）开展节能降碳改造。推广选用高效节能的电机、风机、水泵、照明器具等通用产品设备，结合厂区升级改造，加快淘汰老旧低效的重点用能设备。优化负荷匹配，避免"大马拉小车"。推广建设智慧水务管理系统，开展全过程智能调控与优化，实现精准曝气与回流控制、泵站变频调控与负载匹配、数字计量精准加药等。推广污水源热泵技术，对厂内及周边区域供暖供冷。鼓励发展节能降耗专业服务，推广合同能源管理模式。

（四）减少温室气体排放。科学开展污水管网清淤管护，减少甲烷排放。支持依法依规将上游生产企业可生化性强的废水作为下游污水处理厂碳源补充。加强高效脱氮除磷等低碳技术应用，减少脱氮过程氧化亚氮逸散。鼓励污水处理厂使用植物除臭剂、环保型絮凝剂等新型绿色药剂。

（五）加大可再生能源应用。在光照资源丰富地区推广"光伏+"模式，在保证厂区建筑安全和功能的前提下，利用厂区屋顶、处理设施、开阔构筑物等闲置空间布置光伏发电设施。积极布局智能微电网、新型储能设施，提高可再生能源应用稳定性，鼓励有条件的污水处理厂参与电力需求侧响应。各地结合实际情况，推动污水（污泥）处理厂通过自建可再生能源设施、积极参与绿证交易等方式，扩大可再生能源消纳规模。

（六）推动再生水利用。坚持以需定供、分质利用、就近利用，扩大再生水利用场景，统筹推进再生水用于工业生产、市政杂用、生态用水等。将再生水合理纳入高耗水项目和洗车、高尔夫球场、人工滑雪场等特种行业计划用水管理，对于具备利用条件的用水户充分配置再生水。结合当地自然禀赋及社会发展需要，有序建设区域再生水循环利用工程。缺水城市新建城区要提前规划布局再生水管网，鼓励沿工业园区建设再生水厂。西北干旱地区因地制宜推广再生水"冬储夏用"。

四、推进污泥处理节能降碳

（七）推广低碳处理工艺。在污泥稳定化、无害化处置前提下，逐步压减污泥填埋规模，积极采用资源化利用等替代处理方案。在确保运行参数稳定、配套高效污染治理设施前提下，可利用垃圾焚烧厂、火力发电厂、水泥窑等设施处理能力协同焚烧处置污泥，并将新增废气污染物纳入排污许可管理。污泥单独焚烧时，鼓励干化和焚烧联用，采用高效节能设备和余热利用技术，提高污泥热能利用效率。

（八）加强能源资源回收利用。加强污泥沼气回收利用，推广沼气热电联产。遵循"安全环保、稳妥可靠"的原则，积极采用好氧发酵、厌氧消化等工艺，回收利用污泥中氮磷等营养物质。积极推广污泥土地利用，鼓励在满足相关标准和规范的前提下，将处理后的污泥作为肥料或土壤改良剂，用于国土绿化、荒漠改良、矿区修复等。推动污泥焚烧灰渣建材化和资源化利用。加大科普宣传，消除认识误区，畅通污泥资源化产品市场出路。

五、完善支持政策

（九）强化标准引导。落实精准治污、科学治污要求，各地方应突出问题导向，基于本地区经济社会情况、流域水环境容量、污水水质等因素，统筹考虑能耗、药耗增加，科学合理、因地制宜制定污水排放地方标准。做好再生水利用系列标准制修订工作。研究制定城镇污水处理碳排放统计核算、监测计量等相关标准。加快制定《协同降碳绩效评价 城镇污水处理》国家标准，适时开展绩效评价工作。

（十）加大科技支撑。开展污水处理绿色低碳关键技术攻关，重点突破高浓度有机废水和高盐废水处理与循环利用、高性能膜材料、环保型药剂、温室气体控制、智能监测与优化控制等关键共性技术，推动大数据、人工智能、数字孪生等数字技术与污水处理工艺融合发展。推动产学研深度融合，加强污水污泥资源化利用、减污降碳协同等创新技术科技成果转化、技术集成示范和应用推广

（十一）完善激励政策。加大对污水处理减污降碳升级改造项目的资金支持力度，将符合条件的项目纳入地方政府专项债券支持范围，支持符合条件的项目发行不动产投资信托基金、申请绿色信贷或通过绿色债券融资。推动建立污水处理服务费与污水处理厂进水污染物浓度、污染物削减量、出水水质、污泥无害化稳定化处理效果挂钩的按效付费机制。落实环境保护、节能节水等领域税收优惠政策。将污水（污泥）处理厂光伏发电、沼气发电等绿色电力纳入电网企业保障性收购范围，依规向符合条件的项目核发绿色电力证书。

（十二）建设绿色低碳标杆厂。推动建设一批能源资源高效循环利用的污水处理绿色低碳标杆厂。鼓励标杆厂实施"厂—网—河（湖）"一体化专业化运行维护，开展新理念、新技术、新设备的先行先试。加强对配套工程建设的各类要素保障，推动重点工程项目有序实施。总结推广标杆厂建设的经验模式和实践案例，引导全行业对标对表。鼓励各地依托标杆厂打造宣传教育基地和实践教学基地，加强绿色低碳理念的宣传教育。

各地区、各有关部门要充分认识推进污水处理减污降碳协同增效的重要

意义，建立健全工作机制，形成工作合力。各省（区、市）发展改革、住房城乡建设、生态环境主管部门要结合本地实际抓好工作落实，摸排本省份处理能力10万吨／日以上的污水处理厂（再生水厂）能耗及碳排放情况，明确建设改造目标和建设任务，推动本地区污水处理减污降碳协同增效各项工作落到实处。

国家发展改革委

住房城乡建设部

生态环境部

2023年12月12日

4 工业和信息化部相关文件

4.1 工业和信息化部办公厅关于印发工业领域碳达峰碳中和标准体系建设指南的通知

工信厅科〔2024〕7号

各省、自治区、直辖市工业和信息化主管部门，有关行业协会、标准化技术组织和专业机构：

为切实发挥标准对工业领域碳达峰碳中和的支撑和引领作用，工业和信息化部依据《新产业标准化领航工程实施方案（2023—2035年）》《工业领域碳达峰实施方案》《建立健全碳达峰碳中和标准计量体系实施方案》等，组织编制了《工业领域碳达峰碳中和标准体系建设指南》。现印发给你们，请结合本地区、本行业、本领域实际，在标准化工作中贯彻执行。

工业和信息化部办公厅

2024年2月4日

工业领域碳达峰碳中和标准体系建设指南

一、总体要求

（一）指导思想

以习近平新时代中国特色社会主义思想为指导，全面贯彻党的二十大精神，按照《中共中央、国务院关于完整准确全面贯彻新发展理念做好碳达峰碳中和工作的意见》《2030年前碳达峰行动方案》要求，深入贯彻习近平生态文明思想，立足新发展阶段、贯彻新发展理念、构建新发展格局，加快推进新型工业化，紧密围绕《新产业标准化领航工程实施方案（2023—2035年）》《工业领域碳达峰实施方案》和《建立健全碳达峰碳中和标准计量体系实施方案》等文件精神，加强标准化工作的统筹规划和顶层设计，大力构建适应工业发展的标准体系，加快推进工业领域碳达峰碳中和急需标准制定，积极参与国际标准化活动，进一步提升标准对工业领域碳达峰碳中和工作的引领、规范和支撑作用。

（二）基本原则

——统筹规划、协调配套。全面覆盖工业低碳转型发展 各相关领域，从制造流程、技术发展、生命周期、产业链条等多个维度统筹规划工业领域碳达峰碳中和标准体系，综合考虑产品、企业、园区、供应链等层面的碳排放。注重与现有的节能与综合利用、绿色制造等标准体系协调配套，推动国家标准、行业标准和团体标准协调发展。

——稳步推进、急用先行。加强工业领域低碳转型与保持制造业比重基本稳定、产业链供应链安全协同，稳步推进碳达峰碳中和相关标准化工作。聚焦钢铁、建材、有色金属、石化、化工等碳排放重点行业，以及重点产品降碳、工艺过程控碳、协同降碳等方面，加快急需标准的制定，及时修订现有标准。

——创新驱动、数字赋能。鼓励工业领域的低碳技术创新和管理创新，推动将低碳新技术新工艺融入相关标准，加快低碳创新技术的推广应用。围绕5G、工业互联网、人工智能等新一代信息技术在工业低碳领域的应用创新，加快相关标准研制，以数字化、智能化赋能绿色化，培育壮大低碳发展新动能。

——开放共享、国际接轨。结合我国工业领域的发展实际，积极参考和借鉴国际应对气候变化等方面的标准化工作基础和发展趋势，不断提升我国低碳标准的国际化水平。加强国内外碳达峰碳中和相关标准化工作的交流与合作，积极参与全球低碳标准制定，贡献中国的技术方案和实践经验。

（三）建设目标

到2025年，初步建立工业领域碳达峰碳中和标准体系，制定200项以上碳达峰急需标准，重点制定基础通用、温室气体核算、低碳技术与装备等领域标准，为工业领域开展碳评估、降低碳排放等提供技术支撑。到2030年，形成较为完善的工业领域碳达峰碳中和标准体系，加快制定协同降碳、碳排放管理、低碳评价类标准，实现重点行业重点领域标准全覆盖，支撑工业领域碳排放全面达峰，标准化工作重点逐步向碳中和目标转变。

二、建设方案

（一）碳达峰碳中和标准体系框架

工业领域碳达峰碳中和标准体系框架包括基础通用、核算与核查、技术与装备、监测、管理与评价等五大类标准，如图1所示

（二）碳达峰碳中和标准制定重点领域

1.基础通用标准

基础通用标准是指工业领域碳达峰碳中和相关的基础共性标准，包括术语定义、数据质量、标识标志、报告声明与信息披露等4类。

（1）术语定义标准

主要规范工业领域温室气体活动的相关概念，为其他各部分标准的制定提供支撑，包括温室气体有关基本概念、技术、方法、管理和服务等相关的术语和定义标准。

（2）数据质量标准

主要规范温室气体数据源、数据库、活动数据及排放因子等，为温室气体核算与核查、监测、评价和管理等相关的数据统计分析提供支撑，包括数据统计方法、数据质量管理、数据质量评价等标准。

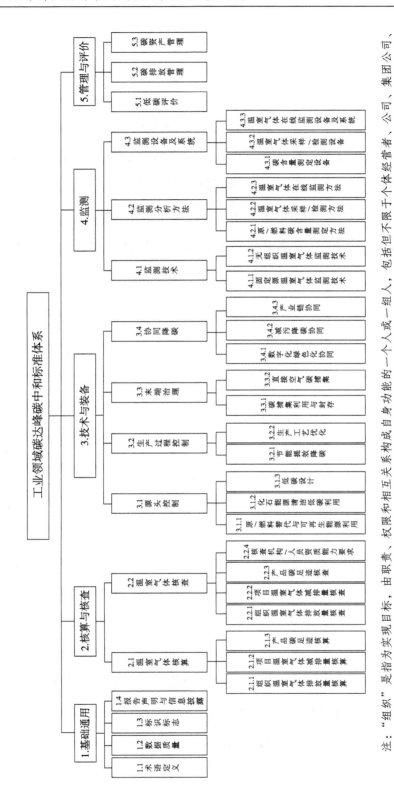

工业领域碳达峰碳中和标准体系框架

注："组织"是指为实现目标，由职责、权限和相互关系构成自身功能的一个人或一组人，包括但不限于个体经营者、公司、集团公司、商行、企事业单位、政府机构、合股经营的公司、社团、公益机构，或上述单位中的一部分或结合体，无论其是否有法人资格，公营或私营。

（来源：GB/T 19000—2016，3.2.1，有修改）

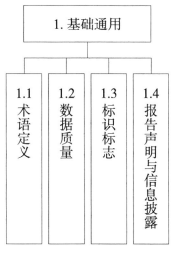

基础通用标准子体系框架

（3）标识标志标准

主要规范温室气体排放量或减排量相关的标识标志、产品碳标签，以及低碳评价相关的标识标志等。

（4）报告声明与信息披露标准

主要规范温室气体排放核算、低碳评价等相关的报告声明与信息披露的要求和程序等，包括碳披露导则、环境声明指南、碳排放量及减排量报告声明（信息披露）要求与指南等标准。

2.核算与核查标准

核算与核查标准包括组织温室气体排放量核算与核查、项目温室气体减排量核算与核查、产品碳足迹核算与核查、核查机构/人员资质能力要求等相关标准。其中，核算标准是摸清工业领域各行业温室气体排放底数的重要基础，也是评估温室气体减排量和评价行业、企业、产品碳排放水平高低的依据。核查标准是为确保核算数据的准确性及真实性，对碳排放核算报告做出统一规范的数据核查。

（1）温室气体核算标准

根据核算对象和核算边界的不同，分为组织温室气体排放量核算、项目

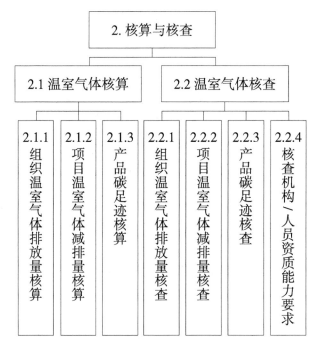

核算与核查标准子体系框架

温室气体减排量核算、产品碳足迹核算等。

组织温室气体排放量核算标准主要包括工序/单元、企业、园区等组织层面的温室气体排放量核算标准。其中，在工序/单元层面，重点针对温室气体排放量占全流程排放量比例较高的工序或单元制定温室气体排放量核算标准；在企业和园区层面，重点针对工业生产中直接能源消耗量大、电力热力等间接能源消耗量大、生产过程温室气体排放量大的企业和园区制定温室气体排放量核算标准。

项目温室气体减排量核算标准主要规范项目层面的温室气体排放量的基准选取、核算方法、核算范围、排放因子等，包括温室气体减排量评估通用要求、基于具体项目的温室气体减排量评估技术规范等标准。重点针对储能及余能回收利用、资源综合利用、原/燃料替代等具有显著节能降耗效果、能大幅减少温室气体排放量的项目制定温室气体减排量核算标准。

产品碳足迹核算标准主要规范工业产品在其生命周期内直接和间接排放

的温室气体总量的核算，包括产品种类规则、碳足迹评估等标准。重点针对量大面广或生命周期内碳排放强度高的典型工业产品制定碳足迹核算标准。

（2）温室气体核查标准

主要包括组织温室气体排放量核查、项目温室气体减排量核查、产品碳足迹核查，以及温室气体机构/人员核查资质能力要求等。其中，组织温室气体排放量核查、项目温室气体减排量核查、产品碳足迹核查标准主要规范对相关温室气体核算结果的核查原则、核查依据、核查程序、核查报告要求等内容。温室气体机构/人员核查资质能力要求主要规范核查机构、团队和人员的资质和能力要求等。

3.技术与装备标准

主要指能够有效降低工业领域温室气体排放的相关技术和装备标准，包括温室气体的源头控制、生产过程控制、末端治理以及协同降碳等4类。

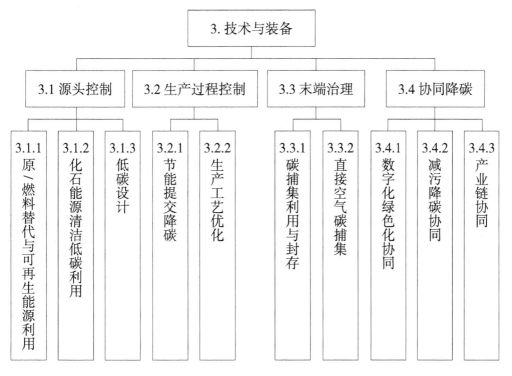

技术与装备标准子体系框架

（1）源头控制标准

主要是指从源头上预防、避免和减少温室气体排放的相关技术与装备，包括原/燃料替代与可再生能源利用、化石能源清洁低碳利用、低碳设计等标准。

原/燃料替代与可再生能源利用标准主要包括低碳、无碳原料的使用和替代、可再生能源及新能源的使用和替代等方面。其中，在原料替代方面，重点制定氢氯氟烃（HCFCs）、氢氟烃（HFCs）类制冷剂替代，非碳酸盐原料替代，再生钢铁原料、再生铜铝原料、再生铅、风电叶片等再生资源利用，冶炼渣、焦油渣、电石渣、铝灰渣、赤泥、尾矿、煤矸石、废塑料、废橡胶等工业废物再利用等技术和装备标准。在燃10料替代方面，重点制定生物质燃料替代技术，氢冶金，炉窑氢燃料替代，玻璃熔窑窑炉氢能煅烧、水泥窑窑炉氢能煅烧、燃氢燃气轮机、氢燃料内燃机等氢能替代，高排放非道路移动机械（如工程机械、农业机械等）原燃料结构优化，工业电加热炉、工业汽轮机、空气源热泵采暖等电气化替代等技术和装备标准。在可再生能源利用方面，重点制定太阳能、风能、光热、地热、潮汐能、生物质能等可再生能源开发、输送、储存、利用以及分布式应用等相关技术和装备标准。

化石能源清洁低碳利用标准主要包括煤炭、石油、天然气等化石能源的清洁高效燃烧，煤基产品的清洁低碳高效利用，煤炭废弃物及资源综合利用，石油天然气清洁低碳运输，汽油、航煤、柴油等石化产品的低碳高效利用等方面。

低碳设计标准主要指在设计阶段从全生命周期角度对工业产品及其生产过程进行低碳设计，包括产品、工艺、装备、企业、园区等层面的低碳设计标准。重点围绕碳属性突出的产品和工艺制定低碳设计标准。

（2）生产过程控制标准

主要是指工业产品在生产过程中有关温室气体排放控制的技术与装备，包括节能提效降碳、生产工艺优化等标准。

节能提效降碳标准主要是指通过能源的高效利用或降低能源消耗，以减少二氧化碳排放为特征的技术与装备标准。重点制定能量系统优化、能源梯级利用、储能及余能回收利用、多效精馏系统提升、全/富氧燃烧、用能设备系统能效提升等相关技术与装备标准。生产工艺优化标准主要是指通过改变传统生产工艺流程，或优化现有生产工艺实现降碳的技术与装备标准。重点制定氢冶金、熔融还原炼铁、氧气高炉、短流程电弧炉炼钢、连铸连轧工艺、石化化工过程副产氢气高值利用、原油直接裂解制乙烯、低碳炼化技术、合成气一步法制烯烃、铜锍连续吹炼、液态高铅渣直接还原、高效水泥熟料蓖冷机工艺、浮法玻璃一窑多线技术、陶瓷干法制粉工艺、低能耗高效加氢裂化（改质）技术、可再生能源低成本制氢等技术与装备标准。

（3）末端治理标准

主要是指温室气体捕集、利用与封存相关的技术与装备，包括碳捕集利用与封存（CCUS）、直接空气碳捕集（DACS）等方面。重点制定工业领域二氧化碳捕集、分离、资源化利用、封存等技术与装备标准。

（4）协同降碳标准

主要是指通过企业内部协同、上下游协同、产业链协同等方式实现协同降碳的相关技术与装备，包括数字化绿色化协同、减污降碳协同、产业链协同等标准。

数字化绿色化协同标准主要是指5G、工业互联网、大数据等新一代信息技术在工业绿色化生产中的应用标准，包括智慧能源管控、数字化碳排放管理平台、"工业互联网+能效管理"、智能分析检测等。

减污降碳协同标准主要是指工业生产过程中污染物与温室气体协同减排相关的技术与装备标准，包括工业尾气、废气、废水、固废、危废等污染物与温室气体的协同控制、综合治理、系统治理等。产业链协同标准主要是指不同产业间强化资源协同利用的相关技术与装备标准，包括液态冶炼渣直接生产岩矿棉，工业副产石膏、铝灰渣、赤泥、大修渣等深度处理用于建材，高固废掺量的低碳水泥，全固废胶凝材料，工业炉窑协同处置垃圾衍生燃料、危险废物、污泥，煤气化装置协同处理化工废物，钢化联产，炼化集成，产城融合等。

4.监测标准

监测标准主要是指能够量化温室气体排放浓度、强度以及其对环境影响的相关检测和监测标准，包括监测技术、监测分析方法、监测设备及系统等3类。

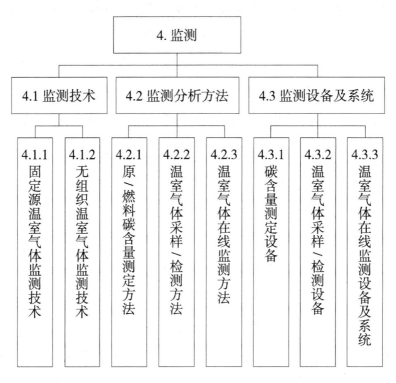

监测标准子体系框架

（1）监测技术标准

主要规范不同层面温室气体的监测方案、布点采样、监测项目与分析方法、量值传递、质量控制、数据处理等内容，包括固定源温室气体监测技术、无组织温室气体监测技术等标准。

（2）监测分析方法标准

主要规范各温室气体监测分析方法所涉及的试剂材料、仪器与设备要求、分析测试条件、测定操作步骤、结果表示等内容，包括原/燃料碳含量测定、温室气体采样/检测、温室气体在线监测等方法标准。

（3）监测设备及系统标准

主要规范温室气体测定范围、性能要求、检验及操作方法、校验设备及系统等内容，包括碳含量测定设备、温室气体采样/检测设备、温室气体在线监测设备及系统等标准。

5.管理与评价标准

管理与评价主要指为实现减碳目标而进行的一系列管理活动与评价。管理与评价标准包括低碳评价、碳排放管理、碳资产管理等3类。

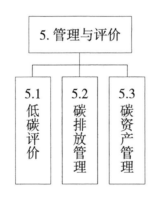

管理与评价标准子体系框架

（1）低碳评价标准

低碳评价主要是依据特定的评价指标体系和评价方法，对工业产品、企业、园区以及供应链的温室气体排放水平进行的综合评价。主要包括低碳产品评价、低碳企业评价、低碳园区评价，以及低碳供应链评价等标准。重点制定量大面广、能源属性突出的工业产品低碳评价标准，以及钢铁、建材、有色金属、石化、化工等重点碳排放行业的低碳企业评价导则、评价指标体系等标准。

（2）碳排放管理标准

主要指与碳排放活动相关的管理标准，包括碳排放管理体系、碳排放限额等标准。碳排放管理体系标准主要规范工业企业在温室气体管理机制、策划设计、系统配备、实施运行、绩效改进等方面的内容，包括管理体系通用要求、分行业的实施指南等标准。碳排放限额标准主要规范工业生产过程或典型工业产品的碳排放限额，是约束工业领域碳排放量的重要手段。

（3）碳资产管理标准

主要用于指导企业对配额排放权、减排信用额、国家核证自愿减排量及相关活动的管理，包括碳资产管理体系、碳资产管理平台等标准。

三、组织实施

加强组织协调。加强相关标准化技术组织建设，强化产业链上中下游标准之间的有效衔接，国家标准、行业标准和团体标准之间的协调配套。引导行业内的龙头企业、科研院所、社会团体、检测认证机构、行业低碳标准化技术组织、地方工业和信息化主管部门等积极参与标准化工作，鼓励企业制定严于国家标准和行业标准的企业标准，推动企业加快实现低碳转型。

推进宣贯实施。做好工业领域碳达峰碳中和标准体系建设指南的宣传解读工作。支持各行业协会、标准化技术委员会和标准化专业机构等组织开展工业绿色低碳标准的宣传培训，引导和帮助企业执行标准。地方工业和信息化主管部门应组织本地区企业宣贯并实施标准。建立标准实施效果评估制度，及时修订相关标准，保证标准的实用性和时效性。

加强国际合作。积极参与国际标准化组织（ISO）、国际电工委员会（IEC）和国际电信联盟（ITU）等国际标准组织的绿色低碳标准化活动。参与基础通用、温室气体排放核算与核查、低碳技术与装备、温室气体监测、碳排放管理与评价等重点领域标准的研究与制修订，适时提出国际标准提案，分享中国在碳达峰碳中和方面的标准化实践经验。

4.2　工业和信息化部办公厅关于组织推荐第五批工业产品绿色设计示范企业的通知

工信厅节函〔2023〕23号

各省、自治区、直辖市及计划单列市、新疆生产建设兵团工业和信息化主管部门，有关中央企业：

为贯彻党中央、国务院碳达峰碳中和决策部署，落实《"十四五"工业绿色发展规划》，加快推动工业绿色低碳发展，持续培育工业产品绿色设计示范企业，遴选一批能够发挥引领带动作用的典型企业，提升绿色产品（服务）供给能力和市场影响力，现组织开展第五批工业产品绿色设计示范企业推荐工作。有关事项通知如下：

一、总体要求

坚持以习近平新时代中国特色社会主义思想为指导，立足新发展阶段，以碳达峰碳中和目标为引领，聚焦生态环境影响大、产品（服务）涉及面广、产业关联度高的行业，遴选一批示范引领性强的"绿色设计＋制造（服务）"型示范企业，引导企业持续提升绿色产品（服务）供给能力和市场影响力。"绿色设计＋制造"方面，重点支持电子电器、纺织、机械装备、汽车及配件、轻工、医药等行业企业，围绕轻量化、低碳化、循环化、数字化等重点方向加大绿色设计推行力度。"绿色设计＋服务"方面，重点支持服务性制造领域的龙头骨干企业，围绕绿色产品设计开发、绿色产品制造技术改进、产品生命周期管理、供应链管理、检验检测与认证、节能减污降碳集成应用等开展高质量服务。

二、推荐要求

（一）基本要求

企业具有独立法人资格，符合国家和地方的法律法规及标准规范要求，近三年无以下情况：发生较大及以上重大生产安全和质量安全事故、Ⅲ级（较大）及以上突发环境污染事件，在国务院及有关部委相关督查工作中发现存在严重问题，被列入工业节能监察整改名单且未完成整改等。

（二）综合水平

企业拥有明确的绿色低碳发展战略和措施，建立完善的质量、环境、能源、职业健康安全等管理体系，各项管理制度健全，具有较强行业影响力和市场竞争力，经营管理状况较好。

（三）绿色设计专项水平

企业绿色设计实力强，具有夯实的绿色设计服务基础，研发和应用推广绿色设计与制造关键技术；产品符合绿色产品评价相关标准并积极推广绿色产品，或者具有较强的绿色设计资源整合和服务能力并为行业客户提供优质绿色服务；企业自身绿色发展水平较高，或者绿色服务实施效果和成效显著。

三、动态管理要求

请各地工业和信息化主管部门、有关中央企业加强对示范企业的跟踪指导和服务，跟踪掌握工作进展，组织示范企业每年填报工业产品绿色设计示范企业动态管理表（附件3），做好动态管理审核并及时上报。工业和信息化部将加强对示范企业名单的监督管理，完善名单动态管理机制，对各单位上报的动态管理表进行评估，对不再符合示范企业要求的单位从名单中予以除名。

四、推荐程序

各省、自治区、直辖市及计划单列市、新疆生产建设兵团工业和信息化主管部门、中央企业（以下统称推荐单位）负责组织推荐。推荐单位要认真筛选行业代表性强的龙头骨干企业或专业性强、特色鲜明、创新性高的中小企业，根据"绿色设计＋制造"型企业和"绿色设计＋服务"型企业分类，指导企业按照《工业产品绿色设计示范企业申报书》（附件2）有关要求开展自评价和打分，编制申报书，并切实加强对申报企业自评价结果和证明材料的把关。被推荐企业自评价得分原则上不低于80分。

请各推荐单位于2023年6月30日前将推荐文件、工业产品绿色设计示范企业（第五批）推荐汇总表（附件1）、第五批工业产品绿色设计示范企业申报书（附件2）、工业产品绿色设计示范企业动态管理表（附件3）等电子版材料通过工业节能与绿色发展管理平台（https：//green.miit.gov.cn）报送工业和信息化部（节能与综合利用司）。

工业和信息化部办公厅

2023年4月3日

4.3　工业和信息化部办公厅　国家发展改革委办公厅　财政部办公厅　国务院国资委办公厅　市场监管总局办公厅关于开展2023年度智能制造试点示范行动的通知

工信厅联通装函〔2023〕212号

各省、自治区、直辖市及计划单列市、新疆生产建设兵团工业和信息化、发展改革、财政、国资、市场监管主管部门，有关中央企业：

为贯彻落实《"十四五"智能制造发展规划》，工业和信息化部、国家发展改革委、财政部、国务院国资委、市场监管总局联合开展2023年度智能制造试点示范行动。有关事项通知如下：

一、试点示范内容

遴选一批智能制造优秀场景，以揭榜挂帅方式建设一批智能制造示范工厂和智慧供应链，在各行业、各领域选树一批排头兵企业，推进智能制造高质量发展。

二、申报条件

（一）申报主体为在中华人民共和国境内注册，具有独立法人资格（石油石化、有色金属等有行业特殊情况的，允许法人的分支机构申报），近三年经济效益较好且信用记录良好的企业。已经承担智能制造示范工厂揭榜任务的主体不再重复申报。

（二）申报主体的智能制造水平应处于国内领先地位，具有较强的示范引领作用，使用的关键技术装备、工业软件安全可控，解决方案无知识产权纠纷。

（三）智能制造示范工厂申报主体应当开展智能制造能力成熟度自评估，达到国家标准GB/T 39116—2020《智能制造能力成熟度模型》二级及以上或满足相关行业智能制造指导性文件要求。

（四）申报主体愿意主动配合开展现场评估和宣传总结，积极推广典型经验。

（五）申报材料详细描述建设场景，重点突出、言简意赅、逻辑严密，能从实施方法、实施要素等方面提供借鉴、引导创新，具有较强的可读性，不涉及国家秘密、商业秘密等内容。每个场景描述控制在3000字以内，可配图说明。

（六）申报主体近三年未发生重大、特大安全生产事故，重大、特大环境事故，无违法违规行为。

三、组织实施

（一）申报主体于2023年8月31日前完成线上申报，并对内容真实性负责，纸质版材料应与网上填报内容一致。申报材料参考《智能制造典型场景参考指引》（附件1）、《智能制造示范工厂揭榜任务》（附件2）编写。鼓励企业基于现有场景，推动产品全生命周期、生产制造全过程、业务运营全链条的解耦与重构，探索智能生产新场景、企业管理新形态和产业组织新模式。

（二）各地工业和信息化、发展改革主管部门联合财政、市场监管等主管部门组织对本地区（非中央企业）申报项目进行推荐。推荐单位于2023年9月15日前完成线上审核，按推荐项目优先顺序填写推荐汇总表，将纸质版申报书（附件3）、推荐汇总表（附件4）各1份，分别报送工业和信息化部（装备工业一司）、国家发展改革委（产业发展司）。

（三）各中央企业集团组织对本集团申报项目进行推荐。推荐单位于2023年9月15日前完成线上审核，按推荐项目优先顺序填写推荐汇总表，将纸质版申报书（附件3）、推荐汇总表（附件4）各1份，分别报送工业和信息化部（装备工业一司）、国务院国资委（科技创新局）。

（四）各省（区、市）可推荐的优秀场景、示范工厂项目申报数量为30个、15个。省级智能制造试点示范项目累计数量超过300个的省（区、市），可推荐的优秀场景、示范工厂项目申报数量为40个、20个。计划单列市、新疆生产建设兵团、中央企业集团推荐的优秀场景、示范工厂项目申报数量为10个、5个。推荐工作应遵循政府引导、企业自愿原则，优先推荐基础条件好、成长性好、示范性强的项目，并充分考虑行业覆盖面。

（五）工业和信息化部、国家发展改革委、财政部、国务院国资委、市场监管总局共同组织遴选并公布智能制造优秀场景名单、智能制造示范工厂揭榜单位名单。

（六）工业和信息化部、国家发展改革委、财政部、国务院国资委、市场监管总局常态化受理各省（区、市）2021、2022年度智能制造示范工厂揭榜单位验收申请，共同组织开展验收评审，发布智能制造示范工厂名单。

（七）推荐单位应当加强对最终入选项目的指导和服务，给予优先支持，鼓励有条件的地方在示范工厂培育基础上创建智能制造先行区。

（八）企业申报、进度汇报、验收申请以及材料报送、线上评审、智能制造能力成熟度自评估等工作基于智能制造数据资源公共服务平台（https：//submission.miit-imps.com）开展。

联系人及电话：

工业和信息化部装备工业一司	赵奉杰 010-68205630
国家发展改革委产业发展司	杨 晶 010-68501696
财政部经济建设司	虞正夫 010-61965366
国务院国资委科技创新局	陈建刚 010-63192535
市场监管总局标准技术司	刘大山 010-82262927

技术支持单位：

| 中国信息通信研究院 | 汪俊龙 13996177996 |
| | 王金生 18811348791 |

工业和信息化部办公厅
国家发展改革委办公厅
财政部办公厅

5 生态环境部相关文件

5.1 温室气体自愿减排交易管理办法（试行）

部令 第31号

《温室气体自愿减排交易管理办法（试行）》已于2023年9月15日由生态环境部2023年第三次部务会议审议通过，并经国家市场监督管理总局同意，现予公布，自公布之日起施行。

生态环境部部长 黄润秋
市场监管总局局长 罗文
2023年10月19日

温室气体自愿减排交易管理办法（试行）

第一章 总则

第一条 为了推动实现我国碳达峰碳中和目标，控制和减少人为活动产生的温室气体排放，鼓励温室气体自愿减排行为，规范全国温室气体自愿减排交易及相关活动，根据党中央、国务院关于建设全国温室气体自愿减排交易市场的决策部署以及相关法律法规，制定本办法。

第二条 全国温室气体自愿减排交易及相关活动的监督管理，适用本办法。

第三条 全国温室气体自愿减排交易及相关活动应当坚持市场导向，遵循公平、公正、公开、诚信和自愿的原则。

第四条 中华人民共和国境内依法成立的法人和其他组织，可以依照本办法开展温室气体自愿减排活动，申请温室气体自愿减排项目和减排量的登记。

符合国家有关规定的法人、其他组织和自然人，可以依照本办法参与温室气体自愿减排交易。

第五条 生态环境部按照国家有关规定建设全国温室气体自愿减排交易市场，负责制定全国温室气体自愿减排交易及相关活动的管理要求和技术规范，并对全国温室气体自愿减排交易及相关活动进行监督管理和指导。

省级生态环境主管部门负责对本行政区域内温室气体自愿减排交易及相关活动进行监督管理。

设区的市级生态环境主管部门配合省级生态环境主管部门对本行政区域内温室气体自愿减排交易及相关活动实施监督管理。

市场监管部门、生态环境主管部门根据职责分工，对从事温室气体自愿减排项目审定与减排量核查的机构（以下简称审定与核查机构）及其审定与核查活动进行监督管理。

第六条 生态环境部按照国家有关规定，组织建立统一的全国温室气体自愿减排注册登记机构（以下简称注册登记机构），组织建设全国温室气体自愿减排注册登记系统（以下简称注册登记系统）。

注册登记机构负责注册登记系统的运行和管理，通过该系统受理温室气体自愿减排项目和减排量的登记、注销申请，记录温室气体自愿减排项目相关信息和核证自愿减排量的登记、持有、变更、注销等信息。注册登记系统记录的信息是判断核证自愿减排量归属和状态的最终依据。

注册登记机构可以按照国家有关规定，制定温室气体自愿减排项目和减排量登记的具体业务规则，并报生态环境部备案。

第七条 生态环境部按照国家有关规定，组织建立统一的全国温室气体自愿减排交易机构（以下简称交易机构），组织建设全国温室气体自愿减排交易系统（以下简称交易系统）。

交易机构负责交易系统的运行和管理，提供核证自愿减排量的集中统一交易与结算服务。

交易机构应当按照国家有关规定采取有效措施，维护市场健康发展，防止过度投机，防范金融等方面的风险。

交易机构可以按照国家有关规定，制定核证自愿减排量交易的具体业务规则，并报生态环境部备案。

第八条 生态环境部负责组织制定并发布温室气体自愿减排项目方法学（以下简称项目方法学）等技术规范，作为相关领域自愿减排项目审定、实施与减排量核算、核查的依据。

项目方法学应当规定适用条件、减排量核算方法、监测方法、项目审定与减排量核查要求等内容，并明确可申请项目减排量登记的时间期限。

项目方法学应当根据经济社会发展、产业结构调整、行业发展阶段、应对气候变化政策等因素及时修订，条件成熟时纳入国家标准体系。

第二章　项目审定与登记

第九条 申请登记的温室气体自愿减排项目应当有利于降碳增汇，能够避免、减少温室气体排放，或者实现温室气体的清除。

第十条 申请登记的温室气体自愿减排项目应当具备下列条件：

（一）具备真实性、唯一性和额外性；

（二）属于生态环境部发布的项目方法学支持领域；

（三）于2012年11月8日之后开工建设；

（四）符合生态环境部规定的其他条件。

属于法律法规、国家政策规定有温室气体减排义务的项目，或者纳入全国和地方碳排放权交易市场配额管理的项目，不得申请温室气体自愿减排项目登记。

第十一条 申请温室气体自愿减排项目登记的法人或者其他组织（以下简称项目业主）应当按照项目方法学等相关技术规范要求编制项目设计文件，并委托审定与核查机构对项目进行审定。

项目设计文件所涉数据和信息的原始记录、管理台账应当在该项目最后一期减排量登记后至少保存十年。

第十二条 项目业主申请温室气体自愿减排项目登记前，应当通过注册登记系统公示项目设计文件，并对公示材料的真实性、完整性和有效性负责。

项目业主公示项目设计文件时，应当同步公示其所委托的审定与核查机构的名称。

项目设计文件公示期为二十个工作日。公示期间，公众可以通过注册登记系统提出意见。

第十三条 审定与核查机构应当按照国家有关规定对申请登记的温室气体自愿减排项目的以下事项进行审定，并出具项目审定报告，上传至注册登记系统，同时向社会公开：

（一）是否符合相关法律法规、国家政策；

（二）是否属于生态环境部发布的项目方法学支持领域；

（三）项目方法学的选择和使用是否得当；

（四）是否具备真实性、唯一性和额外性；

（五）是否符合可持续发展要求，是否对可持续发展各方面产生不利影响。

项目审定报告应当包括肯定或者否定的项目审定结论，以及项目业主对公示期间收到的公众意见处理情况的说明。

审定与核查机构应当对项目审定报告的合规性、真实性、准确性负责，并在项目审定报告中作出承诺。

第十四条 审定与核查机构出具项目审定报告后，项目业主可以向注册登记机构申请温室气体自愿减排项目登记。

项目业主申请温室气体自愿减排项目登记时，应当通过注册登记系统提交项目申请表和审定与核查机构上传的项目设计文件、项目审定报告，并附具对项目唯一性以及所提供材料真实性、完整性和有效性负责的承诺书。

第十五条 注册登记机构对项目业主提交材料的完整性、规范性进行审核，在收到申请材料之日起十五个工作日内对审核通过的温室气体自愿减排项目进行登记，并向社会公开项目登记情况以及项目业主提交的全部材料；申请材料不完整、不规范的，不予登记，并告知项目业主。

第十六条 已登记的温室气体自愿减排项目出现项目业主主体灭失、项目不复存续等情形的，注册登记机构调查核实后，对已登记的项目进行注销。

项目业主可以自愿向注册登记机构申请对已登记的温室气体自愿减排项目进行注销。

温室气体自愿减排项目注销情况应当通过注册登记系统向社会公开；注销后的项目不得再次申请登记。

第三章　减排量核查与登记

第十七条 经注册登记机构登记的温室气体自愿减排项目可以申请项目减排量登记。申请登记的项目减排量应当可测量、可追溯、可核查，并具备下列条件：

（一）符合保守性原则；

（二）符合生态环境部发布的项目方法学；

（三）产生于2020年9月22日之后；

（四）在可申请项目减排量登记的时间期限内；

（五）符合生态环境部规定的其他条件。

项目业主可以分期申请项目减排量登记。每期申请登记的项目减排量的产生时间应当在其申请登记之日前五年以内。

第十八条 项目业主申请项目减排量登记的，应当按照项目方法学等相关技术规范要求编制减排量核算报告，并委托审定与核查机构对减排量进行核查。项目业主不得委托负责项目审定的审定与核查机构开展该项目的减排量核查。

减排量核算报告所涉数据和信息的原始记录、管理台账应当在该温室气体自愿减排项目最后一期减排量登记后至少保存十年。

项目业主应当加强对温室气体自愿减排项目实施情况的日常监测。鼓励项目业主采用信息化、智能化措施加强数据管理。

第十九条 项目业主申请项目减排量登记前，应当通过注册登记系统公示减排量核算报告，并对公示材料的真实性、完整性和有效性负责。

项目业主公示减排量核算报告时，应当同步公示其所委托的审定与核查机构的名称。

减排量核算报告公示期为二十个工作日。公示期间，公众可以通过注册登记系统提出意见。

第二十条 审定与核查机构应当按照国家有关规定对减排量核算报告的下列事项进行核查，并出具减排量核查报告，上传至注册登记系统，同时向社会公开：

（一）是否符合项目方法学等相关技术规范要求；

（二）项目是否按照项目设计文件实施；

（三）减排量核算是否符合保守性原则。

减排量核查报告应当确定经核查的减排量，并说明项目业主对公示期间收到的公众意见处理情况。

审定与核查机构应当对减排量核查报告的合规性、真实性、准确性负责，并在减排量核查报告中作出承诺。

第二十一条 审定与核查机构出具减排量核查报告后，项目业主可以向注册登记机构申请项目减排量登记；申请登记的项目减排量应当与减排量核查报告确定的减排量一致。

项目业主申请项目减排量登记时，应当通过注册登记系统提交项目减排量申请表和审定与核查机构上传的减排量核算报告、减排量核查报告，并附具对减排量核算报告真实性、完整性和有效性负责的承诺书。

第二十二条 注册登记机构对项目业主提交材料的完整性、规范性进行审核，在收到申请材料之日起十五个工作日内对审核通过的项目减排量进行登记，并向社会公开减排量登记情况以及项目业主提交的全部材料；申请材料不完整、不规范的，不予登记，并告知项目业主。

经登记的项目减排量称为"核证自愿减排量"，单位以"吨二氧化碳当量（tCO_2e）"计。

第四章　减排量交易

第二十三条 全国温室气体自愿减排交易市场的交易产品为核证自愿减排量。生态环境部可以根据国家有关规定适时增加其他交易产品。

第二十四条 从事核证自愿减排量交易的交易主体，应当在注册登记系统和交易系统开设账户。

第二十五条 核证自愿减排量的交易应当通过交易系统进行。

核证自愿减排量交易可以采取挂牌协议、大宗协议、单向竞价及其他符合规定的交易方式。

第二十六条 注册登记机构根据交易机构提供的成交结果，通过注册登记系统为交易主体及时变更核证自愿减排量的持有数量和持有状态等相关信息。

注册登记机构和交易机构应当按照国家有关规定，实现系统间数据及时、准确、安全交换。

第二十七条 交易主体违反关于核证自愿减排量登记、结算或者交易相关规定的，注册登记机构和交易机构可以按照国家有关规定，对其采取限制交易措施。

第二十八条 核证自愿减排量按照国家有关规定用于抵销全国碳排放权交易市场和地方碳排放权交易市场碳排放配额清缴、大型活动碳中和、抵销企业温室气体排放等用途的，应当在注册登记系统中予以注销。

鼓励参与主体为了公益目的，自愿注销其所持有的核证自愿减排量。

第二十九条 核证自愿减排量跨境交易和使用的具体规定，由生态环境部会同有关部门另行制定。

第五章　审定与核查机构管理

第三十条 审定与核查机构纳入认证机构管理，应当按照《中华人民共和国认证认可条例》《认证机构管理办法》等关于认证机构的规定，公正、独立和有效地从事审定与核查活动。

审定与核查机构应当具备与从事审定与核查活动相适应的技术和管理能力，并且符合以下条件：

（一）具备开展审定与核查活动相配套的固定办公场所和必要的设施；

（二）具备十名以上相应领域具有审定与核查能力的专职人员，其中至少有五名人员具有二年及以上温室气体排放审定与核查工作经历；

（三）建立完善的审定与核查活动管理制度；

（四）具备开展审定与核查活动所需的稳定的财务支持，建立与业务风险相适应的风险基金或者保险，有应对风险的能力；

（五）符合审定与核查机构相关标准要求；

（六）近五年无严重失信记录。

开展审定与核查机构审批时，市场监管总局会同生态环境部根据工作需要制定并公布审定与核查机构需求信息，组织相关领域专家组成专家评审委员会，对审批申请进行评审，经审核并征求生态环境部同意后，按照资源合理利用、公平竞争和便利、有效的原则，作出是否批准的决定。

审定与核查机构在获得批准后，方可进行相关审定与核查活动。

第三十一条 审定与核查机构应当遵守法律法规和市场监管总局、生态环境部发布的相关规定，在批准的业务范围内开展相关活动，保证审定与核查活动过程的完整、客观、真实，并做出完整记录，归档留存，确保审定与核查过程和结果具有可追溯性。鼓励审定与核查机构获得认可。

审定与核查机构应当加强行业自律。审定与核查机构及其工作人员应当对其出具的审定报告与核查报告的合规性、真实性、准确性负责，不得弄虚作假，不得泄露项目业主的商业秘密。

第三十二条 审定与核查机构应当每年向市场监管总局和生态环境部提交工作报告，并对报告内容的真实性负责。

审定与核查机构提交的工作报告应当对审定与核查机构遵守项目审定与减排量核查法律法规和技术规范的情况、从事审定与核查活动的情况、从业人员的工作情况等作出说明。

第三十三条 市场监管总局、生态环境部共同组建审定与核查技术委员会，协调解决审定与核查有关技术问题，研究提出相关工作建议，提升审定与核查活动的一致性、科学性和合理性，为审定与核查活动监督管理提供技术支撑。

第六章　监督管理

第三十四条　生态环境部负责指导督促地方对温室气体自愿减排交易及相关活动开展监督检查，查处具有典型意义和重大社会影响的违法行为。

省级生态环境主管部门可以会同有关部门，对已登记的温室气体自愿减排项目与核证自愿减排量的真实性、合规性组织开展监督检查，受理对本行政区域内温室气体自愿减排项目提出的公众举报，查处违法行为。

设区的市级生态环境主管部门按照省级生态环境主管部门的统一部署配合开展现场检查。

省级以上生态环境主管部门可以通过政府购买服务等方式，委托依法成立的技术服务机构提供监督检查方面的技术支撑。

第三十五条　市场监管部门依照法律法规和相关规定，对审定与核查活动实施日常监督检查，查处违法行为。结合随机抽查、行政处罚、投诉举报、严重失信名单以及大数据分析等信息，对审定与核查机构实行分类监管。

生态环境主管部门与市场监管部门建立信息共享与协调工作机制。对于监督检查过程中发现的审定与核查活动问题线索，生态环境主管部门应当及时向市场监管部门移交。

第三十六条　生态环境主管部门对项目业主进行监督检查时，可以采取下列措施：

（一）要求被检查单位提供有关资料，查阅、复制相关信息；

（二）进入被检查单位的生产、经营、储存等场所进行调查；

（三）询问被检查单位负责人或者其他有关人员；

（四）要求被检查单位就执行本办法规定的有关情况作出说明。

被检查单位应当予以配合，如实反映情况，提供必要资料，不得拒绝和阻挠。

第三十七条　生态环境主管部门、市场监管部门、注册登记机构、交易机构、审定与核查机构及其相关工作人员应当忠于职守、依法办事、公正廉洁，不得利用职务便利牟取不正当利益，不得参与核证自愿减排量交易以及其他可能影响审定与核查公正性的活动。

审定与核查机构不得接受任何可能对审定与核查活动的客观公正产生影响的资助，不得从事可能对审定与核查活动的客观公正产生影响的开发、营销、咨询等活动，不得与委托的项目业主存在资产、管理方面的利益关系，不得为项目业主编制项目设计文件和减排量核算报告。

交易主体不得通过欺诈、相互串通、散布虚假信息等方式操纵或者扰乱全国温室气体自愿减排交易市场。

第三十八条　注册登记机构和交易机构应当保证注册登记系统和交易系统安全稳定可靠运行，并定期向生态环境部报告全国温室气体自愿减排登记、交易相关活动和机构运行情况，及时报告对温室气体自愿减排交易市场有重大影响的相关事项。相关内容可以抄送省级生态环境主管部门。

第三十九条　注册登记机构和交易机构应当对已登记的温室气体自愿减排项目建立项目档案，记录、留存相关信息。

第四十条　市场监管部门、生态环境主管部门应当依法加强信用监督管理，将相关行政处罚信息纳入国家企业信用信息公示系统。

第四十一条　鼓励公众、新闻媒体等对温室气体自愿减排交易及相关活动进行监督。任何单位和个人都有权举报温室气体自愿减排交易及相关活动中的弄虚作假等违法行为。

第七章　罚则

第四十二条　违反本办法规定，拒不接受或者阻挠监督检查，或者在接受监督检查时弄虚作假的，由实施监督检查的生态环境主管部门或者市场监管部门责令改正，可以处一万元以上十万元以下的罚款。

第四十三条 项目业主在申请温室气体自愿减排项目或者减排量登记时提供虚假材料的，由省级以上生态环境主管部门责令改正，处一万元以上十万元以下的罚款；存在篡改、伪造数据等故意弄虚作假行为的，省级以上生态环境主管部门还应当通知注册登记机构撤销项目登记，三年内不再受理该项目业主提交的温室气体自愿减排项目和减排量登记申请。

项目业主因实施前款规定的弄虚作假行为取得虚假核证自愿减排量的，由省级以上生态环境主管部门通知注册登记机构和交易机构对该项目业主持有的核证自愿减排量暂停交易，责令项目业主注销与虚假部分同等数量的减排量；逾期未按要求注销的，由省级以上生态环境主管部门通知注册登记机构强制注销，对不足部分责令退回，处五万元以上十万元以下的罚款，不再受理该项目业主提交的温室气体自愿减排量项目和减排量申请。

第四十四条 审定与核查机构有下列行为之一的，由实施监督检查的市场监管部门依照《中华人民共和国认证认可条例》责令改正，处五万元以上二十万元以下的罚款，有违法所得的，没收违法所得；情节严重的，责令停业整顿，直至撤销批准文件，并予公布：

（一）超出批准的业务范围开展审定与核查活动的；

（二）增加、减少、遗漏审定与核查基本规范、规则规定的程序的。

审定与核查机构出具虚假报告，或者出具报告的结论严重失实的，由市场监管部门依照《中华人民共和国认证认可条例》撤销批准文件，并予公布；对直接负责的主管人员和负有直接责任的审定与核查人员，撤销其执业资格。

审定与核查机构接受可能对审定与核查活动的客观公正产生影响的资助，或者从事可能对审定与核查活动的客观公正产生影响的产品开发、营销等活动，或者与项目业主存在资产、管理方面的利益关系的，由市场监管部门依照《中华人民共和国认证认可条例》责令停业整顿；情节严重的，撤销批准文件，并予公布；有违法所得的，没收违法所得。

第四十五条 交易主体违反本办法规定，操纵或者扰乱全国温室气体自愿减排交易市场的，由生态环境部给予通报批评，并处一万元以上十万元以下的罚款。

第四十六条 生态环境主管部门、市场监管部门、注册登记机构、交易机构的相关工作人员有滥用职权、玩忽职守、徇私舞弊行为的，由其所属单位或者上级行政机关责令改正并依法予以处分。

前述单位相关工作人员有泄露有关商业秘密或者其他构成违反国家交易监督管理规定行为的，依照其他有关法律法规的规定处理。

第四十七条 违反本办法规定，涉嫌构成犯罪的，依法移送司法机关。

第八章 附则

第四十八条 本办法中下列用语的含义：

温室气体，是指大气中吸收和重新放出红外辐射的自然和人为的气态成分，包括二氧化碳（CO_2）、甲烷（CH_4）、氧化亚氮（N_2O）、氢氟碳化物（HFCs）、全氟化碳（PFCs）、六氟化硫（SF_6）和三氟化氮（NF_3）。

审定与核查机构，是指依法设立，从事温室气体自愿减排项目审定或者温室气体自愿减排项目减排量核查活动的合格评定机构。

唯一性，是指项目未参与其他温室气体减排交易机制，不存在项目重复认定或者减排量重复计算的情形。

额外性，是指作为温室气体自愿减排项目实施时，与能够提供同等产品和服务的其他替代方案相比，在内部收益率财务指标等方面不是最佳选择，存在融资、关键技术等方面的障碍，但是作为自愿减排项目实施有助于克服上述障碍，并且相较于相关项目方法学确定的基准线情景，具有额外的减排效果，即项目的温室气体排放量低于基准线排放量，或者温室气体清除量高于基准线清除量。

保守性，是指在温室气体自愿减排项目减排量核算或者核查过程中，如果缺少有效的技术手段或者技术规范要求，存在一定的不确定性，难以对相关参数、技术路径进行精准判断时，应当采用保守方式进行估计、取值等，确保项目减排量不被过高计算。

第四十九条 2017年3月14日前获得国家应对气候变化主管部门备案的温室气体自愿减排项目应当按照本办法规定，重新申请项目登记；已获得备案的减排量可以按照国家有关规定继续使用。

第五十条 本办法由生态环境部、市场监管总局在各自的职责范围内解释。

第五十一条 本办法自公布之日起施行。

5.2 关于印发《生态环境导向的开发（EOD）项目实施导则（试行）》的通知

环办科财〔2023〕22号

各省、自治区、直辖市及新疆生产建设兵团生态环境厅（局）、发展改革委；中国人民银行上海总部，各省、自治区、直辖市及计划单列市分行；国家金融监督管理总局各监管局：

为贯彻落实党的二十大和全国生态环境保护大会精神，积极稳妥、规范有序推进生态环境导向的开发（EOD）模式创新，我们制定了《生态环境导向的开发（EOD）项目实施导则（试行）》（以下简称《实施导则》）。现印发给你们，并就做好《实施导则》贯彻执行通知如下。

一、强化项目谋划，提高项目质量。坚持EOD模式的核心要义，严格按照《实施导则》开展EOD项目谋划、立项、实施和评估工作。聚焦重点，实事求是，做实做细项目前期，提高项目谋划质量。各省级试点要从严把控，确保符合《实施导则》相关要求，严控项目数量，提高项目质量。

二、积极稳妥推进，加快项目实施。各地方要加强项目实施的资源要素保障，推进项目落地实施。鼓励与周边其他项目协同发展和综合赋能，提升项目增值空间。项目入库后内容原则上不得调整，重大变更需按照新项目重新入库。注重项目建设和后期运营，确保生态环境质量稳步改善和产业可持续发展。

三、加强跟踪调度，及时总结成效。各地方要加强项目调度，对实施效果好、做法典型、示范性强的项目，及时总结项目实施、运营和管理经验，打造形成典型案例，加强典型案例宣传和推广。对于形成典型案例、项目实施较好并取得成功经验的地区，可适时谋划新项目。各地方应于当年12月底前将本地区EOD项目实施效果、政策创新、典型案例等情况报送生态环境部、国家发展改革委、中国人民银行和国家金融监督管理总局。

四、强化风险防控，推进持续发展。各地方应严格遵守有关法律法规和政策规定，严格防范债务、金融、廉政等各种风险。项目实施各方要强化契约精神，防止出现违约或纠纷。金融机构要加强项目审查，严格资金使用管控，严防资金挪用，鼓励开展有利于EOD项目实施的金融政策、产品和服务创新。项目实施主体要加强政策、市场、经营风险研判，加强风险防控与应对。

生态环境部办公厅
国家发展改革委办公厅
中国人民银行办公厅
金融监管总局办公厅
2023年12月22日

6 国家标准化管理委员会相关文件

6.1 国家标准化管理委员会 国家发展和改革委员会关于下达国家循环经济标准化试点示范项目的通知

各省、自治区、直辖市和新疆生产建设兵团市场监管局（厅、委）、发展改革委：

为贯彻落实《国家标准化发展纲要》《2030年前碳达峰行动方案》《"十四五"循环经济发展规划》，推动循环经济标准化建设，现下达"建筑垃圾资源化利用"等62项国家循环经济标准化试点项目（见附件1）和"生物柴油生产过程循环利用"等6项国家循环经济标准化示范项目（见附件2）。

请按照《循环经济标准化试点工作指导意见》和《国家循环经济标准化试点考核评估方案》要求，加快组织实施，在试点示范建设过程中，积极支持循环经济标准化试点示范单位开展工作，并给予相应资金、项目及政策方面的支持。同时，要注重循环经济标准化经验、模式和效果的总结，加大宣传和推广力度，发挥试点示范项目的辐射带动作用。请于每年12月底前将试点示范建设情况的总结材料报送国家标准化管理委员会和国家发展和改革委员会。

国家标准化管理委员会

国家发展和改革委员会

2024年1月18日

附件1

国家循环经济标准化试点项目表

序号	省市	试点名称	试点承担单位	领域	类型
1	北京	建筑垃圾资源化利用国家循环经济标准化试点	北京城建华晟交通建设有限公司	垃圾减量化资源化	企业
2	天津	乙烯环氧化银催化剂绿色生产国家循环经济标准化试点	中石化催化剂（天津）有限公司	资源循环利用	企业
3	河北	钢铁生产国家循环经济标准化试点	首钢京唐钢铁联合有限责任公司	大宗固废综合利用	企业
4		煤炭粉尘回收利用及生态水循环国家循环经济标准化试点	国能黄骅港务有限责任公司	大宗固废综合利用	企业
5		生物质资源化利用国家循环经济标准化试点	承德华净活性炭有限公司	大宗固废综合利用	企业
6		规模化畜禽养殖场粪污资源化利用国家循环经济标准化试点	河北聚碳生物科技有限公司	资源循环利用	企业
7		武安市固废综合利用国家循环经济标准化试点	武安市人民政府	大宗固废综合利用	城市
8	内蒙古	内蒙古包头达茂巴润工业园区资源综合利用国家循环经济标准化试点	内蒙古包头达茂巴润工业园区管理委员会	园区循环化发展	园区
9	黑龙江	汤原县农业废弃物资源化利用国家循环经济标准化试点	汤原县人民政府	资源循环利用	城市
10	上海	城市可回收物平台化回收利用国家循环经济标准化试点	上海城投环境（集团）有限公司	资源循环利用	企业
11		工程渣土资源化利用国家循环经济标准化试点	上海建工环境科技有限公司	垃圾减量化资源化	企业
12		建筑废弃物综合利用国家循环经济标准化试点	上海良延环保科技发展有限公司	垃圾减量化资源化	企业
13		二手3C电子产品再利用国家循环经济标准化试点	上海万物新生环保科技集团有限公司	资源循环利用	企业

序号	省市	试点名称	试点承担单位	领域	类型
14	江苏	钢铁企业大宗固废及能源产业耦合国家循环经济标准化试点	江苏沙钢集团有限公司	大宗固废综合利用	企业
15		精对苯二甲酸（PTA）氧化残渣资源综合利用国家循环经济标准化试点	泰兴市福昌环保科技有限公司	资源循环利用	企业
16		退役光伏组件循环利用国家循环经济标准化试点	常州瑞赛环保科技有限公司	资源循环利用	企业
17		废弃电子电器综合利用国家循环经济标准化试点	江苏宁达环保股份有限公司	资源循环利用	企业
18		贵金属二次资源综合利用国家循环经济标准化试点	徐州浩通新材料科技股份有限公司	资源循环利用	企业
19	浙江	建筑垃圾资源化利用国家循环经济标准化试点	鸿翔环境科技股份有限公司	垃圾减量化资源化	企业
20		医化园区高COD废液和固废资源化利用国家循环经济标准化试点	绍兴凤登环保有限公司	园区循环化发展	企业
21		湖州南太湖新区资源综合利用国家循环经济标准化试点	湖州南太湖新区管理委员会	园区循环化发展	园区
22		苍南县望里镇废旧纺织品循环利用国家循环经济标准化试点	苍南县望里镇人民政府	资源循环利用	城市
23		台州市椒江区海洋塑料污染数字化治理国家循环经济标准化试点	浙江省台州市椒江区人民政府	垃圾减量化资源化	城市
24		衢州市柯城区垃圾分类和资源化利用国家循环经济标准化试点	衢州市柯城区人民政府	垃圾减量化资源化	城市
25	安徽	铜冶炼国家循环经济标准化试点	铜陵有色金属集团股份有限公司	大宗固废综合利用	企业
26		界首高新技术产业开发区再生塑料国家循环经济标准化试点	安徽阜阳界首高新技术产业开发区管理委员会	垃圾减量化资源化	园区
27	福建	畜禽养殖废弃物资源化利用国家循环经济标准化试点	福清市致青循环农业产业园有限公司	资源循环利用	企业

序号	省市	试点名称	试点承担单位	领域	类型
28	福建	聚酯瓶高值化回收国家循环经济标准化试点	福建赛隆科技有限公司	垃圾减量化资源化	企业
29	福建	退役动力电池回收利用国家循环经济标准化试点	泉州清能新能源科技有限公司	资源循环利用	企业
30		晋江经济开发区（安东园）资源综合利用国家循环经济标准化试点	晋江经济开发区管委会	园区循环化发展	园区
31	江西	电子废弃物整体资源化利用国家循环经济标准化试点	江西格林循环产业股份有限公司	资源循环利用	企业
32		井冈山经济技术开发区电子元器件循环产业链国家循环经济标准化试点	井冈山经济技术开发区管理委员会	园区循环化发展	园区
33	山东	工业废弃物制绿色建材国家循环经济标准化试点	泰山石膏有限公司	大宗固废综合利用	企业
34		"一水八用"国家循环经济标准化试点	山东海化集团有限公司	资源循环利用	企业
35		清洁养殖废弃物资源化利用国家循环经济标准化试点	山东民和生物科技股份有限公司	资源循环利用	企业
36		煤矸石综合利用国家循环经济标准化试点	山东鲁阳节能材料股份有限公司	大宗固废综合利用	企业
37	河南	钛锂耦合产业链国家循环经济标准化试点	龙佰集团股份有限公司	资源循环利用	企业
38	湖北	酿酒有机固废综合利用国家循环经济标准化试点	劲牌有限公司	大宗固废综合利用	企业
39		废旧动力电池中钴镍锂资源循环利用国家循环经济标准化试点	荆门市格林美新材料有限公司	资源循环利用	企业
40		当阳市废旧物资循环利用国家循环经济标准化试点	当阳市人民政府	资源循环利用	城市
41	湖南	大型餐厨垃圾高效资源化利用国家循环经济标准化试点	湖南仁和环境股份有限公司	垃圾减量化资源化	企业
42		邵阳雀塘再生资源产业园再生资源利用国家循环经济标准化试点	邵阳雀塘再生资源产业园管理委员会	园区循环化发展	园区

续　表

序号	省市	试点名称	试点承担单位	领域	类型
43	湖南	耒阳市经济开发区有色金属循环利用国家循环经济标准化试点	湖南耒阳经济开发区管理委员会	园区循环化发展	园区
44	广东	废旧电器低碳循环利用国家循环经济标准化试点	珠海格力绿色再生资源有限公司	资源循环利用	企业
45		擎洲工业园区循环化发展国家循环经济标准化试点	广东零碳工场科技发展有限公司	园区循环化发展	园区
46	重庆	小蚁托盘智能共享循环利用国家循环经济标准化试点	重庆国际复合材料股份有限公司	资源循环利用	企业
47		再生钢生产国家循环经济标准化试点	重庆足航钢铁有限公司	资源循环利用	企业
48		巨科环保电镀园国家循环经济标准化试点	重庆巨科环保有限公司	园区循环化发展	企业
49	四川	餐厨废弃物联合生物加工与资源利用国家循环经济标准化试点	四川利兴龙环保科技有限公司	垃圾减量化资源化	企业
50		磷石膏综合利用国家循环经济标准化试点	瓮福达州化工有限责任公司	大宗固废综合利用	企业
51		报废机动车回收拆解国家循环经济标准化试点	四川中骏再生资源有限公司	资源循环利用	企业
52		四川盐亭经济开发区柑橘系列提取物及衍生物综合利用国家循环经济标准化试点	四川盐亭经济开发区管理委员会	大宗固废综合利用	园区
53	贵州	酿酒副产物资源化利用国家循环经济标准化试点	贵州茅台酒厂（集团）循环经济产业投资开发有限公司	大宗固废综合利用	企业
54	云南	畜禽粪污资源化利用国家循环经济标准化试点	云南顺丰洱海环保科技股份有限公司	资源循环利用	企业
55		含重金属固危废综合利用国家循环经济标准化试点	鑫联环保科技股份有限公司	大宗固废综合利用	企业
56	陕西	废纸回收利用国家循环经济标准化试点	陕西东方环保产业集团有限公司	资源循环利用	企业

续　表

序号	省市	试点名称	试点承担单位	领域	类型
57	甘肃	农用废旧塑料制节水灌溉器材国家循环经济标准化试点	大禹节水集团股份有限公司	资源循环利用	企业
58		包装废弃物资源化利用国家循环经济标准化试点	甘肃恒达环保科技有限公司	资源循环利用	企业
59		废旧农膜循环利用国家循环经济标准化试点	兰州金土地塑料制品有限公司	资源循环利用	企业
60		城乡垃圾一体化处理国家循环经济标准化试点	金昌景环环保服务有限公司	垃圾减量化资源化	企业
61		建筑垃圾资源化利用国家循环经济标准化试点	甘肃怀玉再生资源利用有限公司	垃圾减量化资源化	企业
62	新疆	路面钢渣综合利用国家循环经济标准化试点	新疆交投建设管理有限责任公司	大宗固废综合利用	企业

附件2

国家循环经济标准化示范项目表

序号	省份	示范名称	示范承担单位	领域	类型
1	河北	生物柴油生产过程循环利用国家循环经济标准化示范	唐山金利海生物柴油股份有限公司	资源循环利用	企业
2	黑龙江	煤化工国家循环经济标准化示范	宝泰隆新材料股份有限公司	大宗固废综合利用	企业
3	浙江	废铅酸蓄电池回收处理国家循环经济标准化示范	浙江天能电源材料有限公司	资源循环利用	企业
4	广东	汽车零部件再制造国家循环经济标准化示范	广州市花都全球自动变速箱有限公司	资源循环利用	企业
5	广东	废旧电池回收利用国家循环经济标准化示范	广东邦普循环科技有限公司	资源循环利用	企业
6	甘肃	再生资源回收利用国家循环经济标准化示范	兰州市再生资源回收公司	资源循环利用	企业

6.2　关于印发《碳达峰碳中和标准体系建设指南》的通知

国标委联〔2023〕19号

外交部、教育部、科技部、财政部、农业农村部、商务部、卫生健康委、国资委、统计局、国管局、中科院、工程院、银保监会、证监会、铁路局、民航局，各省、自治区、直辖市和新疆生产建设兵团市场监管局（厅、委）、发展改革委、工业和信息化主管部门、自然资源主管部门、生态环境厅（局）、住房城乡建设厅（局）、交通运输厅（局、委）、气象局、能源局、林业和草原主管部门：

《碳达峰碳中和标准体系建设指南》已经2023年2月6日国务院标准化协调推进部际联席会议全体会议通过，现印发给你们，请结合实际认真贯彻落实。

国家标准委　国家发展改革委　　工业和信息化部
自然资源部　生态环境部　　　　住房和城乡建设部
交通运输部　中国人民银行　　　中国气象局
　　　　　　国家能源局　　　　国家林草局
2023年4月1日

碳达峰碳中和标准体系建设指南

为贯彻落实党中央、国务院关于碳达峰碳中和重大战略决策，深入实施《国家标准化发展纲要》，根据《建立健全碳达峰碳中和标准计量体系实施方案》相关要求，加快构建结构合理、层次分明、适应经济社会高质量发展的碳达峰碳中和标准体系，制定本指南。

一、总体要求

（一）指导思想

以习近平新时代中国特色社会主义思想为指导，全面贯彻落实党的二十大精神，深入践行习近平生态文明思想，立足新发展阶段，完整、准确、全面贯彻新发展理念，加快构建新发展格局，坚持系统观念，突出标准顶层设计、强化标准有效供给、注重标准实施效益、统筹推进国内国际，持续健全标准体系，努力为实现碳达峰、碳中和目标贡献标准化力量。

（二）基本原则

坚持系统布局。加强顶层设计，优化政府颁布标准和市场自主制定标准二元结构，强化跨行业、跨领域标准协同，提升标准的适用性和有效性，实现各级各类标准的衔接配套。

坚持突出重点。加快完善基础通用标准。聚焦重点领域和重点行业，加强节能降碳标准制修订。及时将碳达峰碳中和技术创新成果转化为标准，以科技创新推动绿色发展。

坚持稳步推进。锚定碳达峰碳中和近期目标与长远发展需求，加快标准更新升级，扎实推进标准研制，坚持系统推进和急用先行相结合，分年度分步骤有序稳妥实施。

坚持开放融合。扎实推动标准化国际交流合作，积极参与国际标准规则制定，强化国际标准化工作统筹，加大中国标准国外推广力度，促进国内国际协调一致。

（三）主要目标

围绕基础通用标准，以及碳减排、碳清除、碳市场等发展需求，基本建成碳达峰碳中和标准体系。到2025年，制修订不少于1000项国家标准和行业标准（包括外文版本），与国际标准一致性程度显著提高，主要行业碳核算核查实现标准全覆盖，重点行业和产品能耗能效标准指标稳步提升。实质性参与绿色低碳相关国际标准不少于30项，绿色低碳国际标准化水平明显提升。

二、标准体系框架

碳达峰碳中和标准体系包括基础通用标准子体系、碳减排标准子体系、碳清除标准子体系和市场化机制标准子体系等4个一级子体系，并进一步细分为15个二级子体系、63个三级子体系。该体系覆盖能源、工业、交通运输、城乡建设、水利、农业农村、林业草原、金融、公共机构、居民生活等重点行业和领域碳达峰碳中和工作，满足地区、行业、园区、组织等各类场景的应用。本标准体系根据发展需要进行动态调整。

三、标准重点建设内容

（一）基础通用标准子体系

1.术语、分类和碳信息披露标准

重点制修订温室气体与应对气候变化管理相关术语及定义、碳排放数据分类与编码技术规范、碳排放信息采集方法及要求、碳信息披露等标准。

2.碳监测核算核查标准规范

重点制修订二氧化碳、甲烷等温室气体监测方法、监测设备、在线监测系统和碳管控平台建设等标准，大气成分物理化学特性长期动态观测、监测、评估、预报相关标准。制修订地区、园区等区域碳排放核算和报告标准。加快制修订能源、冶金、建材、化工、有色、纺织、机械、信息通信、交通运输、畜禽养殖等重点行业企业碳排放核算和报告标准以及数据质量相关标准规范。完善能效提升、可再生能源利用、原燃料替代、余能利用、生物海洋林草土壤固碳、畜禽养殖等典型项目碳减排量评估标准。研制产品碳足迹量化和种类规则等通用标准，探索制定重点产品碳排放核算及碳足迹标准。制修订碳排放核查程序、人员和机构等基础共性标准。

3.低碳管理及评价标准

重点制修订城市、设施、企业、供应链、园区、技术等绿色低碳评价、

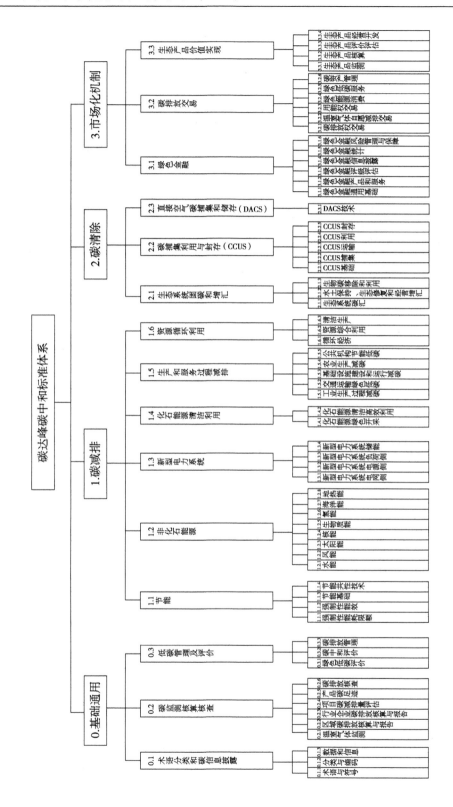

环境影响评价标准，绿色产品评价标准，绿色低碳产业统计核算相关标准，碳中和评价通则标准，以及不同应用场景的碳达峰碳中和相关规划设计、管理体系及实施评价等通用标准。

（二）碳减排标准子体系

1.节能标准

加快制修订火电、钢铁、建材、化工、有色、煤炭、采矿、轻工、机械、交通运输等重点行业强制性能耗限额标准，推动实现能耗限额指标与碳排放强度指标相协调。坚持减污与降碳协同、源头与末端结合，发挥标准倒逼、优化、调整、促进作用。对标国际先进水平，提升家用电器、农村居民供暖设备、制冷及冷链物流设备、工业设备、照明产品、数据中心、新能源和可再生能源设备、机械制造装备等重点产品和设备强制性能效标准。加快完善与强制性节能标准配套的能耗计算、能效检测、节能评估、节能验收、能源审计等标准。

加快制定节能设计规划、能量平衡测算、能源管理体系、能源绩效评估、经济运行、合理用能、节能诊断、节能服务、绿色节约型组织评价等基础标准。完善能效对标、节能技术评价、系统节能、能量回收、余能利用、能量系统优化、高效节能设备、节能监测、节能量测量和验证、能源计量、数字赋能技术、区域能源系统、分布式能源系统、能源管控中心等节能共性技术标准。

2.非化石能源标准

水力发电领域重点制修订水电机组扩容增效、宽负荷稳定运行、运行状态评估与延寿等标准，以及小水电绿色改造、生态流量、安全鉴定等绿色发展技术标准。

风力发电领域重点制修订风能资源监测、评估以及风力预报预测等标准，风力发电机组、关键零部件标准，消防系统标准，风电塔筒用材料标准，海上风力发电工程施工标准以及并网标准，风电系统稳定性计算标准。

光伏发电领域重点制修订太阳能资源监测、评估以及辐射预报预测等技术标准，高效光伏电池、组件及关键材料、电气部件、支撑结构关键产品的技术要求、阻燃耐火性能要求、检测方法和绿色低碳标准，光伏组件、支架、逆变器等主要产品及设备修复、改造、延寿及回收再利用标准。

光热利用领域重点制修订光热发电设备标准，以及太阳能法向直接辐射预报预测等标准。完善太阳能集热关键部件材料产品标准和检测评估标准，太阳能供热、制冷系统以及太阳能多能互补系统标准。

核能发电领域重点制修订核电技术标准、核电厂风险管理标准、维护有效性评价标准，以及核动力厂厂址评价标准。

生物质能领域重点制修订生活垃圾焚烧发电、农林生物质热电、生物质清洁供热、生物天然气（沼气）、生物质热解气化、生物质液体燃料和生物质成型燃料等方面的原料质量控制、重点技术和设备、产品质量分等分级等标准。

氢能领域重点完善全产业链技术标准，加快制修订氢燃料品质和氢能检测等基础通用标准，氢和氢气系统安全、风险评估标准，氢密封、临氢材料、氢气泄漏检测和防爆抑爆、氢气安全泄放标准，供氢母站、油气氢电综合能源站安全等氢能安全标准，电解水制氢系统及其关键零部件标准，炼厂氢制备及检测标准，氢液化装备与液氢储存容器、高压气态氢运输、纯氢/掺氢管道等氢储输标准，加氢站系统及其关键技术和设备标准，燃料电池、冶金等领域氢能应用技术标准。

海洋能、地热能领域重点制修订海洋能发电设备测试、评估、部署、运行等标准以及地热能发电设备标准。

3.新型电力系统标准

电网侧领域重点制修订变电站二次系统技术标准，交直流混合微电网运行、保护标准，新能源并网、配电网以及能源互联网等技术标准。

电源侧领域重点制修订分布式电源运行控制、电能质量、功率预测等标准。

负荷侧领域重点制修订电力市场负荷预测，需求侧管理，虚拟电厂建设、评估、接入等标准。

储能领域重点制修订抽水蓄能标准，电化学、压缩空气、飞轮、重力、二氧化碳、热（冷）、氢（氨）、超导等新型储能标准，储能系统接入电网、储能系统安全管理与应急处置标准。

4. 化石能源清洁利用标准

煤炭领域重点制修订煤炭筛分、沉陷区地质环境调查、生态修复成效评价、智能化煤炭制样、化验系统性能、组分类型测定等标准。

石油领域重点制修订低碳石油开采、炼油技术标准，低排放、高热值、高热效率燃料标准。

天然气领域重点制修订液化天然气质量、流量测量、取样导则、成分分析及测定、尾气处理及评价、管道输送要求标准以及页岩气技术标准。

5. 生产和服务过程减排标准

工业生产过程减碳领域重点制修订钢铁、石化、化工、有色金属、建材、机械、造纸、纺织、汽车、食品加工等行业低碳固碳技术、低碳工艺及装备、非二氧化碳温室气体减排技术、原燃料替代技术、低碳检测技术、低碳计量分析技术、绿色制造、节水等关键技术标准及配套标准样品。

交通运输绿色低碳领域重点制修订铁路、公路、水运、民航、邮政等领域基础设施和装备能效标准，以及物流绿色设备设施、高效运输组织、绿色出行、交通运输工具低碳多元化动力适用、绿色交通场站设施、交通能源融合、行业减污降碳等标准。加快完善轨道交通领域储能式电车、能量储存系统、动力电池系统、电能测量等技术标准。完善道路车辆能源消耗量限值及标识、能耗计算试验及评价方法相关标准。加快完善电动汽车驱动系统、充换电系统、动力电池系统相关安全要求、性能要求、测试方法、远程服务管理、安全技术检验等标准。加快研究制订机动车下一阶段排放标准，推进机动车减污降碳协同增效。

基础设施建设和运行减碳领域重点制修订城市基础设施低碳建设、城镇住宅减碳、低碳智慧园区建设、农房低碳改造、绿色建造、污水垃圾资源化利用、海水淡化等标准，建筑废物循环利用设备、空气源热泵设备等标准，以及面向节能低碳目标的通信网络、数据中心、通信机房等信息通信基础设施的工程建设、运维、使用计量、回收利用等标准。

农业生产减碳领域重点制修订种植业温室气体减排技术标准以及动物肠道甲烷减排技术、畜禽液体粪污减排技术等养殖业生产过程减排标准，完善工厂化农业、规模化养殖、农业机械等节能低碳标准。

公共机构节能低碳领域重点制修订机关、医院、学校等典型公共机构能源资源节约、绿色化改造标准，节约型机关、绿色学校、绿色医院、绿色场馆等评价标准，以及公共机构低碳建设、低碳经济运行等管理标准。

6.资源循环利用标准

重点制修订循环经济管理、绩效评价等标准。推动制修订清洁生产评价通则标准，稀土、钒钛磁铁矿综合利用标准以及磷石膏、赤泥、熔炼废渣等大宗固废综合利用标准。制修订废金属、废旧纺织品、废塑料、废动力电池等再生资源回收利用标准。加快完善水回用标准。制修订汽车零部件、内燃机、机械工具等再制造标准。制修订林草产业资源循环利用标准。

（三）碳清除标准子体系

1.生态系统固碳和增汇标准

重点制修订陆地、湖泊和海洋生态系统碳汇及木质林产品碳汇相关术语、分类、边界、监测、计量等通用标准，森林、草原、人工草地、林地、湿地、荒漠、矿山、岩溶、海洋、土壤、冻土等资源保护、生态修复、水土资源保护和水土流失综合治理、固碳增汇、经营增汇减排评估标准和技术标准，林草资源保护和经营技术标准，森林增汇经营、木竹替代、林业生物质产品标准，以及生物碳移除和利用、高效固碳树种草种藻种的选育繁育等标准。研究制定生态修复气象保障相关标准。

2. 碳捕集利用与封存标准

重点制修订碳捕集利用与封存（CCUS）相关术语、评估等基础标准，燃烧碳排放捕集标准，完善二氧化碳管道输送等标准。推动制定二氧化碳驱油（EOR）、化工利用、生物利用、燃料利用等碳利用标准，以及陆上封存、海上封存等碳封存标准。

3. 直接空气碳捕集和储存标准

重点制修订直接空气碳捕集和储存（DACS）应用条件、技术要求、实施效果评估等标准。

（四）市场化机制标准子体系

1. 绿色金融标准

重点制修订绿色金融术语、金融机构碳核算、银行企业和个人碳账户管理、气候投融资和转型金融分类目录等基础通用标准，绿色贷款、绿色债券、绿色保险、碳金融衍生品交易等绿色金融产品服务标准。推动制修订绿色债券信用评级等绿色金融评价评估标准。完善金融机构和金融业务环境信息披露等标准。

2. 碳排放交易相关标准规范

制修订碳排放配额分配、调整、清缴、抵销等标准规范。完善碳排放权交易实施规范，以及碳排放权交易机构和人员要求相关标准规范。推动制修订重点领域自愿减排项目减排量核算方法等标准规范。完善可再生能源消纳统计核算、监测、评估以及绿电交易等绿色能源消费标准。完善绿色低碳技术评估服务、合同能源管理、碳资产管理等标准。

3. 生态产品价值实现标准

重点制修订自然资源确权、生态产品信息调查、生态产品动态监测等标准。完善生态产品、生态资产、生态系统服务功能、生态系统生产总值等评价标准。健全生态综合整治、矿山矿坑修复、水生态治理、水土流失综合治理、土地综合整治等标准，以及生态农业、生态产品质量追溯等标准。推动制修订生态环境损害鉴定评估技术标准以及生态产品价值实现绩效评估等标准。

四、国际标准化工作重点

（一）形成国际标准化工作合力

成立由市场监管总局（标准委）、国家发展改革委、工业和信息化部、生态环境部牵头，外交、商务、国际合作、科技、自然资源、住房城乡建设、交通运输、农业农村、能源、林业和草原等部门参与的碳达峰碳中和国际标准化协调推进工作组，积极稳妥推进国际标准化工作。充分发挥我国在碳捕集与封存、新型电力系统、新能源等领域技术优势，设立一批国际标准创新团队，凝聚科技攻关人员和标准化专家的力量，同步部署科研攻关和国际标准制定工作。

（二）加强国际交流合作

加强与联合国政府间气候变化专门委员会（IPCC）、国际标准组织（ISO、IEC、ITU）等机构的合作对接，聚焦能源绿色转型、工业、城乡建设、交通运输、新型基础设施、碳汇、绿色低碳科技发展、循环经济等重点，跟踪碳达峰碳中和领域最新国际动态。深入研究欧盟、美国等区域和国家相关标准化政策和技术性贸易措施。加强与重点区域、国家的标准化交流与合作，推进绿色"一带一路"建设。在标准化对外援助培训或海外工程项目中加大中国碳达峰碳中和标准的宣传与使用。推动金砖国家、亚太经合组织等框架下开展节能低碳标准化对话，发展互利共赢的标准化合作伙伴关系。

（三）积极参与国际标准制定

重点推动提出温室气体排放监测核算、林草固碳和增汇、能源领域的传统能源清洁低碳利用、智能电网与储能、新型电力系统、清洁能源、绿色金融、信息通信领域与数字赋能等国际标准提案，推动标准研制。积极争取在国际标准组织中成立区域能源系统、医用冷冻装备、生态碳汇等技术机构。

深入参与国际标准组织应对气候变化治理工作，推荐中国专家参加气候变化协调委员会（CCCC）、环境社会治理（ESG）协调委员会、联合国秘书长独立咨询委员会能源结构专委会（CEET）等战略研究和协调治理机构。积极联合相关国家共同制定并发布《多能智慧耦合能源系统》《多源固废能源化》等政策白皮书。

（四）推动国内国际标准对接

开展碳达峰碳中和国内国际标准比对分析，重点推动温室气体管理、碳足迹、碳捕集利用与封存、清洁能源、节能等领域适用的国际标准转化为我国标准，及时实现"应采尽采"。成体系推进碳达峰碳中和国家标准、行业标准、地方标准等外文版制定和宣传推广，通过产品与服务贸易、国际合作、海外工程等多种渠道扩大我国标准海外应用。

五、组织实施

（一）坚持统筹协调

加强碳达峰碳中和标准体系建设的整体部署和系统推进，发挥国家碳达峰碳中和标准化总体组的统筹与技术协调作用，加强对各标准子体系建设工作的指导，强化国家标准和行业标准的协同。建立完善全国标准化技术委员会联络机制，通过成立联合工作组、共同制定、联合归口等方式，共同推进跨行业跨领域标准的研制工作。发挥行业有关标准化协调推进组织的作用，在本行业内统筹推进碳达峰碳中和标准化工作。

（二）强化任务落实

各行业各领域要按照碳达峰碳中和标准体系建设内容，加快推进相关国家标准、行业标准制修订，做好专业领域标准与基础通用标准、新制定标准与已发布标准的有效衔接。各地方、社会团体等加强与标准化技术组织合作，依法因地制宜、多点并行推动碳达峰碳中和地方标准、团体标准制修订。不断加大投入力度，支持关键标准研究、制定、实施、国际交流等工作。

（三）加强宣贯实施

广泛开展碳达峰碳中和标准化宣传工作，充分利用广播、电视、报刊、互联网等媒体，普及碳达峰碳中和标准化知识，提高公众绿色低碳标准化意识。适时组织开展碳达峰碳中和标准体系建设评估，及时总结碳达峰碳中和标准化典型案例，推广先进经验做法。

主送：外交部、教育部、科技部、财政部、农业农村部、商务部、卫生健康委、国资委、统计局、国管局、中科院、工程院、银保监会、证监会、铁路局、民航局，各省、自治区、直辖市和新疆生产建设兵团市场监管局（厅、委）、发展改革委、工业和信息化主管部门、自然资源主管部门、生态环境厅（局）、住房城乡建设厅（局）、交通运输厅（局、委）、气象局、能源局、林业和草原主管部门。

国家标准化管理委员会秘书处

2023年4月17日印发

6.3 国家标准委 农业农村部 生态环境部关于推进畜禽粪污资源化利用标准体系建设的指导意见

国标委联〔2023〕36号

各省、自治区、直辖市和新疆生产建设兵团市场监管局（厅、委），农业农村（农牧）、畜牧兽医厅（局、委），生态环境厅（局）：

为贯彻落实《国家标准化发展纲要》《"十四五"推进农业农村现代化规划》有关部署，推动重点标准研制，强化标准实施应用，加快畜禽粪污资源化利用，防治畜禽养殖污染，提升畜牧业绿色发展水平，现就推进畜禽粪污资源化利用标准体系建设，提出如下指导意见。

一、总体要求

（一）指导思想

以习近平新时代中国特色社会主义思想为指导，深入贯彻党的二十大和中央农村工作会议精神，按照习近平总书记关于加快推进畜禽养殖废弃物处理和资源化的重要指示要求，推动建立系统完备、结构合理、衔接配套、科学严谨的畜禽粪污资源化利用标准体系，充分发挥标准的基础性引领性作用，提升畜禽粪污资源化利用标准化、规范化、科学化水平，推动畜牧业绿色低碳循环发展和科技创新，为全面实施乡村振兴战略、加快建设农业强国、建设宜居宜业和美乡村提供有力支撑。

（二）基本原则

强化顶层设计。健全畜禽粪污资源化利用标准体系建设系统谋划、分工明确、协同推进的工作机制，调动各部门、各地区、各主体积极性，统筹做好相关标准制修订规划，分年度分重点推进标准体系建设工作。

注重协调统一。立足加快建设农业强国的总体要求，促进畜禽粪肥还田、沼气和生物天然气利用、畜禽养殖污染防治、环境监督评价等各方面标准有效对接，推动温室气体管控等标准与国际接轨，增强标准体系的协调性和统一性。

坚持守正创新。传承我国农耕文明种养结合思想精华，借鉴发达国家畜禽粪污资源化利用经验，面向解决畜禽粪污资源化利用突出问题，综合考虑现阶段种养业发展现状，优先制修订并推动实施一批对生产发展和污染防治有重要指导意义的标准。

突出由治转用。以推动畜禽粪肥就地就近还田利用为重点，加紧编制、完善有关急需标准，规范畜禽粪污资源化处理和安全利用，着力打通畜禽粪肥还田"最后一公里"，推动畜禽粪污由"治"向"用"转变。

（三）发展目标

到2030年，以就地就近用于农村能源和农用有机肥为主要使用方向、以减污降碳协同增效保安全为重点，推动制修订国家标准、行业标准100项左右，出台一批地方标准、团体标准和企业标准，政府颁布标准和市场自主制定标准协调配套的畜禽粪污资源化利用标准体系进一步完善。公益性和市场化相结合的标准化推广服务体系基本形成，标准化助力土壤地力改善、化肥减量、畜禽养殖污染和农业面源污染治理，畜禽粪污资源化利用对减排、固碳、肥地、增效的综合作用得到充分发挥。

二、重点任务

（一）建立健全标准体系

根据畜禽粪污资源化利用的现实需求，构建逻辑清晰、层级合理、内容科学的标准体系框架。体系框架分为三个层级，第一层级包括综合通用、无害化处理、粪肥利用、气体管控、检测方法5个子体系。第二层级在第一层级的基础上，包括3个综合通用要素、4个无害化处理要素、3个粪肥利用要素、2个气体管控要素、3个检测方法要素。第三层级在第二层级的基础上进一步细化分类。（见附件1）

（二）系统推进标准制修订

整体规划畜禽粪污资源化利用标准体系中各项标准的协调配套，实现主要指标数值、核心技术要求的一致性，增强标准的实用性和可操作性。加快组织制定通用性强、实践急需的国家标准和行业标准，重点补齐温室气体减排和臭气管控等标准制修订短板。各地立足区域资源环境特点，因地制宜制定畜禽粪污资源化利用地方标准，进一步细化实化技术要求和管控指标。鼓励社会团体、企业等根据市场需求，制定关键技术指标高于优于国家推荐性标准的团体标准、企业标准。

（三）加强重点领域标准研制

根据畜禽粪污资源化利用标准体系框架，完善现行标准体系（见附件2），主要制修订标准如下：

1.综合通用标准。制定畜禽粪污资源化利用通则，抓紧编制畜禽粪污综合利用率核算方法，开展畜禽养殖温室气体管理术语、畜禽粪便产生量和特性标准编制。

2.无害化处理标准。加快制修订畜禽粪污处理设施装备规范系列标准，推进畜禽固体粪污和液体粪污处理的操作技术标准制定，开展畜禽粪污处理过程中安全生产相关标准的制定。

3.粪肥利用标准。抓紧编制畜禽粪污还田有害物质限量标准，研究制定畜禽粪肥安全评价方法，研究完善畜禽粪肥还田承载力测算相关标准，完善畜禽粪肥还田利用设施装备相关标准，加快推进固体粪肥、液体粪肥还田的操作技术标准制修订，分畜种、作物和地力开展粪污资源化利用标准研制。

4.气体管控标准。加快推进畜禽养殖温室气体减排和氨等臭气管控技术规范制定，抓紧编制畜禽粪污能源化利用、畜产品碳足迹核算和报告指南等方面的核算审核标准。

5.检测方法标准。加快推进畜禽粪污（肥）主要成分及畜禽养殖温室气体排放测定方法系列标准制定。

（四）强化标准实施推广

各有关部门积极推动标准实施应用，指导生产经营主体提高守法意识和标准意识，在生产活动中将标准作为畜禽粪污处理和粪肥还田利用的基本依据，严格执行强制性标准，确保畜禽粪肥还田的安全性和科学性。推动在行业信息发布平台中增设畜禽粪污资源化利用相关标准发布模块，依托各级畜牧业技术推广体系积极开展畜禽粪污资源化利用标准宣贯，将标准体系纳入相关培训内容，推介一批标准化典型案例，打造畜禽粪污标准化处理利用标杆，加强示范引领，不断提高标准应用能力。

三、保障措施

1.完善工作机制。各级市场监管、农业农村、生态环境部门要按照职责分工，密切配合，合力推进畜禽粪污资源化利用标准制修订。国家标准委、农业农村部、生态环境部要加强整体谋划和工作指导，衔接标准制修订计划。各级市场监管、农业农村、生态环境部门要结合已有国家标准和行业标准实施情况，积极推进地方标准制修订，切实做好标准衔接。全国畜牧业标准化技术委员会等相关标准化技术委员会要按职责制定工作方案，发挥农业农村部畜禽养殖废弃物资源化利用技术指导委员会技术支撑作用，充分吸纳生态环境等相关部门专家参与，协同推进标准研究与制修订。

2.加强工作保障。各相关部门要加大经费保障力度，优先将畜禽粪污资源化利用标准纳入年度标准制修订计划，加快标准制修订进度；要充分发挥畜禽粪污资源化利用整县推进、典型流域农业面源污染综合治理、绿色种养循环农业试点、京津冀畜禽养殖业大气氨排放控制试点等项目的示范引领作用，引导各类生产经营主体积极主动按标准改造提升畜禽粪污处理和利用设施装备，按标准有效处理畜禽粪污，科学利用畜禽粪肥。各级畜牧和农业技术推广机构要加强跟踪研究，及时反馈标准实施过程中出现的新情况新问题，提出有针对性的意见建议。

3.强化技术支撑。鼓励各级农业农村部门开展畜禽粪污处理和畜禽粪肥施用效果监测评价，逐步积累第一手数据，探索构建基础数据库，对标准重要参数和指标等进行验证，提高标准的科学性、合理性和适用性。鼓励开展畜禽粪污资源化利用全链条监测和畜禽粪肥施用定位监测，研究确定不同畜种、不同区域、不同工艺的处理时间，研究确定不同气候、不同土壤、不同作物的畜禽粪肥施用量，为畜禽粪污资源化利用提供有力支撑。加快制定相关成套设施装备建设规范、畜禽养殖臭气管控技术规范，加大农机购置与应用补贴政策支持力度，引导科研院所、社会团体、企业等集成组装关键技术、工艺和设施装备。探索建立标准评价制度，定期开展重点标准实施效果评价，持续提升畜禽粪污资源化利用标准质量。

国家标准委

农业农村部

生态环境部

2023年8月4日

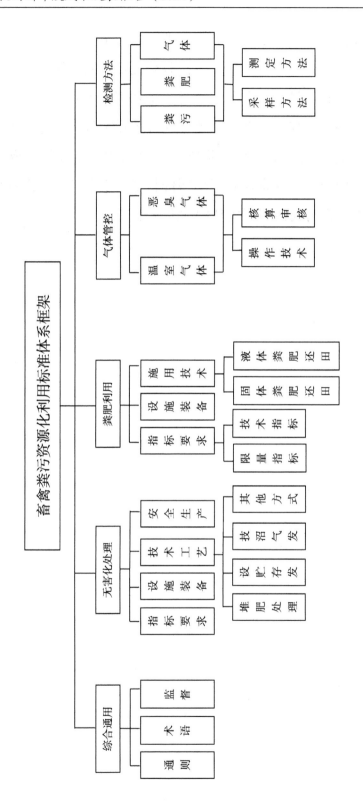

附件 1

附件2

畜禽粪污资源化利用现行标准体系

第一层级	第二层级	第三层级	标准号	标准名称	标准性质	目前状态
综合通用（7项）	通则	—	—	畜禽粪便产生量和特性标准	推荐性	已立项（行标）
	通则	—	—	畜禽粪便资源化利用通则	推荐性	计划
	通则	—	GB/T 25171—2023	畜禽粪污综合利用率核算方法	推荐性	计划
	术语	—	—	畜禽养殖环境与废弃物管理术语	推荐性	已发布
	术语	—	—	畜牧业温室气体管理术语	推荐性	计划
	监督	—	GB 18596—2001	畜禽养殖业污染物排放标准	强制性	现行
	监督	—	NY/T 1167—2006	畜禽场环境质量及卫生控制规范	推荐性	现行
无害化处理（29项）	指标要求	—	GB/T 36195—2018	畜禽粪便无害化处理技术规范	推荐性	现行
	设施设备	处理设备	GB/T 28740—2012	畜禽养殖粪便堆肥处理与利用设备	推荐性	现行
		处理设备	JB/T 14283—2022	立式堆肥反应器	推荐性	现行
		处理设备	NY/T 1144—2020	畜禽粪便干燥机 质量评价技术规范	推荐性	现行
		处理设备	NY/T 3119—2017	畜禽粪便固液分离机 质量评价技术规范	推荐性	现行
		处理设备	—	滚筒堆肥反应器	推荐性	已立项（行标）
		工程建设	GB/T 26624—2011	畜禽养殖污水贮存设施设计要求	推荐性	现行
		工程建设	GB/T 27622—2011	畜禽粪便贮存设施设计要求	推荐性	现行
		工程建设	NY/T 3023—2016	畜禽粪污处理场建设标准	推荐性	现行

续 表

第一层级	第二层级	第三层级	标准号	标准名称	标准性质	目前状态
			NY/T 3670—2020	密集养殖区畜禽粪便收集建设技术规范	推荐性	现行
			—	畜禽粪污处理设施建设技术规范 第1部分：总则	推荐性	计划
			—	第4部分：堆沤肥设施	推荐性	计划
			—	畜禽粪污处理设施建设技术规范 第5部分：沼气发酵设施	推荐性	计划
			—	畜禽粪污处理设施建设技术规范 第6部分：厌氧贮存设施	推荐性	计划
			—	规模化畜禽养殖场沼气废弃物处理设施建设规范	推荐性	计划
		工程验收	NY/T 2599—2014	规模化畜禽养殖场沼气工程验收规范	推荐性	现行
		固体粪污处理	—	畜禽粪污固液分离设备作业技术规范	推荐性	计划
			—	粪便密闭式无害化处理技术规范	推荐性	计划
	技术工艺	固体粪污处理	NY/T 2374—2013	沼气工程沼液沼渣后处理技术规范	推荐性	现行
			NY/T 3442—2019	畜禽粪便堆肥技术规范	推荐性	现行
			—	畜禽粪污沤肥处理技术规范	推荐性	已立项（行标）
			—	畜禽粪污异位发酵床处理技术规程	推荐性	已立项（行标）
			—	规模化养殖场粪污高床发酵技术规程	推荐性	已立项（行标）
			—	畜禽养殖液体粪污深度处理技术规范 第2部分：安全回用	推荐性	已立项（行标）
		液体粪污处理	—	猪场粪污栏下深坑贮存技术规范	推荐性	已立项（行标）
			—	畜禽养殖液体粪污深度处理技术规范 第1部分：总则	推荐性	计划
			—	畜禽粪水酸化贮存技术规范	推荐性	计划
			—	畜禽养殖液体粪污深度处理技术规范 第3部分：膜处理物理法	推荐性	计划

续 表

第一层级	第二层级	第三层级	标准号	标准名称	标准性质	目前状态
粪肥利用（14项）	安全生产	—	—	畜禽养殖液体粪污深度处理技术规范 第4部分：膜处理生物法	推荐性	计划
		—	—	—	—	—
		—	—	—	—	—
	指标要求	限量指标	GB 38400—2019	肥料中有毒有害物质的限量要求	强制性	现行
			NY/T 1334—2007	畜禽粪便安全使用准则	推荐性	现行
			NY/T 3877—2021	畜禽粪便还田有害物质限量标准	强制性	已立项（国标）
		技术指标	—	畜禽粪便土地承载力测算方法	推荐性	现行
	设施设备	—	NY/T 3828—2020	畜禽粪便食用菌基质化利用技术规范	推荐性	现行
			GB/T 25246—2010	畜禽粪便还田技术规范	推荐性	修订中
	施用技术	固体粪肥还田	—	床场一体化养牛技术规范	推荐性	已立项（行标）
			—	畜禽粪污资源化利用技术规范 第1部分：总则	推荐性	计划
			—	畜禽粪污资源化利用技术规范 第2部分：生猪	推荐性	计划
			—	畜禽粪污资源化利用技术规范 第3部分：奶牛	推荐性	计划
			—	牛羊养殖垫料生产技术规范	推荐性	计划
		液体粪肥还田	GB/T 40750—2021	农用沼液	推荐性	现行
			NY/T 2065—2011	沼肥施用技术规范	推荐性	现行

续　表

第一层级	第二层级	第三层级	标准号	标准名称	标准性质	目前状态
气体管控（14项）	温室气体 恶臭气体	操作技术	NY/T 4046—2021	畜禽粪还田技术规程	推荐性	现行
			—	畜禽养殖温室气体减排技术规范	推荐性	计划
			—	畜禽养殖臭气减控技术规范	推荐性	计划
			—	畜禽粪污发酵气体减排技术规范	推荐性	计划
		核算核证	NY/T 4243—2022	畜禽养殖场温室气体排放核算方法	推荐性	现行
			—	畜禽舍含氨气体排放量计算方法	推荐性	已立项（行标）
			—	畜禽养殖污能源化利用温室气体减排核算方法	推荐性	计划
			—	畜禽养殖肠道甲烷减排核算方法	推荐性	计划
			—	畜禽产品全生命周期碳足迹核算方法	推荐性	计划
			—	畜禽养殖企业温室气体排放核算方法与报告指南	推荐性	计划
			—	温室气体排放核算方法与排放量计算方法 畜禽规模养殖企业	推荐性	已立项（国标）
			—	畜禽养殖气体排放量计算方法（总则）	推荐性	计划
			—	畜禽养殖气体排放量计算方法 第3部分：臭气（氨气之外）	推荐性	计划
			—	规模化畜禽养殖场氨气减排核算技术指南	推荐性	已立项（行标）
			—	规模化畜禽养殖场氨气排放控制技术指南	推荐性	计划
检测方法（40项）	粪污粪肥 气体	采样方法	HJ 91.1—2019	污水监测技术规范	推荐性	现行
			HJ 905—2017	恶臭环境监测技术规范	推荐性	现行
			HJ/T 55—2000	大气污染物无组织排放监测技术导则	推荐性	现行
			HJ 1252—2022	排污单位自行监测技术指南 畜禽养殖行业	推荐性	现行

续 表

第一层级	第二层级	第三层级	标准号	标准名称	标准性质	目前状态
			GB/T 25169—2022	畜禽粪便监测技术规范	推荐性	现行
			—	畜禽粪便还田利用养分追溯技术规范	推荐性	已立项（行标）
			HJ 505—2009	水质 五日生化需氧量（BOD5）的测定 稀释与接种法	推荐性	现行
			HJ 828—2017	水质 化学需氧量的测定 重铬酸盐法	推荐性	现行
			GB/T 11901—89	水质 悬浮物的测定 重量法	推荐性	现行
			HJ/T 195—2005	水质 氨氮的测定 气相分子吸收光谱法	推荐性	现行
			HJ 535—2009	水质 氨氮的测定 纳氏试剂分光光度法	推荐性	现行
			HJ 536—2009	水质 氨氮的测定 水杨酸分光光度法	推荐性	现行
			HJ 537—2009	水质 氨氮的测定 蒸馏－中和滴定法	推荐性	现行
		测定方法	GB/T 11893—89	水质 总磷的测定 钼酸铵分光光度法	推荐性	现行
			HJ 671—2013	水质 总磷的测定 流动注射－钼酸铵分光光度法	推荐性	现行
			HJ 347.2—2018	水质 粪大肠菌群的测定 多管发酵法	推荐性	现行
			HJ 775—2015	水质 蛔虫卵的测定 沉淀集卵法	推荐性	现行
			HJ 1262—2022	环境空气和废气 臭气的测定 三点比较式臭袋法	推荐性	现行
			GB/T 24875—2010	畜禽粪便中铅、镉、铬、汞的测定 电感耦合等离子体质谱法	推荐性	现行
			GB/T 24876—2010	畜禽养殖污水中七种阴离子的测定 离子色谱法	推荐性	现行
			GB/T 32760—2016	反刍动物甲烷排放量的测定 六氟化硫示踪 气相色谱法	推荐性	现行
			—	畜禽粪便中总氮测定方法	推荐性	已立项（行标）

续　表

第一层级	第二层级	第三层级	标准号	标准名称	标准性质	目前状态
			—	畜禽粪便中总磷测定方法	推荐性	已立项（行标）
			—	畜禽粪水中铜、锌、砷、铬、镉、铅、汞测定 ICP-MS 检测法	推荐性	已立项（行标）
			—	畜禽粪便中铜、锌、砷、铬、镉、铅、汞测定 ICP-MS 检测法	推荐性	已立项（行标）
			—	畜禽粪便中 15 类 100 种抗生素残留的测定 液相色谱－高分辨质谱法	推荐性	已立项（行标）
			—	养殖场污水中四环素类、磺胺类和喹诺酮类药物的测定 液相色谱－串联质谱法	推荐性	已立项（行标）
			—	畜禽养殖废弃物中磺胺类、四环素类和喹诺酮类的测定 高效液相色谱－串联质谱法	推荐性	已立项（行标）
			—	畜禽粪便好氧堆肥腐熟度检测技术规程－发芽指数法	推荐性	已立项（行标）
			—	畜禽粪污中氨氮测定方法	推荐性	已立项（行标）
			—	畜禽粪污中钾测定方法	推荐性	计划
			—	畜禽粪污含水量测定	推荐性	计划
			—	畜禽粪污和粪肥中有机质测定	推荐性	计划
			—	畜禽粪污中挥发性固体测定	推荐性	计划
			—	畜禽粪污中总盐分测定方法（全盐量等）	推荐性	计划
			—	畜禽舍温室气体排放量测定方法	推荐性	计划
			—	畜禽粪污处理过程温室气体排放量测定方法	推荐性	计划

续 表

第一层级	第二层级	第三层级	标准号	标准名称	标准性质	目前状态
			—	反刍动物肠道甲烷排放测定 呼吸舱法	推荐性	计划
			—	反刍动物肠道甲烷排放测定 在线监测法	推荐性	计划
			—	畜禽粪污处理过程含硫恶臭气体测定方法 气相色谱－质谱法	推荐性	计划

6.4 国家标准化管理委员会关于印发《推荐性国家标准采信团体标准暂行规定》的通知

国标委发〔2023〕39号

国务院各有关部门办公厅（办公室、综合司）：

现将《推荐性国家标准采信团体标准暂行规定》印发给你们，请根据暂行规定开展相关工作。

国家标准化管理委员会

2023年8月6日

推荐性国家标准采信团体标准暂行规定

第一条 为了规范推荐性国家标准采信团体标准，拓宽推荐性国家标准供给渠道，促进团体标准创新成果广泛应用，制定本规定。

第二条 本规定所称推荐性国家标准采信团体标准，是指将符合本规定要求的团体标准，经过一定程序，转化制定为推荐性国家

第三条 符合以下条件的团体标准，可以按本规定采信为推荐性国家标准。

（一）符合推荐性国家标准制定需求和范围，技术内容具有先进性、引领性。

（二）由符合团体标准化良好行为标准的社会团体制定和发布。

（三）已在全国团体标准信息平台发布，实施满2年，实施效果很好。

第四条 推荐性国家标准采信团体标准应当坚持需求导向原则和社会团

体自愿原则。采信团体标准的推荐性国家标准（以下简称采信和标准）与被采信团体标准技术内容原则一致，可做编辑性修改。

第五条 推荐性国家标准采信团体标准应当公开、透明，广泛听取各方意见。

第六条 采信标准应当遵守国家标准版权政策，其版权归属国务院标准化行政主管部门。

第七条 国务院标准化行政主管部门统一管理推荐性国家标准采信团体标准的工作，负责采信和标准的立项、组织起草、征求意见、技术审查、编号和批准发布。

全国专业标准化技术委员会（以下简称技术委员会）受国务院标准化行政主管部门委托，承担采信标准的起草、征求意见、技术审查工作。

国务院有关行政主管部门、有关行业协会受国务院标准化行政主管部门委托，对技术委员会开展采信标准的起草、报批等工作进行业务指导。

第八条 采信申请应当由发布团体标准的社会团体向国务院标准化行政主管部门提出。

必要时，国务院标准化行政主管部门可与发布团体标准的社会团体协商提出团体标准采信建议。

第九条 提出采信申请时，应当提交以下材料。

（一）采信建议书。应当包括采信标准的必要性和可行性、拟规定的主要内容、实施前景和效益分析、建议归口的技术委员会等。

（二）采信标准遵守国家标准版权政策的声明以及涉及专利为必要专利的证明材料。

（三）社会团体登记成立时的"社会团体法人登记证书"及年度检查记录。

（四）社会团体符合团体标准化良好行为评价的证明。

（五）团体标准及其编制说明的纸质文本和电子版文本。

（六）团体标准编制过程中的调研、试验验证、核心技术内容确定依据、征求意见及意见处理情况、审查意见、审查会议纪要等技术资料，以及实施情况证明。

第十条 国务院标准化行政主管部门委托国家标准专业审评机构组织相关部门、行业协会、技术委员会等方面专家开展采信申请的评估。

评估内容除推荐性国家标准有关要求外，还应包括：

（一）第三条规定条件的符合性。

（二）采信标准的必要性，具体包括：

——标准使用者是否具有广泛性；

——采信标准的需求和紧迫性。

（三）采信标准的可行性，具体包括：

——团体标准制定过程中所达成的协商一致程度，如在全国范围内的可接受性；

——团体标准的实施成本，如实施团体标准所需要的商业、贸易等应用条件，以及需使用的特定设备等情况；

——团体标准是否足以支撑形成推荐性国家标准文本内容；

——团体标准涉及专利的情况，以及专利实施条件；

——实施团体标准所必不可少的规范性引用文件是否可公开获得。

评估应当给出是否同意采信、适用的制定程序、归口技术委员会等方面的建议，供国务院标准化行政主管部门决策参考。

第十一条 在针对同一标准化对象存在多项提出采信申请的团体标准时，国务院标准化行政主管部门应当在对多项团体标准进行综合评估的基础上择优采信。

第十二条 对于评估通过的项目，由国务院标准化行政主管部门征求建议归口技术委员会意见，并通过全国标准信息公共服务平台向社会公示。

评估未通过的，由国务院标准化行政主管部门退回提出采信申请的社会团体。

第十三条 无量议的采信标准项目，由国务院标准化行政主管部门下达计划至归口技术委员会。

有异议的采信标准项目，国务院标准化行政主管部门对意见进行协调、评估后，确定下达计划至归口技术委员会或退回提出申请的社会团体。

第十四条 和采信标准可以省略标准起草阶段，由归口技术委员会按照《国家标准管理办法》的规定进行征求意见和技术审查。

涉及必要专利的，专利权人应当提供专利许可声明，并按照国家标准必要专利有关程序办理。

对于制定过程中协商一致性程度高、在全国范围内具有较高可接受性、产生明显实施效果的团体标准，归口技术委员会可以缩短征求意见时间，征求意见时间一般不少于7天，必要时，征求国务院有关行政主管部门意见。

制定过程中反馈意见的处理、标准草案及相关文件的完善，由归口技术委员会组织，可以由社会团体承担具体工作。

第十五条 采信标准前言中应当给出下列说明："本文件采信XX社会团体发布的TIXXXXXX–XXXX《 》"。

采信标准应当设置引言，用于说明与采信标准自身内容相关的信息，可以包括背景、目的以及涉及技术内容的特殊信息或说明等。

第十六条 采信标准项目从计划下达到报送报批材料不超过十二个月。请期不能报批的采信标准项目，经国务院标准化行政主管部门确认后应予以终止，并告知提出采信申请的社会团体。

技术审查不通过的采信标准项目，经国务院标准化行政主管部门确认后应予以终止，并告知提出采信申请的社会团体。

第十七条 本规定自发布之日起实施。

附录二：2024年中国循环经济协会科技征集文件汇编

1 关于申报2024年度中国循环经济协会科学技术奖的通知 中循协发〔2024〕16号

各有关单位：

为表彰和奖励在我国循环经济应用研究领域作出突出贡献的组织和个人，持续推动循环经济领域技术进步，促进科技成果转化与应用，本着公平、公正、公开的原则，做好2024年度中国循环经济协会科学技术奖的申报工作，根据《中国循环经济协会科学技术奖章程》有关要求，现将2024年度协会科技奖申报工作有关事项通知如下：

一、奖励范围

目前我协会已开展十三届奖励工作，其中有9项协会科技奖获奖项目荣获国家科技奖。对循环经济高质量发展和进步具有深远影响的，对转变传统经济增长模式和促进产业技术升级影响面广，经济效益显著的前瞻性、原创性的创新技术研究成果，成果实现转化应用时间一年以上，以及在循环经济领域作出突出科技成绩的青年科技工作者。

二、奖项设置及要求

（一）奖项设置

协会科学技术奖每年评选一次，下设三个子奖项：

1.科技进步奖：包括技术开发类和社会公益类，奖励等级分为一等奖、二等奖、三等奖。

2.技术发明奖：奖励等级分为一等奖、二等奖、三等奖。

3.青年科技奖：不分奖励等级。

（二）子奖项申报要求

1.科技进步奖：授予循环经济科学研究和工程技术领域，在原有科学技术基础上完成和应用推广创新性科学技术成果，为推动循环经济科学技术进步和行业发展作出重要成绩的组织和个人。候选项目应同时具备下列条件：

（1）技术创新性（涵盖集成创新或消化吸收再创新）突出，技术经济指标先进。

（2）经推广应用，创造的经济效益、社会效益和生态环境效益显著。

（3）可推广、可复制的应用价值明显。

（4）推动行业科技进步作用明显优于同类技术。

2.技术发明奖：授予在循环经济领域运用科学技术知识做出产品、工艺、材料、器件及其系统等重大技术发明的组织和个人。候选项目应同时具备下列条件：

（1）原始创新性突出，前人尚未发明或者尚未公开。

（2）具有先进性、创造性、实用性。

（3）经实施，创造的经济效益、社会效益和生态环境效益显著，且具有良好的应用前景。

（4）推动行业颠覆性，技术创新作用明显优于传统技术。

3.青年科技奖：授予45周岁及以下为我国循环经济发展作出突出科技成绩的青年科技工作者。候选人应同时具备下列条件：

（1）候选人在循环经济领域作出了突出成绩，主持开发完成了多项具有突破性、前瞻性、原创性的科技成果，成果技术水平达到国际先进或国内领先水平。

（2）候选人具有较高的学术水平和较大的社会影响力，在某个细分领域担任学术科研或项目带头人，参与循环经济某专业领域"产学研"相融合的科技创新体系建设，组织和参加循环经济有影响力的科学技术普及活动，对循环经济领域科学技术进步产生明显的推动作用。

（3）候选人研发的技术成果得到了转化和工业化应用，具有工程实践或示范作用，并取得了明显的经济、社会和环境效益。

（三）授奖人员和单位数量要求

科技进步奖和技术发明奖对单项授奖人数和授奖单位数实行限额管理，其中一等奖主要完成人数不超过15人，主要完成单位不超过10个；二等奖主要完成人数不超过10人，主要完成单位不超过7个；三等奖主要完成人数不超过9人，主要完成单位不超过7个。申报项目的完成人数和单位数需与申报等级对应，申报填写的完成人和单位数量超出最终授奖等级对应的数量时，自动取排序靠前的完成人和完成单位。

（四）其他申报要求

1.子奖项的选择应按照项目特点和子奖项候选条件据实填写，同一技术内容项目只能选择一个子奖项进行申报。

2.同一技术内容项目，不得在同一年度同时参加社会力量、部委、地方省市等其他同类奖项的申报。

3.已获往届科技奖的不得重复申报。

4.通过上一年度初评公示的项目再次申报需间隔至少1年，且与原申报项目中关键技术有明显的突破和创新，不得重复使用具有时效性的附件佐证材料，以保障佐证材料的客观性和科学性。

5.按有关要求，对在评审公示期内提出的对评审专家组的评选结果等级的异议不予受理。

6.申报项目提供的附件佐证材料应具有时效性，以保证所引用的数据和案例能反映当下的实际情况。避免使用过时或已过时的材料。

三、材料填写及提交要求

2024年度协会科技奖材料填写工作采取网络填报和书面材料提交相结合的方式，不接受单独纸质书面材料的申报。中国循环经济协会直属会员单位、循环经济领域相关的科研院所、大专院校、企事业单位等可直接申报。

（一）网络填报

请登录协会官网（www.chinacace.org），从首页科技标准板块的"科技奖励"栏目进入申报系统，项目第一完成单位负责进行注册，并按照奖励申报系统的有关要求，客观、如实、准确、完整地填写申报书，并完成申报书的提交与生成下载工作，之后上传盖章和签字的申报书及附件材料。

（二）书面材料提交

1. 纸质申报书及附件装订成册，一式一份，不要分开装订。申报书为系统生成的下载版本，在生成的申报书的每个完成单位情况表指定位置盖章及每个完成人情况表指定位置签字。

2. 打印纸张为A4规格纸张，双面打印，竖向左侧装订，以申报书原有第一页作为首页，请勿另加封面。

3. 提交的书面申报材料仅用于备案存档，一律不予退回，申报单位如需留档，请自行备份。

四、申报时间要求

（一）网络填报开始和截止时间

申报系统将于2024年3月1日正式开放；申报截止日期为2024年6月30日中午12：00，请在系统开放期间完成线上申报、提交、申报书生成下载和附件上传等工作，逾期系统将无法填报。

（二）纸质申报材料报送截止时间

1. 纸质申报材料报送为邮寄方式（可选用顺丰快递），不接受上门报送。

2. 请于2024年6月30日17：00前，将纸质申报材料报送至协会科技标准部，截止时间以寄出时间为准，逾期不予受理。

五、申报及评审程序

1. 网络填报、提交申报材料。

2. 形式审查。

3. 受理项目公示。

4. 初评评审。

5. 初评通过项目公示。

6. 初评通过项目考察、异议处理。

7. 终评评审。

8. 终评建议授奖项目公示、异议处理。

9. 公布奖励通知。

10. 颁奖仪式。

六、联系方式

联系人：牛旭东、吕征宇

电话：010-88334644-865/859

地址：北京市西城区阜外大街1号四川大厦东塔楼28层2801，中国循环经济协会科技标准部（邮编：100037）

邮箱：kjbz@chinacace.org

2024年3月1日

2 关于中国循环经济协会科技成果评价申报工作说明

科技成果评价是协会科技成果管理工作的重要内容，旨在加快行业技术成 果转化，推动行业技术创新和进步。协会自2014 年获批科技部"二期科技成 果评价试点单位和评价机构"以来，经过多年的发展已建立了科学规范的科技 成果评价体系、流程、管理办法和科技成果评价工作专家库，坚持实事求是、科学民主、客观公正、注重质量、讲求实效的原则，按照规定的程序和标准，对被评价科技成果进行审查与辨别，对其科学性、创造性、先进性、可行性和应用前景等方面进行评价，并出具国家认可的科技成果评价报告。有关申报事项如下：

一、评价范围

（一）循环经济领域新技术、新产品和科研成果的单位均可依照本通知申报科技成果评价项目。

（二）经实践证明技术已应用，并对本领域科技进步具有重大的促进作用的科技成果。

（三）不受理个人项目。

二、评价内容

科技成果评价的主要内容包括：科技成果的技术创新程度、技术经济指标先进程度、技术难度和复杂程度、技术重现性和成熟度、技术创新对推动行业科技进步和提高市场竞争能力的作用和取得的经济效益和社会效益等。

对于不同类型的科技成果，协会根据其性质和特点侧重不同的方面进行分类评价。科技成果评价不包含成果归属、完成者排序和成果的货币价值等非技术内容。

三、评价程序

（一）咨询申请。

评价委托方向协会提出评价需求，并提交科技成果评价材料进行申请，评价材料包括：

1.科技成果研究报告。

2.测试分析报告及主要实验、测试记录报告。

3.专业检测机构出具的检测报告。

4.国内外相关技术发展的背景材料，引用他人成果或者结论的参考文献。

5.国家法律法规要求的行业审批文件。

6.缴纳国税、地税的税务证明或推广应用所产生的经济效益或社会效益、环境生态效益证明。

7.用户应用证明（至少两个）。

8.国家、省、自治区、直辖市级和国家主管部门认可的科技信息机构出具的科技查新结论报告。

9.参与制修订的国家、行业、地方和团体标准。

10.知识产权证明。

11.中国循环经济协会认为评价所必需的其他技术资料。

（二）初步审查。

（三）签订合同。

（四）遴选专家。

（五）组织实地考察和评价会。

（六）做出结论。

（七）交付《科技成果评价报告》。

四、注意事项

（一）各单位可到协会网站（www.chinacace.org）"科技标准"板块下载科技成果评价相关文件。

（二）纸质材料（一份）邮寄至协会科技标准部，材料电子版发送至协会科技标准部邮箱。

（三）循环经济领域科技成果评价工作可随时进行，2024年6月30日前完成评价的科技成果项目可申报2024年度中国循环经济协会科学技术奖。

五、联系方式

联系人：牛旭东、吕征宇

联系电话：010-88334644-865/859

电子邮箱：kjbz@chinacace.org

通讯地址：北京市西城区阜成门外大街 1 号四川大厦东塔2801，中国循环经济协会科技标准部（邮编：100037）

3 关于中国循环经济协会团体标准申报工作说明

为贯彻落实中共中央、国务院印发的《国家标准化发展纲要》相关要求，充分发挥标准化在循环经济高质量发展工作中的基础性和引领性作用，提升我国循环经济标准化水平，依据《中国循环经济协会团体标准管理办法（试行）》（中循协发〔2015〕23号）的规定，每年上半年启动本年度协会团体标准征集工作，有关事项如下：

一、基本原则

（一）市场导向。

坚持发挥市场对循环经济标准化资源配置的决定性作用，激发市场主体活力，以市场需求和产业发展需要为导向制修订协会团体标准，提升标准的竞争力。

（二）创新驱动。

全面落实深化标准化工作的要求，强化以科技创新为动力，推进科技研发、标准研制和产业发展一体化，提升循环经济领域标准技术水平。

（三）自愿参与。

根据深化标准化工作的要求，单位自愿参与协会团体标准的制修订工作。

二、工作要求

（一）协会团体标准的制修订项目，由标准需求者提出立项申请。

（二）协会论证立项后，统一组织编制，具体工作按《中国循环经济协会团体标准管理办法（试行）》执行。

（三）通过审查的协会团体标准，协会统一编号并发布。

三、征集范围

（一）申报项目应紧密围绕循环经济领域发展方向。

（二）当前循环经济领域亟待发展且现有标准体系未涉及和覆盖的领域。

（三）涉及循环经济领域多学科的，且满足市场和创新需求的新项目。

（四）循环经济领域有关的基础标准和技术标准等。

四、申报材料

（一）请各单位结合自身循环经济标准化工作情况，做好标准项目的申报工作。

（二）《中国循环经济协会团体标准立项申请书》（见附件1），加盖单位公章，《中国循环经济协会团体标准编制说明》（见附件2）及标准草案（模版见附件3）一式两份报送至协会，并将电子版发送至协会科技标准部邮箱。（相关文件可在协会网站—专题活动板块下载：www.chinacace.org）

（三）中国循环经济协会团体标准随时进行申报、立项等工作。

五、联系方式

联系人：牛旭东、吕征宇

联系电话：010-82290313-865/859

电子邮箱：kjbz@chinacace.org

通讯地址：北京市西城区阜外大街1号四川大厦东塔楼28层

附件：1.中国循环经济协会团体标准立项申请书
　　　2.中国循环经济协会团体标准编制说明
　　　3.中国循环经济协会团体标准草案模版

附件1

中国循环经济协会团体标准立项申请书

标准名称	
标准类型	□技术标准（包括基础标准、产品标准、工艺标准、检测试验方法标准、环保标准等）□管理标准□工作标准
所属领域	□工业固废综合利用□农业农村废弃物资源化□城市资源循环利用 □城镇固废资源化利用□危废资源化利用□废旧纺织品综合利用□绿色制造与再制造□可再生能源□其他_____

工作类别	□制定□修订	被修订标准编号	
是否涉及专利	□是□否	涉及专利	□免费许可 □合理无歧视收费许可 □不同意许可

计划编制时间	年　月　日至　　年　月　日
申请立项单位	

联系人		联系方式	

参与单位	
立项背景	1. 目的意义、必要性，对产业发展的作用，希望解决的问题； 2. 现有工作基础及相关标准情况。包括国内外该领域标准研究情况，相关国际标准或国外先进标准情况，与国内现有相关标准之间的关系。
范围和主要技术内容	标准的主要章节、内容框架、技术内容与适用范围（标准草案）
工作内容与实施方案	1. 主要工作步骤、内容； 2. 主要工作方式及各参加单位的作用； 3. 标准研制经费预算及筹措方式； 4. 具体实施方案（包括工作进度、计划）； 5. 标准发布后的宣贯和推广计划。

申请立项单位意见： 单位负责人签字： （公章） 年　月　日
协会审核意见： 审核人签字： （公章） 年　月　日

附件2

中国循环经济协会团体标准编制说明

《**********》

编制工作大纲

《**********》编制组

二〇**年**月**日

一、标准编制的依据、背景、目的、意义

二、起草单位组成情况及编制组成员名单

起草单位应具有广泛的行业代表性、地域代表性，并能保证相关工作费用。

编制组成员应具有较强的专业背景，并能保证编制工作时间。

三、标准编制的工作基础

主编单位和参编单位标准编制的工作基础，以及在该领域的研究和技术推广地位。

四、前期筹备工作

五、主要章节内容

六、需要调查研究的主要问题，必要的测试验证项目

七、编制组成员工作分工

八、工作进度计划

体现标准编制重要工作节点，包括准备、征求意见、送审、报批四个阶段。

九、其他需要安排的工作

附件3

ICS
CCS

团 体 标 准 草 案 模 板

T/CACE 00X—20xx

中文名称

英文名称

20xx-xx-xx发布 20xx-xx-xx实施

中国循环经济协会 发布

前　言

本文件按照GB/T 1.1—2020《标准化工作导则 第1部分：标准化文件的结构和起草规则》的规定起草。

请注意本文件的某些内容可能涉及专利。本文件的发布机构不承担识别专利的责任。

本文件由中国循环经济协会提出并归口。

本文件起草单位：

本文件主要起草人：

标准名称

1　范围

本文件规定了******。

本文件适用于*******。

2　规范性引用文件

下列文件对于本文件的应用是必不可少的。凡是注日期的引用文件，仅注日期的版本适用于本文件。凡是不注日期的引用文件，其最新版本（包括所有的修改单）适用于本文件。

附录三：2024年中国循环经济协会科技奖申报问题解答

编制说明：根据电话咨询情况，我协会对申报科技奖常见问题进行梳理和如下解答。解答内容仅供参考。

1. 协会是否具备办奖资质？

答：中国循环经济协会科学技术奖是经国家科技部批准设立的社会力量设奖奖项（国科奖社证字第0202号），由中国循环经济协会发起、设立并承办，授予在循环经济与资源综合利用领域中从事科学技术开发研究及成果推广应用的公民或组织的荣誉，具有提名国家科技奖的资格。可在国家科学技术奖励工作办公室官方网站（www.nosta.gov.cn）进行查询。

2. 奖项和奖励等级是如何设置？

答：协会科学技术奖每年评选一次，下设三个子奖项：

（1）科技进步奖：奖励等级分为一等奖、二等奖、三等奖。

（2）技术发明奖：奖励等级分为一等奖、二等奖、三等奖。

（3）青年科技奖：不分奖励等级。

3. 评选程序包括哪些？

答：项目征集→自由申报→形式审查→项目受理→受理公示和异议处理→初评→初评公示和异议处理→项目考察→终评→终评公示和异议处理→授奖决定→颁奖。

4. 申报科技进步奖项目类型有何要求？

答：（1）科技进步奖授予循环经济科学研究和工程技术领域，在原有科学技术基础上完成和应用推广创新性科学技术成果，为推动循环经济科学技术进步和行业发展作出重要成绩的组织和个人。（2）技术发明奖授予在循环经济领域运用科学技术知识做出产品、工艺、材料、器件及其系统等重大技术发明的组织和个人；（3）青年科技奖授予45周岁及以下为我国循环经济发展作出突出科技成绩的青年科技工作者。

5. 颁奖的形式是怎样的？

答：授奖决定公布之后，协会将择期举行颁奖仪式，向所有获奖项目颁发奖励证书。

6. 申报渠道都有哪些？

答：中国循环经济协会直属会员单位、循环经济领域相关的科研院所、大专院校、企事业单位等可直接申报。

7. 报奖和评奖是否收费？

答：不收费。从开始申报、评审到奖励结束不收取报奖单位任何费用。

8. 申报科技进步奖中"学科分类名称代码"和"所属行业"从哪查找？

答：请根据《学科分类与代码》（GB/T13745—2009）和《国民经济行业分类》（GB/T4754—2002）的规定填写。

9. 申报科技进步奖中"项目起止时间"的起始和完成时间有何要求？

答：项目应该已结题或投产。"起始时间"指立项研究、开始研制日期。"完成时间"指项目整体通过验收、审批或正式投产日期。

10. 申报科技进步奖中任务来源有哪些？

答：申报中任务来源包括国家计划，部委计划，省、自治区、直辖市计划，基金资助，企业，国际合作，自选和其他。

11. 申报科技进步奖需要哪些附件材料？

答：（1）技术评价证明（科技成果评价报告/技术鉴定证书/验收报告/评估报告）；

（2）应用证明（已获经济效益证明/用户使用报告/社会效益证明等）；

（3）科技成果查新报告；

（4）知识产权证明；

（5）其他证明材料。

12. 报送申报文件有何具体要求？

答：（1）网络填报：申报入口请登录协会官网（www.chinacace.org），在首页科技标准板块的科技奖励进入申报系统，项目第一完成单位负责进行注册，并按照奖励申报系统的有关要求，客观、如实、准确、完整地完成填写、提交、生成申报书和上传盖章和签字的申报书及附件材料。

（2）书面材料提交：纸质申报书及附件装订成册，一式一份，申报书为系统生成的下载版本，在生成的申报书的每个完成单位情况表指定位置盖章及每个完成人情况表指定位置签字。打印纸张为A4规格纸张，双面打印，竖向左侧装订，以申报书原有第一页作为首页，请勿另加封面。提交的书面申报材料仅用于备案存档，一律不予退回，申报单位如需留档，请自行备份。

13. 申报时间有何要求？

答：（1）网络填报截止时间：申报系统于2024年3月1日正式开通，申报截止日期为2024年6月30日中午12：00，请在系统开放期间完成线上申报、提交、申报书生成下载和附件上传等工作，逾期系统将无法填报。

（2）纸质申报材料报送截止时间：2024年6月30日17：00前，将纸质申报材料报送至协会科技标准部，逾期不予受理。

14. 往年形式审查不合格最常见的原因？

答：科技进步奖申报中主要有：

（1）项目还未结题或应用技术还未投产应用；

（2）项目知识产权未正式授权或专利证书已失效；

（3）主要完成单位情况表和完成人情况表未交全；

（4）主要完成单位不是法人单位；

（5）必备附件未提交或不完整。

其他有关科技奖项申报问题，请咨询协会科技标准部工作人员，联系电话及邮箱：010-88334644-836/865/859，kjbz@chinacace.org。